O[illegible] [illegible] heading →
Fr[illegible]
Fr[illegible]

p.97 Remake

enters into French
vocab → not a
French equivalent →
underlines the deep
foreignness & american
of this phenomenon

Fr. tend more to
remake litter. or
their <u>own</u> films

What is most fascinating is to see where 2 directors go, starting from same base

Position of remake debate → France revalorizes its own cinema

a transnational exchange a dialogue

Helps create a positive unifying ID for French film

Bad rap → remakes — always compared to original & not evaluated on its own terms; it has value in [illegible]

criticized for erasing too much the original or for wimpy exact copying either too similar or too different

Remakes

Les films français à Hollywood

Raphaëlle Moine

CNRS EDITIONS

15, rue Malebranche – 75005 PARIS

Du même auteur :

Les Genres du cinéma, Paris, Nathan/VUEF, 2002, 2e édition, Armand Colin, 2005.
Rêves : cinéma/théâtre, Raphaëlle Moine, David Lescot et Christophe Triau (ed.), Nanterre, Publidix, RITM, 2001.
France/Hollywood. Échanges cinématographiques et identités nationales, Raphaëlle Moine et Martin Barnier (ed.), Paris, L'Harmattan, Champs Visuels, 2002.
Le Cinéma français face aux genres, Raphaëlle Moine (ed.), Paris, AFRHC, 2005.

ISBN 13 : 978-2-271-06498-1
ISSN : 1768-1898

Remerciements

Je remercie Laurent Creton et Geneviève Sellier dont l'attention bienveillante a accompagné la genèse de cet ouvrage ; Alain Kleinberger et Jacqueline Nacache qui m'ont été d'une aide précieuse et amicale dans sa réalisation ; tous ceux qui ont attiré mon attention sur un document, un film, ou m'ont facilité l'accès à certaines sources : Catherine Berthé-Gaffiero, Pierre Beylot, Alexis Blanchet, Martin Barnier, Christian Biet, Tom Brown, Abigail Cohn, Michel Marie, Marie-Anne Paveau, Alastair Phillips, Augusto Sainati, Éric Schmulevitch, Ginette Vincendeau.

Je remercie également les étudiants du DEA et du master 2 « Cinéma » de l'université Paris X-Nanterre, dont les remarques, les questions et la réflexion ont accompagné pendant plusieurs années de séminaire l'élaboration de ce livre.

Merci enfin à Jérôme Sirven.

3 ♂ (fr.) → 4 awards –
enormous succes →
taken up by ♀ director (USA)
remarkable internat'l. succes
is the symbole of
a long hollywood practice
that consists of "pillaging"
& americanizing a French
film in lieu of giving the
original a chance in the
USA market
ASK STUDENTS : Why
(is it a lack of imaginat°? less risk if based on a successful source
imperalism?)
Looking at remakes: Ask: what can
we learn? They are cultural distinct
constructions
How USA reformulates one set of conventions
to translate it for a USA audience

Introduction

À la fin des années 1980, la réalisation de *Three Men and a Baby (Trois hommes et un bébé*, Leonard Nimoy, 1987), remake hollywoodien de *Trois hommes et un couffin* (Coline Serreau, 1985), a porté sur le devant de la scène la pratique du remake : une partie de la presse semblait alors découvrir, et le grand public avec elle, qu'Hollywood s'intéressait au cinéma français… au point d'en produire une version américaine. Tous les ingrédients étaient réunis pour que le remake hollywoodien de film français devienne un phénomène qui attire l'attention et cristallise le ressentiment contre le rouleau compresseur d'un cinéma américain envahissant : le succès du film de Coline Serreau, sauveur inattendu du cinéma français avec ses 10,2 millions de spectateurs en France, ses trois Césars et sa nomination à l'Oscar du meilleur film étranger ; les mésaventures américaines de la cinéaste qui, initialement engagée par Touchstone pour réaliser le remake, se retira par la suite du projet ; la remarquable carrière internationale en salles puis en vidéo du film de Nimoy. *Three Men and a Baby* reste même aujourd'hui encore, malgré l'existence de très nombreux autres remakes dans les années 1980 et 1990, l'emblème d'une pratique hollywoodienne mercantile qui consiste à produire, par pillage et par copie, une nouvelle version, américaine et américanisée, d'un film français au lieu de lui donner sa chance sur le marché américain. L'impact de *Trois hommes et un couffin* et de *Three Men and a Baby* ne doit toutefois pas masquer le fait que la production de remakes de films français existe de longue date à Hollywood – le cinéma français étant davantage mis à contribution que les autres cinémas nationaux dans cette technique de recréation – et qu'elle a suscité depuis la fin des années 1930 les mêmes réactions négatives de la part de la critique française. Les remakes hollywoodiens de films français constituent donc une forme particulièrement féconde, mais aussi particulièrement conflictuelle, des échanges cinématographiques entre la France et Hollywood.

« Mauvais objets » cinématographiques par excellence, parce qu'ils cumulent les tares de la motivation commerciale, du manque d'originalité et de l'impérialisme hollywoodien, les remakes hollywoodiens de films français n'ont à ce jour fait l'objet d'aucune étude de fond dans la littérature critique de langue française. Exception faite d'un numéro de la revue *CinémAction*[1], sorti en 1989, dont le projet est plutôt de confronter le remake (en général) à l'adaptation et de dresser

1. Daniel Protopopoff et Michel Serceau (dir.), *CinémAction*, n° 53, « Le remake et l'adaptation », Paris, Corlet, 1989.

une typologie des différents types de remakes, et d'un dossier en deux volets consacré au remake à Hollywood paru dans *Positif* en mai et juin 1999, les remakes hollywoodiens, et notamment ceux qui refont des films français, restent en France le terrain de jeu du discours polémique. Certains échappent toutefois à la stigmatisation ou à l'indifférence parce qu'ils sont le fait d'auteurs, mais ils sont alors étudiés en tant qu'éléments de l'œuvre d'un cinéaste, et non plus en tant que remakes. La reconnaissance de Douglas Sirk comme auteur a ainsi attiré l'attention critique sur *Lured* (*Des filles disparaissent*, 1947), remake de *Pièges* de Robert Siodmak (1939), et les remakes des films de Jean Renoir réalisés par Fritz Lang ont évidemment plus suscité l'analyse que tous les autres. Le faible investissement de ce sujet par les études cinématographiques s'explique donc autant par le statut culturel des films français sources et de leurs remakes que par l'opprobre jeté sur la pratique : l'immense majorité des films, versions françaises et versions américaines confondues, appartenant au cinéma populaire ou commercial, ils sortent « tout naturellement » du champ habituel de la critique cinéphilique.

Les travaux anglo-saxons sont en revanche plus nombreux. Leur intérêt pour les remakes hollywoodiens de films français est en partie lié au développement des études interculturelles[2] et au fait que l'analyse comparée de ces remakes et de leurs versions originales[3] françaises est depuis une vingtaine d'années intégrée, dans une perspective civilisationniste, aux programmes d'études romanes et/ou françaises. De plus, l'importance des *gender studies* dans le champ académique anglo-saxon a favorisé l'analyse comparative des représentations françaises et américaines des identités sexuées, pour laquelle les remakes hollywoodiens de films français constituent de bons cas d'école. On en trouvera des exemples dans l'ouvrage de Carolyn Durham *Double Takes*[4], qui explore les transferts culturels à l'œuvre dans les remakes hollywoodiens contemporains de films français à travers le prisme des identités sexuées, ainsi que dans les très nombreuses études dont ont fait l'objet certains couples de films qui placent la masculinité, la paternité, la famille ou les relations amoureuses au centre de leur intrigue comme *Trois hommes et un couffin* et *Three Men and a Baby*[5]. La question du « transnational » au cinéma, qui est au centre des préoccupations de nombreux chercheurs depuis une dizaine d'années, contribue également à sortir des marges obscures les remakes

2. Voir à ce sujet Raymonde CARROLL, « Film et analyse culturelle : le remake », *Contemporary French Civilization*, vol XIII, n° 1, Summer/Fall 1989, p. 346-359.

3. J'emploie dans cet ouvrage le terme « version originale » sans lui donner de nuance noble. L'adjectif « originelle », du fait de ses connotations possibles, n'est pas forcément plus adéquat pour indiquer simplement une antériorité chronologique.

4. Carolyn DURHAM, *Double Takes : Culture and Gender in French Films and Their American Remakes*, Hanovre/Londres, University Press of New England, 1998.

5. Voir notamment, outre les chapitres qui leur sont systématiquement consacrés dans les livres sur les remakes : Tania MODLESKI, « Three Men and Baby M », in *Feminism Without Women : Culture and Criticism in a "Postfeminist" Age*, New York/Londres, Routledge, 1991 [1988], p. 76-89 ; Anne-Marie PICARD, « Travestissement et paternité : la masculinité *remade in the USA* », *CINéMAS*, vol 1, n°s 1-2, Montréal, 1990, p. 133-147.

hollywoodiens de films français : c'est, avec la représentation des identités sexuées, l'une des dimensions centrales du livre de Lucy Mazdon, *Encore Hollywood*[6], qui, comme celui de Carolyn Durham, concerne plus spécifiquement les remakes hollywoodiens réalisés depuis les années 1980, esquisse également une analyse des stars et propose, dans son premier chapitre, une mise en perspective historique du phénomène. Notons enfin que la floraison de remakes, nationaux ou transnationaux à Hollywood à partir des années 1980, semble avoir permis le développement du sujet dans la littérature critique, comme en témoignent deux ouvrages collectifs américains, *Play it again*, *Sam* et *Dead Ringers*, un tout récent livre théorique britannique sur le remake, *Film Remakes*, ainsi que les actes du 9e colloque d'Udine, qui rassemblent des réflexions théoriques sur le remake en général et des études de cas de toute sorte[7].

Mon but dans cet ouvrage n'est ni de joindre ma voix au chœur déjà bien fourni des critiques qui stigmatisent le remake, ni de produire une « défense et illustration » destinée à réhabiliter une pratique décriée, mais de prendre au sérieux les remakes hollywoodiens de films français en les considérant comme l'une des modalités des relations franco-hollywoodiennes. Je m'attacherai donc autant à la *pratique du remake* qu'aux *films* eux-mêmes qui font l'objet d'un remake ou sont produits par remake, afin de montrer comment le phénomène constitue une pierre de touche des identités nationales, culturelles et cinématographiques. Les remakes hollywoodiens de films français permettent en effet de problématiser la question de l'identité du cinéma français face à celle du cinéma hollywoodien, et ils agissent comme des révélateurs des transferts, des tensions et des ruptures entre les deux cinématographies, tant sur le plan des représentations culturelles et de leur mise en forme filmique que sur le plan de leur réception. Je m'intéresserai donc au remake comme fait de production (une technique hollywoodienne de création filmique), comme fait de représentation (une reformulation de représentations dans un autre contexte culturel, idéologique, narratif, esthétique et générique) et comme fait de réception et d'interprétation (un point de fixation de l'antiaméricanisme). Cette perspective de recherche m'amènera à articuler l'analyse et l'histoire de la pratique du remake hollywoodien et de sa réception en France avec l'étude d'un certain nombre de paires « version originale française/remake hollywoodien » qui permet d'évaluer ces films comme des constructions culturelles, esthétiques et narratives distinctes, ancrées chacune dans leur univers de production. Même si la mise en réseau de ces cas particuliers est de nature à faire surgir, comme nous le verrons, des permanences dans la technique du remake et des récurrences dans le traitement français et hollywoodien d'une même histoire, il va de soi qu'aucun de ces films n'a valeur d'exemplarité absolue, tant

6. Lucy Mazdon, *Encore Hollywood : Remaking French Cinema*, Londres, BFI, 2000.

7. Andrew Horton et Stuart Y. McDougal (dir.), *Play it again, Sam : Retakes on Remakes*, Berkeley, University Press of California, 1998 ; Jennifer Forrest et Leonard R. Koos, *Dead Ringers : The Remake in Theory and Practice*, Albany, State University of NewYork Press, 2002 ; Constantine Verevis, *Film Remakes*, Édimbourg, Edinburgh University Press, 2005 ; Anna Antonini (dir.), *Il Film e i suoi multipli/Film and Its Multiples*, Udine, Forum, 2003.

le corpus est hétérogène, du côté des films français sources comme du côté de leurs versions hollywoodiennes : remakes classiques ou contemporains, officiels ou inavoués, purs remakes ou remakes de films eux-mêmes adaptés d'une pièce de théâtre ou d'un roman, remakes qui décalquent leur film source ou qui s'en inspirent de façon plus lointaine, remakes séparés par plusieurs dizaines d'années de leur version originale ou quasiment contemporains du film français premier, films d'auteur et films commerciaux, autoremakes et films refaits par un autre cinéaste, etc.

Cette hétérogénéité et la difficulté à identifier les remakes hollywoodiens de films français et à en définir la pratique feront la matière du premier chapitre, afin de jeter les bases théoriques indispensables à toute réflexion sur le remake et de délimiter le corpus, sinon exhaustif, du moins cohérent, des remakes hollywoodiens de films français. Le deuxième chapitre poursuit l'investigation en envisageant la pratique dans sa dimension historique : des années 1930 à nos jours, l'importance, les enjeux et les modalités de cette technique d'appropriation et de recréation ont varié, même si la pratique du remake relève dans l'ancien et le nouvel Hollywood d'une même stratégie d'intégration qui s'insère dans un système d'innovation progressive. Il est donc nécessaire de replacer les couples de films dans l'histoire culturelle et économique de leur univers de production. Le troisième chapitre complète cette mise en contexte des remakes hollywoodiens de films français en analysant de manière approfondie leur réception critique française : les discours tenus sur les remakes, qui ont en général moins pour fonction d'apprécier la valeur esthétique des films que de condamner la technique de création qui préside à leur réalisation, ont tous pour toile de fond la question de l'identité, cinématographique et culturelle, nationale, latente dans bien des relations entre la France et Hollywood, que les remakes donnent l'occasion de poser sur un mode très conflictuel. Le quatrième chapitre, rompant avec le cadre polémique du discours critique hexagonal, examine le remake comme un processus de traduction culturelle en « langage hollywoodien », qui reformule les films français dans un autre système de conventions et de représentations. Dans ce chapitre, l'arrêt sur quelques cas particuliers permet à la fois d'illustrer une méthode, celle de l'analyse culturelle, susceptible de rendre compte des enjeux culturels du remake sans en disqualifier la pratique, et d'exemplifier le travail complexe de recréation et de réorientation culturelle et cinématographique qu'opère le remake. Le dernier chapitre met en avant le rôle d'encadrement joué par le genre dans ces processus de transfert de scénario, d'images et de représentations. Il revient ainsi de manière plus approfondie sur deux sous-ensembles de films, les films noirs et les comédies contemporaines, auxquels leurs déterminations historiques et génériques donnent une cohérence forte.

Chapitre premier

Théories et pratiques du remake

Le mot « remake », acclimaté en français depuis l'après-guerre, fait partie du lexique cinématographique commun, mais la notion ne va pas de soi : suffit-il vraiment, pour reconnaître un remake, de dire qu'il s'agit d'une nouvelle version d'un film précédemment tourné ? Ce seul critère est-il pertinent sur un plan théorique, et opératoire sur un plan pratique, pour définir la pratique du remake et la distinguer d'autres formes de répétition ou de reformulation ? À l'évidence non, et les exemples pour s'en convaincre sont légion : des stratégies de promotion amènent les producteurs à présenter comme de nouvelles adaptations des films que les critiques identifient plus volontiers comme remakes ; les avis des commentateurs peuvent aussi diverger, à propos de ces mêmes films, et le cas d'*Human Desire* (*Désirs humains*, Fritz Lang, 1954) semble tout autant à son aise dans une encyclopédie des remakes que dans une étude sur Zola au cinéma ; il existe aussi des films qui « refont » des films plus anciens sans l'annoncer, ou sans s'acquitter des droits de remake. Certains de ces remakes inavoués donnent lieu à des démêlés judiciaires, qui opposent les ayants droit du film source et les producteurs de la nouvelle version, comme ce fut le cas pour *Diabolique* (Jeremiah Chechik, 1996) ; d'autres ne défraient pas la chronique et la reconnaissance de leur origine cinématographique reste le fait d'un cercle restreint de cinéphiles, dont chacun connaît la propension au repérage érudit d'influences, d'emprunts et de filiations. Enfin, l'atmosphère culturelle postmoderne de recyclage des formes, des récits et des images, dans laquelle s'inscrit la large production actuelle de remakes hollywoodiens, dote le critique contemporain d'une sensibilité particulière aux procédés de citation, d'allusion et de réécriture, et d'une conscience aiguë du remake : le champ du « remake » tend à s'étendre, ce qui n'en facilite pas la compréhension, et le vocable fleurit aisément sous les plumes pour désigner, souvent avec désinvolture distanciée et ironie, toute forme d'emprunt et de réflexivité.

À l'absence de consensus sur ce qui fait remake, vient s'ajouter le double emploi du terme pour désigner à la fois un mode de production des œuvres et les œuvres produites selon ce mode de production, ainsi que ses lourdes et récurrentes connotations idéologiques (« le remake est une pratique opportuniste, moralement condamnable, anti-artistique, etc. »). Ce n'est donc ni le démon de la définition ni celui de la théorie, qui imposent de revenir sur ce qu'est le remake, mais la polysémie et les usages divergents du terme. Pour « prendre au sérieux » le remake, il faut déployer la complexité du phénomène, de sa pratique et des strates de discours qui en rendent compte. Cet examen est nécessaire pour comprendre les enjeux et le statut du remake dans différents espaces discursifs (juridiques, critiques, théoriques…) : il ne s'agit pas dès lors de savoir quels sont les objets qui seraient *par essence* des remakes, mais de déterminer quels objets sont *conçus ou interprétés comme* des remakes. Une large partie de la discussion qui suit peut évidemment concerner le remake en général. Je l'illustrerai toutefois essentiellement par des cas de remakes hollywoodiens de films français, ce qui me permettra de proposer et discuter un corpus de recherche, et de souligner quelques particularités propres à ce type de remake transnational.

Une pratique cinématographique

En tant qu'entreprise de recyclage, de fabrication d'un produit culturel à partir d'un premier produit culturel, le remake semble se distinguer tout d'abord par sa nature cinématographique. La notion de remake est née au sein de l'industrie hollywoodienne du cinéma pour désigner spécifiquement une technique de fabrication d'un film, contrairement à d'autres formes de reprise et de répétition, comme le genre, l'adaptation, la parodie, le pastiche, qui préexistent, et de longue date, au développement du cinéma et concernent d'autres arts et d'autres industries culturelles (littérature, peinture, théâtre, musique, etc.). Certes, le principe en lui-même n'est ni nouveau ni propre au cinéma. L'histoire littéraire par exemple regorge de réécritures de textes anciens. Même s'il est susceptible d'innovation et de variation, le ballet classique fait fréquemment reprendre par de nouveaux interprètes la même chorégraphie écrite pour la même partition musicale : la chorégraphie du *Lac des cygnes*, créée par Marius Petipa en 1895, est aujourd'hui encore montée et reste souvent la référence par rapport à laquelle de nouveaux chorégraphes proposent leur version du ballet. Les spectacles de théâtre ou d'opéra, à côté de la création de nouvelles pièces, sont souvent de nouvelles mises en scène d'œuvres du répertoire. Bien que ces formes de reprise présentent des différences à la fois sémiotiques et culturelles avec le remake, il s'agit bien de produire une nouvelle version d'une œuvre. Mais nul ne songerait à désigner comme remake une nouvelle mise en scène théâtrale ou opératique, sinon de façon ironique, comme le prouve l'exportation du mot hors de la sphère du cinéma, attestée par les dictionnaires d'usage, pour désigner une nouvelle version d'un livre ou d'une pièce. Dans ce cas, c'est le cinéma qui sert de modèle pour caractériser avec une nuance péjorative des formes de répétition dans d'autres domaines artistiques et culturels, tout comme c'est aussi à partir de l'usage cinématographique que se sont constituées les notions de remake dans les domaines des arts plastiques et du jeu vidéo, avec des sens et des connotations sensiblement différents (Voir chapitre III). De plus, on ne peut *stricto sensu* identifier un film comme remake que lorsque l'œuvre source qu'il reprend et refait, qu'il répète et modifie, est un film. C'est même ce qui, théoriquement, le démarque d'autres pratiques comme l'adaptation ou la transposition. Concrètement, les choses sont un peu plus complexes…

Que refait le remake ?

La pratique montre que le rapport entre un remake et son film source est extrêmement variable, et ce même dans le cas, apparemment le plus clair, où la nouvelle version refait un film fondé sur un scénario original et où le film s'avoue explicitement comme « remake » dans son générique. Certains remakes refont presque plan par plan un film, d'autres exploitent en fait un scénario déjà filmé qu'ils réécrivent au préalable en y introduisant plus ou moins de variantes, d'autres encore reprennent de façon plus lâche une histoire, d'autres enfin s'inspirent simplement d'une idée déjà filmée.

Parmi les remakes hollywoodiens qui prennent véritablement pour modèle un film français, en conservant ses choix de découpage, de cadrage, de montage, de mise en scène, l'exemple le plus célèbre est sans doute *Algiers* (*Casbah*), réalisé par John Cromwell en 1938 à partir du *Pépé le Moko* de Duvivier (1937). À la suite du succès de *Pépé le Moko*, la MGM souhaita, seulement quelques mois après la sortie du film en France, en produire un remake et en confier la réalisation à Duvivier, qui fut invité à Hollywood avec son interprète féminine, Mireille Balin. Le projet de la MGM fut ensuite abandonné, Walter Wanger racheta les droits pour United Artists, et le réalisateur français fut écarté au profit de John Cromwell, tout comme Mireille Balin dont le rôle échut à Heddy Lamarr, une actrice autrichienne qui fit là sa première apparition hollywoodienne. Cromwell aurait disposé sur le plateau d'une copie du film français qu'il visionnait durant le tournage d'*Algiers*, rumeur que viennent corroborer les ressemblances frappantes entre les deux films[1]. Certes les acteurs ont changé, Charles Boyer a remplacé Jean Gabin, et la fin du film est différente puisque Pépé ne se suicide plus en voyant s'éloigner le paquebot et la femme qu'il aime. Ces changements mis à part, *Algiers* suit pas à pas le scénario de *Pépé le Moko*, incluant la plupart des scènes inventées pour le film et qui ne figurent pas dans le roman du « Détective Ashelbé[2] » dont Duvivier s'est inspiré. Il reprend aussi de larges passages de la musique composée par Vincent Scotto ; il emprunte, en les traduisant, une large partie des dialogues de Jeanson, et son prologue réutilise, dans un montage toutefois un peu différent, les vues « documentaires » de la Casbah qui ouvrent donc l'un et l'autre films. De nombreux plans sont des répliques de ceux du film français, tout comme de nombreux décors, ainsi que les silhouettes et les vêtements des personnages. *The Long Night* (*La Longue Nuit*), réalisé par Anatole Litvak en 1947, reste également très proche du *Jour se lève* (Marcel Carné, 1939), même s'il n'imite pas de manière aussi remarquable son film français source : il reprend souvent l'essentiel du dialogue original et parfois plan par plan le film de Carné. De telles réalisations, qui refont littéralement le film, parce qu'elles semblent privilégier l'imitation et non la variation, sont évidemment la cible privilégiée de l'ire des

1. Ginette VINCENDEAU, *Pépé le Moko*, Londres, BFI, 1998, p. 67.
2. Détective ASHELBÉ, *Pépé le Moko*, Paris, Éditions AID, 1931.

critiques, tel Bazin qui écrit : « le producteur qui a l'idée d'acheter les droits de *Pépé le Moko* ou du *Jour se lève* pour faire copier le film par un de ses scribes se comporte fondamentalement comme un copiste du Moyen Âge ou un pharaon de la troisième dynastie[3] ».

À l'extrême opposé, certains remakes retiennent essentiellement l'idée qui est à la base du film, son *pitch*. Ainsi, bien que *Twelve Monkeys* (*L'Armée des douze singes*, Terry Gilliam, 1995) soit inspiré, comme l'indique explicitement son générique initial, de *La Jetée* (Chris Marker, 1962), ce remake s'écarte radicalement de son film source. Il abandonne le dispositif formel qui fait la spécificité de *La Jetée* – un film presque entièrement composé d'images fixes séparées par de longs fondus, un « photo-roman », constamment accompagné d'une voix *over* qui assure une narration rétrospective, crée le sentiment d'une continuité narrative et génère un effet de distanciation. Il y substitue une forme de récit totalement différente, et assez conforme aux standards du récit spectaculaire hollywoodien contemporain : une « diégèse "pleine" structurée autour d'un héros, incarné par une star, à la fois pivot du récit et point d'ancrage de l'identification spectatorielle[4] ». Gilliam prétend d'ailleurs qu'il ne connaissait pas *La Jetée* lorsque les scénaristes, David et Janet Peoples, lui en ont proposé le remake, et il affirme avoir par la suite refusé de visionner le film de Marker, afin d'éviter d'être influencé dans sa réalisation.

Non seulement *Twelve Monkeys* ne se présente pas, formellement, comme une variation sur le film *La Jetée*, mais son scénario entretient des rapports assez lointains avec celui du film français. Le héros, James Cole (Bruce Willis) est hanté par l'image d'une femme, dans un aéroport, vers laquelle court un homme avant de s'écrouler. L'action se passe en 2035, trente-neuf ans après qu'un virus mortel a quasiment anéanti l'humanité et contraint les rares survivants à se réfugier dans un bunker. Dans cette société post-apocalyptique, sur laquelle règne un ordre scientifique et totalitaire, Cole est un prisonnier qui accepte contre une remise de peine de se prêter à une expérience à haut risque : remonter dans le temps pour trouver l'origine de la pandémie. Les savants l'envoient par erreur quelques années avant la catastrophe, en 1990, où il a vite fait de se retrouver dans un asile d'aliénés : il y fait la connaissance d'une psychiatre, Kathryn Reilly (Madeleine Stowe), et de Jeffrey Goines (Brad Pitt), un jeune dément obsédé par la haine de son père, épidémiologiste de renommée mondiale, et qui est à la tête d'un groupuscule de terrorisme écologique, baptisé l'armée des douze singes. Les savants de 2035 finissent par ramener Cole dans le futur, l'expédient en 1917 dans les tranchées de la Première Guerre mondiale, avant de l'envoyer enfin en 1996, l'année de l'épidémie. Il kidnappe Kathryn Reilly, dont il est tombé amoureux, parvient à la convaincre qu'il n'est pas fou, et part à la recherche de

3. André BAZIN, « Remade in USA », *Cahiers du cinéma*, n° 11, avril 1952.

4. Pierre BEYLOT, « Le spectateur du film post-moderne : de *La Jetée* (Marker, 1962) à *L'Armée des douze singes* (Gilliam, 1995), l'exemple d'un transfert culturel », *in* Martin BARNIER et Raphaëlle MOINE (dir.), *France/Hollywood. Échanges cinématographiques et identités nationales*, Paris, L'Harmattan, Champs Visuels, 2002, p. 87.

l'armée des douze singes, qu'il tient pour responsable de la propagation du virus. Il découvre *in extremis* que ce groupuscule n'est qu'une association d'inoffensifs illuminés et il identifie dans la séquence finale à l'aéroport le véritable coupable qu'il tente de rattraper avant qu'il ne soit trop tard. En vain : Cole est tué avant d'avoir pu l'arrêter, plus rien n'empêchera la propagation du virus, et les images qui le hantaient s'organisent soudain en une scène violente, celle de sa propre mort, sous les yeux de Kathryn. On reconnaît bien là l'idée de *La Jetée*, mais l'idée seulement : chez Marker, des savants se livrent à des expériences de voyage dans le temps, dans l'univers concentrationnaire des souterrains de Chaillot où s'est réfugiée l'humanité après la Troisième Guerre mondiale, nucléaire. Ils choisissent comme cobaye un homme, hanté par une image d'enfance (un visage de femme et la mort de l'homme qui court vers elle sur la jetée de l'aéroport d'Orly), en raison de la force de son souvenir. Au prix de douloureuses expériences, l'homme est envoyé à plusieurs reprises dans le passé, dans le monde d'avant la guerre, où il rencontre souvent la femme de son souvenir. Jugeant l'expérience concluante, les savants l'expédient alors dans le futur, afin qu'il y demande de l'aide. Une fois sa mission accomplie, l'homme s'attend à être liquidé. Bien que les hommes du futur lui proposent de l'accueillir chez eux, il leur demande à être ramené dans le passé, vers la femme de son souvenir d'enfance. Il se retrouve à Orly, sur la jetée, court vers la femme qu'il aperçoit et est abattu par ses geôliers, qui l'ont retrouvé. Son souvenir était celui de sa propre mort.

Ce bref résumé des deux films suffit pour se rendre compte que *Twelve Monkeys* retient principalement du film de Marker deux éléments, qui sont aussi deux thèmes classiques de la science-fiction : le paradoxe temporel (ici, celui d'un homme hanté par une image d'enfance qui est en fait celle de sa propre mort) ; la représentation d'un monde futur post-apocalyptique et totalitaire qui envoie quelques-uns des siens prévenir ou guérir une catastrophe – l'apocalypse a simplement changé de nature en quarante-deux ans, la peur de la pandémie et des agissements de groupe de terroristes illuminés ayant remplacé le souvenir du nazisme et la crainte de l'apocalypse nucléaire. Mais, alors que dans *La Jetée* le souvenir de la femme aimée est le véritable objet de la quête du héros, la relation amoureuse entre James Cole et Kathryn Reilly est une intrigue parallèle, « un moyen d'entretenir la tension dramatique avec toute une série de phases classiques (opposition des deux personnages, résistance de la femme, puis enfin séduction au bout d'une heure quarante de film)[5] ». Tandis les rencontres entre l'homme et la femme étaient au cœur de *La Jetée*, *Twelve Monkeys* remplace la quête d'un héros tragique qui reste anonyme par l'enquête menée par un héros, personnellement identifié. Ses doutes et son combat conduisent le récit, et sa lutte est toujours présentée comme susceptible d'être couronnée de succès. Poursuivi par les polices du présent et du futur, Cole traque avant tout les responsables de la catastrophe. Autour de cette figure double d'enquêteur et de fugitif, plus proche du thriller que de la science-fiction, le scénario de *Twelve Monkeys* invente

5. *Ibid.*, p. 89.

et multiplie péripéties et rebondissements, jusqu'au renversement narratif final, emblématique des *twist movies* des années 1990-2000 comme *The Usual Suspects*. Alors que *La Jetée* ne met jamais en cause la réalité de l'expérience de son héros, le film de Gilliam place le doute et le suspense au cœur de sa dynamique narrative, toute une série d'indices suggérant par exemple dans la première moitié du récit que le voyage dans le temps accompli par Cole est peut-être le fruit de son esprit dérangé. Pour recontextualiser dans l'Amérique et le cinéma américain de la fin des années 1990 le scénario de Marker, les scénaristes de *Twelve Monkeys* élaborent donc une nouvelle intrigue, de nouvelles situations dramatiques, de nouvelles scènes, de nouveaux personnages à partir de l'*idée* de *La Jetée*.

La « copie » du film (*Algiers*, *The Long Night*) et la recréation d'une idée déjà filmée (*Twelve Monkeys*) sont les deux pôles extrêmes entre lesquels s'étire toute une gamme de remakes, dont la majorité procède davantage par imitation/transformation des sources de leur version originale, notamment écrites et scénaristiques, que par imitation de l'œuvre filmique – le rapport entre la dose d'imitation et la dose de transformation étant extrêmement variable. Au point que le remake se voit parfois défini comme une nouvelle version d'un scénario déjà tourné.

Remake ou nouvelle adaptation : un choix interprétatif

Le remake est produit à partir d'un film ou d'un matériau directement conçu pour être transformé en un film (comme un scénario), ce qui le distingue de l'adaptation : celle-ci a pour matrice un texte, qui a une existence autonome préalable. Cette distinction toute théorique résiste mal à l'épreuve des faits : un très grand nombre de films étant inspirés d'une source littéraire, il est assez logique qu'un très grand nombre de films amenés à être refaits le soient aussi. La nouvelle version produite est-elle une « nouvelle adaptation » d'une œuvre littéraire ou théâtrale déjà adaptée antérieurement au cinéma ? Ou un « remake » d'un film adapté d'une œuvre littéraire ou théâtrale ?

Les aléas des génériques

Le débat « nouvelle adaptation ou vrai remake ? » est d'autant plus ouvert que les génériques des remakes hollywoodiens concernés affichent de manière très aléatoire leur filiation. Certains reconstituent toute la genèse et mentionnent et le texte de départ et le film original : *The Associate* (*L'Associé*, Donald Petrie, 1996), remake de *L'Associé* (René Gainville, 1979), se déclare « *based upon the motion picture* L'Associé *adapted from the novel* El Socio *by Jenaro Prieto* ». D'autres mentionnent l'existence de deux sources (l'une littéraire ou théâtrale, l'autre filmique), mais les présentent sur le même plan : *Intersection* (Mark Rydell, 1994), remake des *Choses de la vie* (Claude Sautet, 1969), s'affirme « *based on the novel by Paul Guimard (published by Éditions Denoël) and the screenplay by Paul Guimard, Jean-Loup Dabadie and Claude Sautet* » ; le générique final de *The Birdcage* (Mike Nichols, 1996), remake de *La Cage aux folles* (Édouard Molinaro,1978), permet – au spectateur qui a encore les yeux sur l'écran – de lire que le film est « *based on the stage play* La Cage aux folles *by Jean Poiret and the script written by Francis Veber, Édouard Molinaro, Marcello Danon and Jean Poiret* ». On notera que ces deux derniers génériques omettent de désigner les films par leur nom, ce qui participe à effacer la version originale cinématographique, réduite ici à sa préhistoire de script ou de scénario. D'autres remakes font une sorte de colis groupé des différentes sources, sans préciser de quel type de source il s'agit : par exemple, *Mixed Nuts* (*Joyeux Noël*, Nora Ephron, 1994), remake du *Père Noël est une ordure* (Jean-Marie Poiré, 1982), est simplement signalé comme « *based on* Le Père Noël est une ordure ». D'autres remakes encore affichent de manière particulièrement étrange leur pedigree. Par exemple, *The Sorcerer* (*Le Convoi de la peur*, William Friedkin, 1977), remake du *Salaire de la peur* (Henri-Georges Clouzot, 1953) se dit « *based on the novel* Wages of Fear *by Georges Arnaud ; dedicated to H.-G. Clouzot* ». L'absence de référence au *Salaire de la peur* et le mode de référence à Clouzot – l'hommage – procèdent de deux soucis différents, mais qui rentrent ici en conjonction : celui des producteurs soucieux d'éviter des problèmes de droits, et celui de Friedkin, désireux de faire œuvre d'auteur, de se distinguer du flot des recréations hollywoodiennes[6]. Il arrive enfin que les remakes s'affichent exclusivement comme de nouvelles adaptations, ce qu'une rapide étude comparée du texte revendiqué comme origine, de la version française originale et de la version américaine ultérieure dément à l'évidence : *Scarlet Street* (*La Rue rouge*, Fritz Lang, 1945), *Human Desire* du même Lang et *Down and Out in Beverly Hills* (*Le Clochard de Beverly Hills*, Paul Mazursky, 1986) ont ainsi en commun d'être des remakes de films de Renoir – *La Chienne*, 1931 ; *La Bête humaine*, 1938 ; *Boudu sauvé des eaux*, 1932 – et de ne mentionner à leur générique que l'œuvre de (respectivement) Georges de la Fouchardière, Émile Zola et René Fauchois.

Ces revendications très variables de filiation peuvent parfois correspondre à une réalité concernant l'importance relative des sources d'inspiration, filmique et littéraire, mais seuls un examen comparé des différentes versions et une étude de la genèse des versions hollywoodiennes (quand elle est possible) permettent réellement, au cas par cas, de soutenir qu'il s'agit plutôt d'une nouvelle adaptation, ou plutôt d'un remake. Le générique du film, qui constitue pour le public le seul indice de sa genèse, se révèle la plupart du temps une source peu digne de confiance, l'affichage de l'adaptation servant souvent à contourner des problèmes

6. Pour une analyse du positionnement culturel ambigu de *The Sorcerer*, voir Lucy MAZDON, *Encore Hollywood*, *op. cit.*, p. 40-46.

juridiques : il arrive en effet que le producteur indélicat, pour faire l'économie du paiement des droits de remake, prétende que son film est la nouvelle adaptation d'une œuvre littéraire parce qu'il en détient les droits ou qu'elle est tombée dans le domaine public. Le recours au droit n'éclaircit donc pas toujours la situation. Certes, sur un plan juridique, il est en principe possible de connaître la nature de la transaction contractuelle entre auteurs et producteurs, et entre producteurs des deux versions cinématographiques, et d'identifier s'il s'agit de la cession du droit de remake, de celle du droit d'adaptation de l'œuvre littéraire, ou de celle des deux à la fois. Mais les transactions et les termes du contrat restent inconnus du public et des critiques – sauf bien sûr en cas de litige porté sur la scène médiatique – et les différences entre la loi de la propriété intellectuelle française et la loi californienne compliquent encore l'identification des remakes hollywoodiens de films français. De plus, les éventuelles cessions successives de droits entre producteurs américains avant que le remake soit effectivement mis en chantier par un producteur, finissent parfois par former une chaîne dont il est difficile de remonter ensemble les maillons. Les déclarations des cinéastes dans la sphère publique, lors de la promotion du film ou dans des entretiens ultérieurs, ne sont souvent guère plus fiables. Pour des raisons de prestige, il leur arrive fréquemment de refuser de reconnaître que leur film s'inspire d'un film précédent.

Ni le droit, ni le producteur, ni le réalisateur, ni les mentions portées sur le texte filmique ne peuvent être d'un grand secours pour trancher le débat « nouvelle adaptation ou vrai remake ? », qui semble se révéler sans fin... ce qui est en général le signe d'un faux débat. Je ne prétends toutefois pas que remake et adaptation sont la même chose, mais que dans les faits nouvelle adaptation et remake occupent une zone en partie commune. Admettre l'existence de cette zone floue du remake-nouvelle adaptation, c'est s'éviter des gloses interminables, mais c'est aussi souligner que le remake participe d'une circulation d'idées, d'images, de mots, qui s'exerce à la fois à l'intérieur du champ cinématographique, et entre le cinéma et les autres formes d'expression artistiques et culturelles. *La Cage aux folles* a ainsi circulé d'abord des planches du théâtre du Palais-Royal aux pages de *L'Avant-Scène Théâtre* où le texte de Jean Poiret est édité en 1973, puis au cinéma à travers trois productions franco-italiennes (l'adaptation de Molinaro en 1978 et deux suites). Le succès international du film de Molinaro a ensuite permis de transporter et d'adapter la pièce à Broadway, après achat des droits de traduction et de représentation en anglais, où elle est acclimatée sous la forme d'une comédie musicale. En 1996 le remake, *The Birdcage*, est produit à partir du film de Molinaro tout en conservant quelques éléments du *musical* de Broadway. Pendant ce temps, les différentes versions franco-italiennes de *La Cage aux folles* continuent leur carrière publique en France, à la télévision, où elles sont très régulièrement rediffusées. Enfin le succès mondial de *The Birdcage*, France comprise, relance les télédiffusions françaises du film, et le texte de la pièce de Poiret, que tous ses avatars ont transformée en classique, est réédité en 2004 sous forme de livre chez L'Avant-Scène théâtre-Éditions des quatre-vents. Contribuer à replacer le cinéma hollywoodien (et sans doute le cinéma en général) dans un environnement profondément intermédiatique, tel est sans doute l'un des principaux mérites du débat « nouvelle adaptation ou vrai remake ? »

Le couple infernal « fidélité/originalité »

Le rapprochement du remake et de l'adaptation, qui ne peut conduire qu'à une aporie s'il est fait dans un souci taxinomique, se révèle particulièrement fructueux si l'on considère la réception. Remakes et adaptations passent par les mêmes fourches Caudines critiques : tous deux sont appréciés à la mesure de leur fidélité ou de leur originalité par rapport à leur œuvre source, surtout quand cette dernière est célèbre. Certes, la question de l'adaptation a ceci de spécifique qu'elle pose et a posé historiquement – en France au moins – la question de l'autonomie du cinéma et de son autonomisation comme art dans le champ des productions culturelles, de sa pureté ou de son impureté, de sa capacité à s'emparer de la « Littérature[7] ». Mais remakes et adaptations sont régulièrement soumis à une même injonction paradoxale : évalués à l'aune de leur matrice littéraire ou cinématographique qu'ils se devraient de « respecter », de ne pas « trahir », notamment quand elle est prestigieuse, ils sont en même temps jugés sur leur capacité à « innover », à ne pas « copier », à ne pas « reproduire servilement », pour reprendre quelques-uns des termes les plus récurrents dans la littérature critique française. Phénomène déjà bien analysé à propos de l'adaptation[8], l'intrusion de la morale et son imbrication avec le critère esthétique de l'originalité sont tout aussi fréquentes dans la réception critique du remake. Elles transparaissent ainsi dès 1952 sous la plume de Bazin dans « Remade in USA » (*Cahiers du cinéma*, n° 11) :

> Le film de Losey [*M le Maudit*] 1951 > révèle clairement le mécanisme absurde du « remake » qui consiste à copier le détail en trahissant l'essentiel. Cette fidélité formelle toute extérieure est l'alibi qui permet de relancer sur le marché un nouveau film présenté comme l'exacte réplique d'un original prestigieux. Mais en même temps on s'efforce de rectifier dans le modèle tout ce qui se présente en saillie sur la mythologie cinématographique hollywoodienne. On va même jusqu'à changer le contexte social sur lequel s'inscrivent les événements. Or il est évident que plus une œuvre est bonne, plus les détails s'y trouvent chargés de sens et plus leur interdépendance est rigoureuse. Le mobilier de la mansarde de Gabin dans *Le jour se lève* n'est pas un décor interchangeable, la tragédie s'y cache aussi intimement que dans le cœur du héros. On ne saurait y toucher sans modifier aussi le drame, les personnages. Le

7. Pour une synthèse sur ce sujet, voir Jeanne-Marie CLERC et Monique CARCAUD-MACAIRE, *L'Adaptation cinématographique et littéraire*, Paris, Klincksieck, 2004, p. 11-38.

8. Francis VANOYE, *Scénarios modèles, modèles de scénario*, Paris, Nathan Université, 1991, p. 129-130.

seul moyen de leur rester fidèle et d'égaler éventuellement l'original serait de tout reprendre à la source et d'en suivre le cours naturel dans un nouveau relief historique et social.

Prisonniers d'une tension d'autant plus intenable qu'elle met en jeu deux critères de nature différente (morale *vs* esthétique), les deux pratiques cinématographiques se trouvent confrontées à un insoluble dilemme : elles peuvent être soit saluées, soit décriées pour l'une ou l'autre raison.

Bonne adaptation, mauvais remake

L'attribution par la critique ou les commentateurs de l'étiquette « remake » ou de l'étiquette « adaptation » n'est en général une opération ni neutre ni objective. Elle ne relève pas de la pure préférence lexicale, mais est intimement liée à un système de hiérarchie culturelle. Tout d'abord entrent en ligne de compte la renommée et la légitimité culturelle respectives de l'œuvre littéraire *princeps* et de la première version cinématographique. Si l'hypotexte littéraire est plus célèbre que l'hypotexte filmique, le nouveau film est souvent jugé comme une nouvelle adaptation, et, dans le cas inverse, comme un remake. Le choix entre les deux termes est donc lié à un présupposé culturel qui identifie une des œuvres comme un *prototype*, éventuellement indépendamment de la chronologie. Par exemple, les différentes versions cinématographiques des *Liaisons dangereuses* sont le plus souvent reçues comme de nouvelles adaptations de Laclos, et à ce titre confrontées au roman ; et quand ces différents films sont comparés entre eux, la comparaison est pour ainsi dire horizontale et n'établit guère de lien génétique et généalogique entre une version plus ancienne et une version plus récente. Chacun sait en revanche qu'*An Affair to Remember* (Leo Mc Carey, 1957) est un autoremake de *Love Affair* (1939) – ce que leur titre français commun, *Elle et Lui*, incite d'ailleurs à penser –, et nul ne songerait à décrire la deuxième version comme une nouvelle adaptation, bien qu'elle soit comme la première tirée d'un roman tombé dans l'oubli.

La différence entre remake et adaptation est également une différence de dignité : si l'adaptation n'est pas toujours une appellation anoblissante, le remake est en général un qualificatif indigne et, pour la critique française du moins, se situe très loin derrière l'adaptation dans la hiérarchie des pratiques cinématographiques. Mobiliser l'une ou l'autre de ces catégories, c'est donc utiliser une grille interprétative qui, avant même qu'elle soit concrètement appliquée au film, le classe sur l'échiquier culturel. De même que les cinéastes, en revendiquant la réalisation d'une nouvelle adaptation plutôt que celle d'un remake, utilisent de manière stratégique ces deux étiquettes, chez les critiques la distinction entre « nouvelle adaptation d'un texte » et « remake d'un film » trahit en fait un jugement de goût et de valeur. Ainsi, le numéro de *CinémAction* consacré au remake et à l'adaptation témoigne à plusieurs reprises d'une propension à opposer la

« bonne » ré-adaptation au « mauvais » remake. L'article « Faux remakes et vraies adaptations » par exemple, après avoir salué le travail de re-création d'un Buñuel dans *Le Journal d'une femme de chambre* (réalisé en 1963, d'après Mirbeau et après la version de Renoir), et *Cet obscur objet du désir* (réalisé en 1977, d'après Pierre Louÿs et après les versions de Sternberg et Duvivier), poursuit :

> Faut-il en conclure que les Européens ont l'apanage de ces remakes qui ne sont pas seulement des rééditions, ou de nouvelles versions sociologiques, mais des relectures, de véritables adaptations en un mot. Comme s'ils étaient nécessairement plus littéraires et esthétiques. On ne voit pas ce qui pourrait fonder une telle thèse, à moins de se cantonner à d'absurdes et grossières généralités. On ne peut non plus déclarer uniquement que tout est affaire d'homme et de personnalité. Le cinéma classique hollywoodien voulait produire des remakes. Il employait volontiers des hommes de valeur. Mais le système était quelque peu expéditif. Sur la base d'un film célèbre, un producteur faisait appel à un réalisateur afin d'entreprendre une nouvelle version destinée à faire une carrière aussi brillante. L'existence préalable de l'œuvre littéraire était mise en évidence au générique pour couper court à toute accusation de recopiage et de plagiat. Les normes, enfin, cantonnaient parfois le projet dans des limites qui entravaient le travail d'adaptation[9].

Quelles que soient les précautions oratoires prises par les auteurs, on ne peut qu'en déduire que le bon remake est en fait une vraie adaptation.

Le destin critique français de *The Talented Mr. Ripley* (Anthony Minghella, 1999) est également éclairant sur la prégnance du jugement de valeur dans la distinction entre remake et adaptation. Le film de Minghella se présente dans son générique comme une adaptation du roman éponyme de Patricia Highsmith paru en 1955, et le réalisateur prend bien le soin dans les entretiens qu'il délivre de faire allégeance au film *Plein soleil* de René Clément (1959) tout en affirmant s'être inspiré exclusivement du livre. Minghella prétend penser davantage à René Clément depuis la sortie de son film en Europe qu'il n'a eu l'occasion de le faire pendant les trois ans de préparation du film. Il insiste longuement sur tous ses choix d'adaptateur qui peuvent le démarquer fortement de Clément : son Italie exprime l'idée que les Américains des années 1950 se font de l'Europe, il aborde de façon explicite l'homosexualité de Ripley, ce dernier tue le riche héritier qu'il est chargé de ramener aux États-Unis plus par envie et par dépit amoureux que par vice (*Le Figaro*, 8 mars 2000 ; *L'Avant-Scène* n° 491, avril 2000). Or la réception critique du film de Minghella fait quasiment toujours référence à Highsmith et à Clément, ce qui témoigne d'une tension manifeste entre la célébrité de *Plein soleil* (et de sa star, Alain Delon, systématiquement mentionné de manière élogieuse et comparé à un Matt Damon dépourvu du charisme de son prédécesseur cinématographique) et la notoriété de Patricia Highsmith, dont les romans ont le privilège d'être à la fois des best-sellers et des succès critiques de la littérature policière.

9. Daniel Protopopoff et Michel Serceau, « Faux remakes et vraies adaptations », *CinémAction*, « Le remake et l'adaptation », *op. cit.*, p. 42.

Globalement, la critique est assez nuancée, trouvant le film plutôt intéressant, voire talentueux par certains de ses aspects. Si la plupart des articles comparent les versions de Clément et de Minghella, 7 sur les 23 répertoriés dans la revue de presse de la Bifi parlent explicitement de remake. Cette proportion relativement restreinte s'explique par l'accueil favorable réservé au film, qui entrave son identification infamante au remake, comme le montre le recours systématique à la figure de la prétérition dans les articles. Annie Copperman écrit par exemple dans *Les Échos* (8 mars 2000) :

> Oublions *Plein soleil*. Le film d'aujourd'hui n'est pas un « remake », c'est un nouveau film. Plus long (trop? deux heures et quatorze minutes!), plus coûteux, plus... américain, plus foisonnant de personnages et de décors. Mais intelligent, ambigu à souhait, ménageant le suspense : séduisant aussi. [...] [Minghella] a, ici assez fidèlement adapté le roman, en en soulignant certains aspects que René Clément, lui, ne faisait qu'esquisser. [...] Sans toutefois en édulcorer la vertigineuse ambiguïté et la savoureuse amoralité.

La prétérition permet, comme c'est précisément le rôle de cette figure rhétorique, de comparer les deux films tout en affirmant qu'on ne les compare pas, et de suggérer que le film est un remake – puisqu'il est constamment rapporté dans la première partie du texte à *Plein soleil* –, tout en disant qu'il n'en est pas un – puisqu'il est en fait une authentique adaptation novatrice. Une stratégie argumentative semblable se retrouve dans la critique de Samuel Blumenfeld, parue dans *Le Monde* du même jour, bien que celui-ci n'utilise pas le mot « remake »:

> *Le Talentueux Mr. Ripley* est, après *Plein soleil*, la deuxième adaptation cinématographique du roman éponyme de Patricia Highsmith, paru en 1955 et republié en France cette année (Calmann-Lévy, collection « Suspense »). On évitera de comparer le film d'Anthony Minghella avec le chef-d'œuvre de René Clément dont il se démarque avec une intelligence certaine. On s'abstiendra encore davantage de comparer l'interprétation de Matt Damon à celle, magnifique, d'Alain Delon, qui montrait à quel point il était unique dans un rôle double, celui d'un jeune homme sur la trace d'un riche héritier dont il s'empare de l'identité après l'avoir tué. À une trame proche du roman, Anthony Minghella a ajouté un rapport de classe qui n'existait pas dans le livre entre Tom Ripley et Dickie Greenleaf, le jeune homme de bonne famille qu'il doit retrouver. [...]

Ces deux comptes-rendus, par l'oscillation entre références à Highsmith et à Clément et par la manière dont ils distribuent les bons et les mauvais points suivant que *The Talented Mr. Ripley* est évalué par rapport au livre ou au premier film, sont tout à fait représentatifs de la hiérarchie commune établie entre nouvelle adaptation et remake. Ils sont aussi emblématiques de la démarche interprétative qui consiste à se servir de la pratique du remake pour rehausser celle de l'adaptation littéraire. Ils offrent enfin un véritable modèle réduit de l'ensemble de la revue de presse consacrée au film de Minghella : quand celui-ci est jugé plutôt réussi, il est considéré comme une adaptation du roman de Patricia Highsmith, alors que le jugement négatif, toujours associé à une comparaison avec *Plein soleil*, le transforme en remake du film de René Clément.

Une affaire de droit(s)

L'extrême variété de la technique du remake – de la copie du film à la reprise d'une idée à la base d'un scénario –, la difficulté à identifier clairement les remakes et à les distinguer des nouvelles adaptations, l'existence du remake, dans le discours critique, comme catégorie de l'interprétation, ne doivent pas faire oublier que le remake est avant tout une affaire de droit : la notion a vu le jour dans la sphère juridique et la réalisation d'un remake ne peut être mise en chantier qu'à partir de l'exploitation des droits de la première version par son producteur ou de leur cession à un autre producteur. Ce qui distingue fondamentalement le remake, ce n'est pas qu'il soit une pratique de reprise et de répétition cinématographique, c'est qu'il en constitue, à l'échelle de l'œuvre filmique toute entière, une forme institutionnalisée et réglementée, le terme de « remake » étant spécifique au cinéma et aux œuvres audiovisuelles[10]. Un remake est donc un film refait légalement, ce qui le différencie aussi, juridiquement, du plagiat. Pour produire une nouvelle version d'un film, il faut être titulaire d'une catégorie de droits particulière : les droits de remake. On mesure bien le bénéfice financier et commercial que l'existence de cette catégorie juridique permet aux producteurs de retirer et qui explique sans doute son « invention » et son institutionnalisation dans le système hollywoodien : elle permet notamment à un studio de refaire à moindres frais des films dont il détient le *copyright*, pour les avoir lui-même produits, sans avoir à faire écrire un scénario inédit, ni à acheter de droits d'adaptation, et sans encourir d'accusation de plagiat. Comme le résume Jacqueline Nacache : « le remake est une sorte d'appellation contrôlée et ouvre des droits particuliers à des auteurs, scénaristes, cinéastes, qui ont fait partie de l'entreprise initiale ou, le cas échéant, à leurs héritiers[11] ».

Il est impossible de généraliser à l'ensemble des remakes les dispositions juridiques et les termes des contrats qui réglementent et définissent cette pratique, à cause des différences entre législations nationales et des modifications de droit ou d'usage intervenues au fil du temps. Pour prendre un exemple bien connu, le cinéma des premiers temps, faute de jurisprudence adéquate, pratiquait largement le piratage et les films pouvaient être retournés par n'importe quel autre cinéaste, étranger ou compatriote, sans rétorsion possible. La propriété artistique

10. David WILLS, « The French Remark. *Breathless* and Cinematic Citationality », *in* Andrew HORTON et Stuart Y. MCDOUGAL (dir.), *Play It Again*, *op. cit.*, p. 148.

11. Jacqueline NACACHE, « Comment penser les remakes américains ? », *Positif*, n° 460, juin 1999, p. 76.

n'étant pas encore en usage au cinéma à l'époque, le cinéma des premiers temps a ainsi produit d'innombrables « remakes » (il existe bien plus d'un *Coucher de la mariée* !) avant l'invention juridique de la notion[12]. Je me contenterai donc ici de décrire rapidement la chaîne contractuelle qui mène actuellement d'un film français à sa nouvelle version hollywoodienne[13].

Les termes du contrat

Le droit français distingue, pour les œuvres audiovisuelles, les droits de reproduction, les droits de représentation et les droits d'utilisation secondaire (ou droit dérivés). C'est à cette dernière catégorie qu'appartient le droit de remake, ainsi que le droit de suite et le droit de citation. La pratique récente ainsi que les contrats-types tels que ceux de la SACD (Société des auteurs et des compositeurs dramatiques) ont pris l'habitude de donner du droit de remake la définition suivante : « droit de réaliser un film cinématographique de long métrage postérieurement au film faisant objet des présentes et reprenant les mêmes thèmes, situations, personnages, dialogues, mises en scène, etc. ». Le droit de remake, comme le droit de suite, ne concerne que les œuvres de fiction, et est inopérant dans le secteur documentaire au motif que ce dernier s'intéresse à des faits de société, historiques, d'actualité ou encore à des personnages réels, lesquels ne peuvent faire l'objet d'une appropriation par le droit d'auteur. La titularité initiale du droit de remake est celle des auteurs de l'œuvre audiovisuelle, au titre du droit de propriété sur leur œuvre. Par auteurs, on entend le réalisateur, l'auteur du scénario, l'auteur des dialogues, l'auteur de l'adaptation (plus rarement les autres collaborateurs du film dans la mesure où leur collaboration effective à l'œuvre ne concerne que la version initiale), mais aussi, quand il y a lieu, les auteurs de l'œuvre littéraire ou théâtrale dont le film est inspiré. Ce dernier point montre clairement que même le droit peut ne pas suffire à trancher le débat « remake ou nouvelle adaptation ? » En effet, juridiquement, le droit d'adaptation cinématographique (et donc de nouvelle adaptation) d'une œuvre littéraire est certes un droit distinct du droit de remake, et le premier peut être cédé sans que le second le soit. Néanmoins, en France, le Code de la propriété intellectuelle, assimilant l'auteur de l'œuvre *princeps* aux coauteurs de l'œuvre audiovisuelle (art. L. 113-7), lui donne le droit, au même titre que ces derniers, d'autoriser ou de refuser toute nouvelle adaptation cinématographique qui apparaîtra à son égard comme une adaptation au second degré. Il n'est donc pas juridiquement contradictoire qu'un

12. Noël BURCH, *La Lucarne de l'infini*, Paris, Nathan Université, 1990, p. 189-190.

13. N'étant pas juriste, j'ai réalisé cette présentation synthétique des questions juridiques à partir de la documentation fournie par la SACD, du *Guide pratique des contrats de l'audiovisuel* (Théo HASSLER et Yves-Henri NÉDÉLEC, Paris, Litec, 1992), du mémoire *Le Droit de remake* (Vidal SERFATY, DEA « Propriété littéraire, artistique et intellectuelle », université Panthéon-Assas, 1995) et de *La Production audiovisuelle – Les Contrats* (Catherine MARTEL, Paris, Dixit, 2003).

remake soit aussi une nouvelle adaptation, même si les cessions à un producteur des deux droits afférents peuvent être faites indépendamment l'une de l'autre. La pratique actuelle indique que les auteurs cèdent presque systématiquement leur droit de remake au producteur du film, moyennant une rémunération définie par les termes du contrat. Il s'agit d'un pourcentage des sommes qui seront perçues par le producteur lors d'une éventuelle cession des droits à un autre producteur et qui, laissé à la discrétion des parties, est extrêmement variable. Dans le cas où le remake serait réalisé à l'initiative du même producteur, la rémunération sera négociée. Il semble toutefois que la renégociation des droits tende à s'élargir aussi au cas de cession par le producteur des droits de remake à un tiers. Bien que dans la pratique l'auteur cède en général ses droits au producteur, les contrats stipulent que l'accord de l'auteur reste nécessaire à toute cession. Ainsi le contrat passé entre Coline Serreau et Flash Film pour *Trois hommes et un couffin* (1985) précise : « Flash Film s'engage à ne pas céder les droits de remake sans l'accord écrit de mademoiselle Coline Serreau. »

Dans le cas où un producteur américain se montre intéressé par la réalisation d'un remake du film français, ce qui est actuellement à l'origine de l'immense majorité des cessions du droit de remake par un producteur français, le producteur français peut alors négocier un contrat de cession des droits. Une des entraves principales à cette cession est la clause de *hold back*, inscrite dans le contrat de distribution du film français, qui a pour but d'empêcher la sortie d'une nouvelle version sur le territoire concerné par le contrat pendant une durée limitée. Une telle clause, destinée à empêcher la concurrence entre les deux versions, est très importante pour ne pas ruiner définitivement l'exploitation du film français à l'étranger, et particulièrement aux États-Unis : même si la distribution des films français sur le marché américain est extrêmement réduite, la sortie concurrente d'un remake hollywoodien finirait de terrasser le film français original, ce qui est un risque réel à une époque où très peu d'années séparent souvent la réalisation d'un remake de celle de son film français source. Les titulaires du droit de remake ne peuvent donc céder ce droit qu'une fois que le distributeur du film leur en a donné l'autorisation sous forme d'un *release*. Le contrat de cession, étant passé dans un cadre international, est soumis au droit californien, l'acte prenant la forme d'un *assignment of rights*. Le premier contrat, qui liait les auteurs et le producteur du film français, reste soumis à la loi française et seul le contrat entre le producteur français et le producteur américain relève de la loi californienne, ce qui peut évidemment ouvrir la porte à toute une série de contestations et démêlés juridiques, ne serait-ce qu'à cause des différences entre *copyright* et droit d'auteur. La cession du droit de remake se fait sous la forme d'une option, consentie moyennant un paiement forfaitaire (actuellement, entre 10 000 et 50 000 dollars), qui correspondrait en droit français à une indemnité d'immobilisation. Ce n'est que lorsque l'option est levée et la production du remake réellement mise en chantier par le producteur américain que la cession effective des droits et le versement d'une somme plus substantielle ont lieu. Il faut donc prendre avec la plus grande prudence les articles qui annoncent dans la presse généraliste une floraison prochaine de remakes hollywoodiens de films en français. La plupart du temps, les producteurs américains ont simplement pris une option sur le film français, ce qui ne leur coûte pas grand-chose, et le remake restera peut-être éternellement à l'état de projet. La presse a par exemple largement rapporté, et à plusieurs reprises, qu'*Ascenseur pour l'échafaud* (Louis Malle, 1957), *Le Boucher* (Claude Chabrol, 1969), *Les Ripoux* (Claude Zidi, 1984), *Itinéraire d'un enfant gâté* (Claude Lelouch, 1988), *La Fracture du myocarde* (Jacques Fansten, 1990), *Didier* (Alain Chabat, 1996) ou *La Vie rêvée des anges* (Éric Zonca, 1998) allaient faire l'objet d'un remake hollywoodien imminent et, à l'heure où j'écris ces lignes, leur version américaine n'a toujours pas vu le jour.

La durée et la portée de la cession des droits, deux points[14] sur lesquels droit français et droit californien divergent, sont essentielles pour comprendre le parcours et la carrière de la nouvelle version américaine, ainsi que les tensions qui peuvent résulter de certaines pratiques, pourtant conformes au droit américain et aux termes du contrat de cession des droits par le producteur français. Tout d'abord, la cession des droits est en général consentie au producteur américain à perpétuité, c'est-à-dire pour l'entière durée de protection des droits d'auteur posée par le droit français. Et comme le producteur américain peut aussi céder les droits qu'il a acquis à un autre producteur, la chaîne des contrats successifs peut s'avérer difficile à remonter, ouvrir le champ à la contestation comme à la malhonnêteté, ainsi que le montre l'affaire de *Diabolique*, sur laquelle nous reviendrons. Le deuxième point concerne la portée de la cession des droits de remake dans les contrats américains : le producteur français ne cède généralement pas le seul droit de tourner un remake, mais aussi celui de tourner un nombre illimité de nouvelles versions, donc un droit de remake de remake. Sont aussi cédés en même temps les droits de remake télévisuel et toute une série de droits dérivés annexes : droit de *sequel*, de novellisation, droits de *merchandising*, ainsi que l'ensemble des droits sur les personnages de la première version. Cette cession groupée n'est pas que de principe, puisqu'il arrive qu'un remake hollywoodien de film français soit suivi d'un remake du remake. Ce fut par exemple le cas avec *Pépé le Moko* refait une première fois par le studio United Artists avec *Algiers* et une seconde fois par Universal avec le film musical *Casbah* (John Berry, 1948).

Trois hommes et un couffin a une descendance encore plus complexe. Le film de Coline Serreau est d'abord refait en *Three Men and a Baby* dès 1987, deux ans après le film original, par la Touchstone, filiale « adulte » de Disney, en coproduction avec le producteur de la version française, Jean-François Lepetit. Devant le succès international de ce premier remake, la même équipe de producteurs en réalise une suite en 1990, *Three Men and a Little Lady* (*Tels pères, telle fille*), sous la houlette d'un nouveau réalisateur, Emile Ardolino, mais qui reconduit les mêmes acteurs : Tom Selleck, Steve Guttenberg et Ted Danson continuent à incarner les trois pères de la petite Mary, qui a maintenant cinq ans, et Nancy Travis est toujours Sylvia, la mère de la fillette. Le générique du film rend compte en ces

14. Je laisse ici de côté une troisième question, celle du droit moral, vis-à-vis duquel on connaît les réticences de la loi américaine. Elle peut néanmoins se poser si les auteurs du film français estiment leur œuvre défigurée par la nouvelle version.

termes de la longue chaîne d'auteurs à l'origine de ce sequel : « *from a screenplay by Charlie Peters, developped from a story by Sara Parriott and Josan McGibbon, based on the film written by Coline Serreau* ». Bien que la suite du remake crédite Coline Serreau au générique pour des raisons de droits, il s'agit bien d'un *sequel*, que la publicité du film vend d'ailleurs comme tel : le début du récit campe les personnages dans la situation où le remake les avait laissés – Peter, Michael et Jack partagent leur appartement avec Sylvia, la mère de la petite Mary pour qui ils jouent chacun à tour de rôle les pères honoraires – et ajoute à la même situation dramatique (la paternité collective et maternante exercée par les trois héros) une intrigue de rivalité à la fois familiale et amoureuse : Sylvia, dont le rôle est plus développé puisqu'elle partage désormais la vie des trois hommes, songe à se marier avec un Anglais, ce qui met en péril l'équilibre de cette famille très recomposée car il faudrait qu'elle s'installe avec Mary en Angleterre. Pour contrer ses projets, après avoir appris à devenir des pères dans *Three Men and a Baby*, les trois hommes vont devoir maintenant apprendre à devenir des maris. Mais le destin du film de Coline Serreau se poursuit aussi en France. Au milieu des années 1990, une société de production télévisuelle, Dune, propose à la réalisatrice d'adapter *Trois hommes et un couffin* sous forme de sitcom, ce qui montre au passage qu'Hollywood n'a pas l'apanage des produits dérivés. La sitcom ne peut se faire, pour des raisons juridiques, liées à l'existence du remake hollywoodien et au fait que Lepetit, qui en est coproducteur, a déposé le titre. Le différend va même jusqu'au procès. Et quand Coline Serreau décide de donner elle aussi une suite aux aventures des trois compères, avec un nouveau producteur, Alain Sarde, il n'est donc pas étonnant que le titre du film, *18 ans après* (2001), ne fasse aucune référence explicite au titre de l'œuvre princeps et que l'affiche ne porte pas mention de *Trois hommes et un couffin* comme produit d'appel.

L'affaire de Diabolique

La querelle du remake n'est pas seulement un débat entre commentateurs soucieux d'évaluer l'apport d'un film source, revendiqué ou non par les créateurs d'une nouvelle version. Elle peut aussi se jouer sur un plan juridique, comme l'illustre le litige qui opposa en 1996 Inès Clouzot, veuve et unique ayant droit du réalisateur des *Diaboliques* (1955), à la compagnie Morgan Creek, productrice de *Diabolique* de Jeremiah Chechik. L'affaire émerge dans la sphère publique dans un entretien qu'Inès Clouzot accorde au *Journal du dimanche* du 25 février 1996, peu de temps avant la sortie américaine du film. Elle raconte qu'elle en a appris le tournage en lisant *Première* chez le coiffeur, que les photos publiées par le magazine lui ont donné la preuve qu'il s'agissait bien d'un remake du film de son mari et que Morgan Creek a produit le film sans s'être acquitté des droits. Mis en demeure par les avocats d'Inès Clouzot, les producteurs américains ont fait la sourde oreille, soutenu qu'il ne s'agissait pas d'un remake et ne lui ont consenti qu'une « poignée de dollars, une aumône ». Inès Clouzot ajoute même qu'ils chercheraient « à faire interdire le film de [son] mari partout dans le monde où il continue à être projeté ». C'est pourquoi elle a décidé d'intenter une action en justice et entend faire interdire la sortie du film tant que le litige n'aura pas été réglé. Il est clair qu'Inès Clouzot, décidée à faire valoir ses droits face à des producteurs américains peu coopératifs, porte de manière très stratégique l'affaire sur la place médiatique. Sharon Stone, qui reprend dans *Diabolique* le rôle tenu par Simone Signoret dans le film de Clouzot et qui assure à ce moment la promotion de *Casino* de Martin Scorsese, est en effet ce même 25 février l'invitée vedette du magazine de TF1 *7 sur 7* : interrogée par Anne Sinclair, l'actrice déclare sur le plateau de l'émission qu'elle a « honte d'être attachée à une production qui se comporte apparemment de façon incorrecte » et qu'elle souhaite qu'Inès Clouzot soit « rémunérée correctement et traitée convenablement ». À la suite de ce soutien – réel quoique prudent –, l'ensemble de la presse française s'intéresse à l'affaire et la relaie, en prenant quasiment toujours fait et cause pour Inès Clouzot, malgré un manque flagrant d'éléments juridiques concrets : le combat de la veuve d'un grand réalisateur français contre la machine hollywoodienne cristallise à l'évidence, à propos d'un film qui confronte une star américaine, Sharon Stone, et une star française, Isabelle Adjani, les inquiétudes concernant la fragilisation du droit d'auteur face à la mondialisation des œuvres. Il faut aussi reconnaître que la version donnée par la partie adverse est extrêmement fluctuante et en plusieurs points guère convaincante.

Dans un premier temps, Morgan Creek prétend être parfaitement en règle : le film n'est pas un remake et le studio a acquis les droits d'adaptation du roman de Boileau et Narcejac *Celle qui n'était plus* (1952) dont Henri-Georges Clouzot s'est inspiré. Si les photos parues dès cette époque dans *Première* permettent déjà d'en douter, la comparaison entre *Les Diaboliques* et *Diabolique* témoigne aujourd'hui d'une filiation manifeste. Dans le roman de Boileau et Narcejac en effet, Fernand Ravinel, un représentant de commerce présenté comme un personnage faible, tant physiquement que moralement, et sa maîtresse, Lucienne, une femme médecin forte et déterminée, tuent Mireille, la femme de Ravinel, pour récupérer la prime de l'assurance-vie que Fernand lui a fait contracter deux ans auparavant. Ils l'endorment, la noient dans une baignoire avant de déposer le corps dans un lavoir pour simuler un accident. Mais le lendemain le corps de Mireille a mystérieusement disparu et Ravinel reçoit un pneumatique de celle qu'il pense avoir tuée la veille. Les indices d'une réapparition de la « morte » se multiplient et Fernand, pris dans un tourbillon d'angoisses, égaré dans des hypothèses rationnelles (un chantage) ou mystiques, finit par se suicider. L'épilogue donne la clef de l'énigme. La mort de Mireille était en fait une mise en scène, imaginée par les deux femmes dont le récit révèle *in fine* la relation homosexuelle, et qui depuis le début complotaient pour se débarrasser du mari. Le lecteur, qui pensait avoir le point de vue des agresseurs, avait en fait celui de la victime. Ravinel, conseillé par Lucienne, avait cru être habile et endormir les soupçons de son épouse en contractant lui aussi une assurance sur la vie au moment où elle souscrivait la sienne, alors que c'était lui que les deux femmes songeaient déjà à supprimer. Après la « disparition » de Mireille, toutes deux n'ont eu qu'à orchestrer ses mystérieuses « réapparitions » pour le terroriser dans l'espoir de provoquer chez lui une crise cardiaque et de toucher après sa mort la prime d'assurance. Son suicide n'empêchera toutefois pas les deux femmes de partir en toute impunité et l'argent en poche sur la Côte d'Azur, puisque le contrat d'assurance couvrait automatiquement la disparition par suicide après un délai de deux ans.

Les Diaboliques de Clouzot reprend le même schéma triangulaire et le même procédé narratif, mais distribue de manière radicalement différente les rôles entre les trois personnages. Christina (Véra Clouzot), une femme fragile et cardiaque, est mariée à Michel Delasalle (Paul Meurisse), un homme brutal et sadique. Il est le directeur d'un pensionnat privé de jeunes garçons que le couple possède, grâce à l'argent de Christina, à Saint-Cloud. Christina y enseigne les langues, et Nicole (Simone Signoret), la maîtresse de Michel, y est professeur de sciences. Les deux femmes, ne pouvant plus supporter la brutalité de Michel, font alliance pour se débarrasser de lui. Elles le droguent, le noient dans une baignoire et jettent le corps dans la piscine du pensionnat. Comme chez Boileau et Narcejac, le fantôme du mort revient hanter Christina qui finit par succomber à une attaque cardiaque. Toute l'intrigue n'était qu'une machination inventée par le couple d'amants (Michel et Nicole) pour éliminer l'épouse encombrante. Le crime ne reste toutefois pas impuni grâce à la sagacité d'un inspecteur de police en retraite joué par Charles Vanel. Clouzot invente donc le pensionnat de garçons – ce qui lui permet une peinture du milieu dans la plus pure veine du réalisme noir de l'époque –, et rétablit un schéma hétérosexuel plus conventionnel : puisqu'en définitive ce sont le mari et sa maîtresse qui voulaient se débarrasser de l'épouse encombrante, la relation lesbienne entre les deux femmes disparaît, l'homosexualité n'affleurant plus qu'implicitement dans les relations entre Christina et Nicole[15]. La crainte de la censure, ou tout simplement l'autocensure, ont pu jouer un rôle dans cette réinscription de l'histoire originale dans un cadre hétérosexuel, mais elles ne sont pas la seule cause des changement apportés par Clouzot et ses scénaristes au roman de Boileau et Narcejac : le cinéaste a déjà introduit un personnage de lesbienne quelques années auparavant dans *Quai des Orfèvres*, et on sait surtout qu'il souhaitait donner un rôle important dans le film à sa femme Véra. Il était impossible que Véra Clouzot, menue et fragile, incarne la masculine Lucienne du roman. Seul le rôle de Mireille pouvait lui convenir, mais ce personnage était très peu développé dans le roman, où Ravinel surtout, Lucienne ensuite, sont de loin les personnages principaux. Après dix-huit mois de travail d'adaptation infructueux, Clouzot et ses scénaristes imaginent une solution[16] : transporter l'histoire dans un pensionnat et intervertir les rôles du couple Ravinel dans l'intrigue criminelle. Véra pouvait en effet tout à fait être une Christina aussi

15. Voir à ce sujet Susan HAYWARD, *Les Diaboliques*, Londres/New York, IB Tauris, French Film Guide, 2005, p. 13-15 et p. 41-61.

16. José-Louis BOCQUET et Marc GODIN, *Clouzot, cinéaste*, Paris, Horizon illimité, 2002 [1993], p. 88.

fragile et perturbée que le Fernand Ravinel de Boileau et Narcejac. Or le film de Chechik reprend intégralement cette transformation majeure : dans *Diabolique*, ce sont aussi le mari (Guy Baran/Chazz Paliminteri, un acteur qui a un faux air de Paul Meurisse) et sa maîtresse (Nicole/Sharon Stone) qui ont monté la machination démoniaque pour faire disparaître l'épouse (Mia/Isabelle Adjani) ; l'action se passe certes à Pittsburgh, mais toujours dans un pensionnat privé de garçons, lui aussi doté d'une piscine où les deux femmes jettent le corps de Guy. Comme chez Clouzot, Nicole est une femme virile et décidée et Guy un homme à femmes brutal et sadique (sans équivalent dans *Celle qui n'était plus*). Dans le détail, le scénario de *Diabolique* est aussi d'une déconcertante fidélité avec celui de Clouzot, si bien qu'il est difficile d'énumérer toutes les séquences qui sont intégralement transposées d'un film à l'autre : l'humiliation publique imposée par Michel/Guy à sa femme à la cantine, la réapparition de son fantôme sur une photographie, modernisée chez Chechik en vidéo, etc.

La première version donnée par Morgan Creek ne peut décemment pas tenir la route, *Diabolique* réadaptant à l'évidence le film et non le roman, même si les producteurs mettent en avant dans leur argumentation une fin inédite tant par rapport au roman qu'au film de Clouzot. En effet, après avoir suggéré à plusieurs reprises et de manière assez appuyée qu'une relation érotique, fusionnelle et lesbienne, naît entre les deux femmes à partir du « meurtre » de Guy, *Diabolique*, dans un ultime rebondissement, ne laisse pas Mia mourir d'une attaque cardiaque en voyant son mari émerger vivant de la baignoire. Nicole vient à son secours et les deux femmes finissent, dans une dernière séquence très *gore*, par unir leurs forces pour noyer Guy dans la piscine. L'inspectrice de police compréhensive (Kathy Bates, qui remplace ici Charles Vanel), fermera les yeux sur ce qu'elle a vu. Cette fin, effectivement nouvelle, ne saurait suffire à éloigner du film l'appellation « remake » tant il est fréquent que les remakes hollywoodiens de films français diffèrent essentiellement de la version originale par la fin qu'ils proposent au récit.

Morgan Creek change donc de stratégie de défense et donne à la presse une seconde version de la genèse de *Diabolique*, plus vraisemblable, mais qui témoigne bien de l'imbroglio juridique auquel peuvent conduire des cessions multiples (de droits d'adaptation du livre et/ou de droits de remake du film) et successives (de producteur à producteur), pas toujours très transparentes. Les producteurs américains admettent désormais avoir fait un remake, mais ils affirment avoir agi en toute légalité puisqu'ils ont acheté les droits du film et les droits cinématographiques du roman au studio Warner, qui les tenait lui-même du *network* ABC (Voir *Le Film français*, n° 2600, 1er mars 1996). Ils rappellent également pour leur défense qu'ABC a déjà réalisé un remake en 1973 *Reflections of Murder* (John Badham) et qu'un second (*House of Secrets*, Leder)[17] a été produit par NBC en 1993 sans que les ayants droit

17. Ajoutons à ces deux téléfilms américains, le téléfilm français *Les Démoniaques* (Pierre Koralnik,1991) produit par France 2 dans le cadre de *La Grande Collection*.

ne s'y opposent. L'affaire se complique encore quand, après vérification, les avocats d'Inès Clouzot affirment que c'est le seul droit d'adaptation du roman de Boileau et Narcejac qui a circulé de mains en mains jusqu'à Morgan Creek en 1992. En 1972, un des intermédiaires dans la longue chaîne de cessions successives se serait permis d'ajouter à sa clause de cession les droits de remake du film alors qu'il ne les détenait pas. En vertu de quoi Inès Clouzot demande un droit de regard sur le remake, la libre circulation de l'original sur lequel Morgan Creek a la possibilité d'influer et une rétribution financière « en accord avec les usages de la profession ». Cette nouvelle version de l'histoire permet apparemment aux deux parties de trouver leur compte et de sortir la tête haute (le coupable est un chaînon manquant) puisque Morgan Creek et Inès Clouzot arrivent à un accord : le studio versera une somme substantielle à Inès Clouzot – 750 000 francs rapporte la presse, ce qui est un chiffre à peu près conforme à ceux du marché franco-américain du remake – et Inès Clouzot aura la possibilité, quatre mois après la sortie du remake, d'exploiter librement le film de Clouzot aux États-Unis. En contrepartie, elle s'engage à ne pas entraver la carrière de *Diabolique*. Quand le film sort quelques mois plus tard, son générique crédite et la source filmique et la source littéraire : « *based upon the film* Les Diaboliques *by Henri-Georges Clouzot and based upon the novel* Celle qui n'était plus *written by Pierre Boileau and Thomas Narcejac* ».

L'effacement de la version originale

On l'a vu, le remake peut être appréhendé à la fois comme une catégorie de production, une catégorie critique et une catégorie juridique, chacune de ces acceptions cherchant à délimiter le champ du remake, sans toutefois y parvenir parfaitement. Mais le remake constitue aussi une pratique intertextuelle puisqu'il désigne, dans sa définition minimale, la fabrication d'un film fait à partir d'un autre film. Il ne me semble toutefois ni nécessaire ni opportun de préciser qu'il constitue une pratique intertextuelle intrasémiotique. Une telle précision a certes l'avantage de traduire en termes théoriques la différence entre l'adaptation, qui suppose le passage d'un langage à un autre, et le remake. Mais elle ne saurait rendre compte de la réalité du processus puisque le matériau que retravaille le remake n'est pas nécessairement un film, mais souvent un genre de texte (celui du scénario). De plus, elle ne permet pas de trancher entre remake et nouvelle adaptation, à moins d'inventer une multitude de sous-catégories en fonction de l'importance relative du transfert intrasémiotique (de film à film) et du transfert intersémiotique (de texte à film)... Néanmoins, on peut se demander si le discours de la théorie textuelle, et notamment la problématique de l'intertextualité, est susceptible d'aider à définir la pratique du remake et à reconnaître les objets filmiques qui sont des remakes. En d'autres termes, peut-on repérer des qualités qui les distinguent des autres formes intertextuelles ?

Remake et intertextualité

La notion d'intertextualité, telle qu'elle est aujourd'hui le plus couramment utilisée, dérive en général de la définition qu'en a proposée Julia Kristeva[18] : pour elle, l'intertextualité est une dynamique textuelle de transposition, un processus indéfini de création de textes à partir de textes antérieurs, repris, détruits, niés. En ce sens, tout texte est un intertexte, non parce qu'il contiendrait tel ou tel élément emprunté, mais parce que « l'écriture qui le produit procède par distribution, dissémination, déconstruction des textes antérieurs[19] ». Ainsi conçue, l'intertextualité englobe toute forme de réécriture, de transposition, de réminiscence, d'emprunt, mais aussi toute forme d'échange entre un texte et l'ensemble du langage qui lui est contemporain. Parce que l'intertextualité se définit alors comme un processus, elle ne me semble pas de nature à éclairer vraiment, quand on l'applique au texte filmique, la spécificité de la pratique du remake : convoquer l'« interfilmicité » permet tout au plus de rappeler que le cinéma aussi est traversé par un tel processus, mais comme le but d'une telle approche théorique n'est pas d'isoler et de repérer des « objets intertextes » ou « interfilms » explicites, elle n'est pas d'une grande utilité lorsqu'il s'agit de reconnaître et de distinguer un mode particulier de relation d'un film à un autre film.

La perspective adoptée par Genette est plus productive pour le cas qui nous occupe, dans la mesure où elle vise à proposer et décrire un système de relations entre les textes. Ce qui revient à déployer et spécifier des catégories, qui sont englobées par la définition extensive de l'intertextualité, à proposer une typologie des relations entre textes, tout en reconnaissant que ces catégories, n'étant pas étanches, peuvent dans la pratique se croiser. La terminologie genettienne est donc différente puisqu'il appelle *transtextualité* « tout ce qui met un texte en relation, manifeste ou secrète, avec un autre texte » et qu'il donne un sens beaucoup plus restrictif à l'*intertextualité*, qui ne devient qu'un des modes possibles de relation entre un texte et un autre. Dans l'ensemble des relations transtextuelles, il distingue cinq grands types[20].

– L'*intertextualité* constitue « une relation de coprésence entre deux ou plusieurs textes » qui se manifeste le plus souvent par la présence effective d'un texte dans un autre. Il s'agit donc d'une relation d'inclusion pour laquelle Genette ne retient que les formes, littérales et repérables, de la citation, du plagiat ainsi que, avec plus de réserve, celle de l'allusion.

– La *paratextualité* renvoie à toute relation qu'un texte entretient avec ce qui l'entoure (titre, préface, avertissement, jaquette…)

18. Julia KRISTEVA, *Séméiotikè. Recherches pour une sémanalyse*, Paris, Seuil, collection Points, 1978 [1969].

19. Nathalie PIÉGAY-GROS, *Introduction à l'intertextualité*, Paris, Dunod, 1996, p. 12.

20. Gérard GENETTE, *Palimpsestes*, Paris, Seuil, collection Points, 1982, p. 7-19.

– La *métatextualité* est la relation de commentaire « qui unit un texte à un autre texte dont il parle, sans nécessairement le citer, le convoquer, voire à la limite sans le nommer. [...] C'est par excellence la relation critique ».

– L'*architextualité* est une relation plus abstraite, qui se définit par la relation d'inclusion qui unit chaque texte à son architexte (c'est-à-dire à une catégorie, et non plus à un texte concret). C'est par exemple la relation qu'un texte entretient avec la catégorie générique ou le type de discours auxquels il appartient.

– L'*hypertextualité* constitue une relation de dérivation. Genette la définit comme une relation unissant un texte B (l'*hypertexte*) à un texte A antérieur (l'*hypotexte*), « sur lequel il se greffe d'une manière qui n'est pas celle du commentaire ». Il distingue deux modes de dérivation (la transformation et l'imitation de l'hypotexte) et trois régimes (ludique, satirique, sérieux), ce qui lui permet d'obtenir une classification des pratiques hypertextuelles en six catégories : la parodie, le pastiche, le travestissement burlesque, la charge, la transposition et la forgerie – cette dernière catégorie correspondant plus ou moins à ce qu'on entend par suite ou continuation, c'est-à-dire une imitation contrainte, à sujet partiellement imposé.

La relation qu'entretient un remake avec son film source est donc clairement une relation hypertextuelle, puisque la deuxième version dérive de la première. Et, pour reprendre les sous-catégories proposées par Genette, les deux films sont unis par une relation de transformation, réalisée dans un mode qui n'est ni ludique, ni satirique : il s'agit donc de ce qu'il appelle une *transposition*. De ce point de vue, *Play it again, Sam* (*Tombe les filles et tais-toi*, Herbert Ross – d'après la pièce de Woody Allen –, 1972), seul exemple cinématographique analysé par Genette dans *Palimpsestes*, fonctionne à la fois comme un antiroman (Woody Allen est aux antipodes du héros bogartien auquel il rêve de ressembler et dont le fantôme lui apparaît pour lui donner des conseils de séduction aux effets plutôt désastreux), et comme un travestissement burlesque (dans la dernière scène, Woody Allen restitue la femme qu'il aime et qui ne l'aime pas à son mari en rejouant mot pour mot le dialogue de la séquence finale de *Casablanca*)[21]. *Play it again, Sam* est bien relié à *Casablanca* (Michael Curtiz, 1942) par une relation de type intertextuel, que signale d'ailleurs son titre, mais il y a clairement ici une intention ludique et satirique, ce qui interdit d'en faire une transposition, et partant un remake. En d'autres termes, et pour revenir au vocabulaire courant, un remake n'est pas parodique, et une parodie n'est pas un remake. Comme le dit Augusto Sainati, une « condition pour qu'on puisse parler de remake est l'*homologie affective* : si le film A et le film B ne se fondaient pas sur une même disposition pathémique, on n'aurait plus remake mais parodie : c'est bien ce qui arrive souvent chez Mel Brooks, dont les films ne sont pas des remakes du texte dont ils se moquent[22] ».

21. *Ibid.*, p. 215-217.

22. Augusto SAINATI, « *Jour de fête,* la couleur progressive. Pour une théorie du remake », *Cinéma & Cie*, n° 7, Milan, Il Castoro, automne 2005, p. 126.

Citer pour mémoire, refaire pour oublier

Les cinq types de transtextualité distingués par Genette n'étant pas des catégories étanches, la pratique du remake, bien que fondamentalement hypertextuelle, engage aussi, sur un mode plus mineur, d'autres formes de transtextualité. Le remake entretient ainsi souvent des relations citationnelles (intertextuelles donc) avec son film source en en extrayant certains éléments (des fragments de dialogue, voire aussi, comme dans *Algiers*, des plans, la musique...) pour les recomposer dans l'univers d'un autre réalisateur, dans un autre environnement, historique, filmique, cinématographique. En ce sens, le remake réalise des opérations de prélèvement et de transplantation comparables à celles qu'exerce le processus citationnel. Le remake entretient donc globalement une relation hypertextuelle avec son film source – il en dérive, il le transpose –, mais il lui arrive de couler dans ce processus de transposition des éléments formels repérables[23] empruntés au premier film, de le citer en quelque sorte. Si le remake peut se servir de la citation, cela ne doit pas masquer deux différences essentielles entre remake et citation.

La première tient au fait que la citation (tout comme l'allusion) est toujours partielle et ne recouvre pas la totalité du texte ou du film qui la mobilise. Elle s'insère dans l'œuvre citante, dont elle ne constitue qu'un fragment, aux contours plus ou moins discernables, et n'est donc pas superposable à l'œuvre citante. Quand on parle de remake en revanche, on désigne une procédure d'importation et de transformation d'un discours qui affecte la totalité de la nouvelle version. La relation hypertextuelle entre un remake et son film source engage, à l'inverse de la citation, l'intégralité des deux films. D'autre part, le remake cinématographique emprunte à la version originelle de façon plus diffuse, moins continue et souvent moins consciente que ne le fait une pure citation : en effet, si la plupart des remakes citent de façon assez fréquente la version originale en reprenant certains motifs visuels ou sonores, certaines constructions de plan, mais surtout des pans entiers du dialogue de leur film source[24], ce sont toujours des citations fragmentaires, et certaines apparaissent parfois comme des scories du scénario initial laissées dans l'opération de réécriture par le scénariste de la deuxième version. Dans le cinéma narratif non expérimental, il n'y a pas à ma connaissance de remakes qui citent réellement *in extenso* une partie de leur film source (par exemple en construisant une séquence où les personnages assisteraient à la projection du film originel) et un film de cinéma qui serait dans sa totalité et exclusivement une citation d'un autre film serait une copie, une reproduction à l'identique. C'est par ailleurs le reproche qu'a encouru *Psycho*

---

23. J'entends par éléments formels repérables tout ce qui ne relève pas du simple thème mais constitue un matériau textuellement ou linguistiquement organisé.

24. Dans le cas des remakes hollywoodiens de films français, les fragments de dialogue ne sont pas cités, mais traduits : le passage du français à l'anglais est déjà une forme de transposition, même minimale.

de Gus Van Sant (1998), remake du célèbre film homonyme (1960), le cas le plus limite à ce jour de superposition entre remake et citation : *Psycho* refait le film d'Hitchcock plan par plan, même si le changement d'acteurs et d'époque, la couleur et les réarrangements apportés à la musique de Bernard Herrmann l'empêchent d'être un clone parfait. Il semble que les arguments avancés par Van Sant pour justifier son entreprise (faire connaître *Psycho* sur grand écran à une nouvelle génération de spectateurs qui ne peut voir la version originale que sur petit écran ; revendiquer, pour un film commercial, une démarche artistique, inspirée par Duchamp et Warhol et empruntée à l'art conceptuel) n'aient guère convaincu la critique : dans le champ du cinéma narratif, on ne refait pas littéralement un chef-d'œuvre universellement connu parce qu'il a déjà été fait.

La deuxième différence entre la pratique du remake et celle de la citation, toujours dans le cinéma non expérimental, concerne leur *fonction*. En effet, la citation est là pour être vue, perçue, du moins par un spectateur idéal supposé par le cinéaste, et ce quel que soit l'effet recherché (connivence, parodie, hommage, contrepoint, éclatement du sens, recherche de filiation esthétique, etc.). La citation suppose ainsi une mise en exergue et l'œuvre citante donne un certain nombre d'indices censés permettre le repérage du morceau cité inséré, même s'il serait naïf de croire que la visibilité de la citation est universelle : son identification et sa reconnaissance dépendent en grande partie de l'activité interprétative, de la compétence culturelle et cinématographique des spectateurs, de la coïncidence entre l'encyclopédie personnelle de chaque spectateur et celle du cinéaste. Le remake travaille au contraire en général à gommer ses emprunts à un film originel, à les couler dans un nouveau film où ils ne sont pas censés surgir comme des éléments saillants. Alors que la citation, quelle que soit son intention, convoque le discours de l'autre et introduit un dialogue entre le film citant et le film cité, le remake acculture, digère, travaille à rendre invisible les matériaux qu'il recycle. C'est particulièrement manifeste dans la pratique hollywoodienne et néo-hollywoodienne usuelle, parce que la nouvelle version n'est pas là pour renvoyer dans un geste cinéphilique à la première, mais pour la remplacer. Comme le rappelle Jacqueline Nacache, le remake est surtout « un puissant générateur d'oubli ».

> Il estompe sa ressemblance en se voulant le plus différent possible de l'original : on connaît bien l'idée selon laquelle un remake ressemble généralement moins à son « modèle » qu'aux films de son époque, faits à partir de scénarios complètement différents : c'était vrai dans les années 1950 (*La Belle de Moscou* ressemble plus aux comédies musicales de l'époque qu'à *Ninotchka*), ça l'est encore aujourd'hui [...] Sous couleur de renvoyer sans cesse au travail de mémoire, la proximité des films et de leurs remakes s'efforce au contraire de faire en sorte qu'un film chasse l'autre[25].

25. Jacqueline NACACHE, « Comment penser les remakes américains ? », *op. cit.*, p. 78-79.

La nouvelle version ne se donne pas comme une copie, une réinterprétation, mais comme un original, qui s'intègre avant tout dans le paysage cinématographique où il est produit. De ce fait, les remakes hollywoodiens, s'ils pratiquent effectivement et parfois généreusement l'emprunt, effacent en général des textes filmiques les traces de cette procédure d'importation. Cet effacement est par ailleurs motivé par des enjeux stylistiques inhérents à la forme « hollywoodienne » qui cultive majoritairement la transparence énonciative. Bien qu'à une date récente quelques remakes, comme *Breathless* (*À bout de souffle made in USA*, Jim Mc Bride, 1983), multiplient les allusions et citations de leur film source, parfois dans une intention d'hommage, et s'écartent de cette tendance dominante, il n'en reste pas moins que cette poignée de nouvelles versions sont aussi conçues pour être regardées, comprises et interprétées par un « spectateur ordinaire » indépendamment de toute connaissance de la version originale et même de la simple conscience de son existence (Voir chapitre II).

Une transposition invisible

La problématique intertextuelle offre un cadre où débrouiller l'écheveau des rapports complexes de filiation, d'emprunt, de parasitage, constitutifs de la création et de la production cinématographiques. À ce titre, elle permet de fonder en théorie la distinction entre le remake et d'autres pratiques d'imitation, de reprise ou de dérivation : le remake relève ainsi d'une hypertextualité sérieuse, la transposition, ce qui le différencie clairement de la parodie. La confrontation entre cette opération de transposition et la pratique de la citation met aussi l'accent sur un aspect fondamental – les catégories proposées par Genette se révélant beaucoup plus productives quand on les envisage non de façon cloisonnées, mais qu'on s'intéresse à leurs zones de recouvrement ou de cohabitation partielle : un remake est un hypertexte qui efface son hypotexte, fait pour être vu dans l'ignorance de cet hypotexte, ce qui le distingue encore de la parodie ou du pastiche qui ne peuvent vraiment être appréciés que lorsqu'on connaît le genre ou le texte parodié ou pastiché. Les remakes se construisent à partir d'une version originale, mais ils cherchent à être une transposition invisible : ils affichent l'oubli de la version précédente, à laquelle ils ne cherchent pas à renvoyer. Cet effacement de la version précédente est également manifeste dans la façon dont la plupart des remakes hollywoodiens de films français sont présentés au public. Les génériques des purs remakes, comme ceux des remakes-nouvelles adaptations, n'assurent pas toujours la visibilité du film français source. *The Three Fugitives* (*Les Trois Fugitifs*, 1989), réalisé par Francis Veber, également auteur de la version originale (*Les Fugitifs*, 1986), ne fait aucune mention du film français, tout comme *Blame it on Rio* (*C'est la faute à Rio*, Stanley Donen, 1983) ne signale ni la paternité de Claude Berri ni l'existence d'*Un moment d'égarement* (1977). *True Lies* de James Cameron (1994) mentionne certes l'existence d'un scénario original de Didier Kaminka, Simon Michael et Claude Zidi mais ne fait aucune allusion au film

La Totale (1991). De plus, la référence au scénario français n'apparaît à l'écran qu'à la fin du long générique qui se déroule sur la première séquence du film : le spectateur, qui a déjà vu Arnold Schwarzenegger, la star du film, surgir des eaux gelées d'une piscine, quitter son scaphandre pour un smoking, pénétrer dans une luxueuse villa, s'infiltrer en bon espion dans la réception qui y est donnée, déjouer la surveillance pour monter à l'étage à la recherche d'un disque dur d'ordinateur à pirater, est sans doute alors trop plongé dans l'action pour continuer à lire les mentions écrites qui se superposent à l'image. La généalogie du film est non seulement mentionnée de façon incomplète, mais *True Lies* n'accorde à cet indice qu'une visibilité réduite.

La stratégie de transposition invisible à l'œuvre dans le remake explique qu'il est aussi extrêmement rare d'y trouver une trace textuelle repérable qui indique sa nature de remake. Et même quand *Breathless* fait dire à un de ses personnages que Tolmachov a donné à la police « son ami Johnny Godard », le clin d'œil n'est sans doute qu'à destination des *happy few*, seulement perçu par des spectateurs cinéphiles qui connaissent et *À bout de souffle* et son réalisateur. Le remake exprime bien davantage *l'ici et maintenant* de son univers de production que *l'ailleurs ou avant* du film dont il s'inspire : tout inspiré des *Diaboliques* qu'il soit, *Diabolique*, en insistant sur la relation fusionnelle entre ces deux protagonistes féminines, en soulignant la nature homoérotique de la relation entre elles, en recyclant Sharon Stone dans le rôle d'une meurtrière à la tête froide, évoque moins le film de Clouzot qu'il n'exprime une tendance du cinéma hollywoodien des années 1990 à mettre en scène (d'une manière qui oscille suivant le cas entre le féminisme et la misogynie) des femmes criminelles – par exemple, *Thelma and Louise, Basic Instinct, Single White Female* dont le scénariste Don Roos est aussi celui de *Diabolique*).

Pour le grand public américain, la difficulté à repérer qu'un film est un remake est encore accrue, dans le cas des remakes transnationaux, par la quasi-absence d'exploitation américaine des films étrangers en salle : faute de distribution sur le marché américain, combien de spectateurs américains connaissent-ils l'existence du film source, pour l'avoir vu ou même simplement pour en avoir entendu parler ? Ce protectionnisme ordinaire est encore amplifié par la pratique des studios qui consiste à empêcher la distribution des films dont ils projettent de faire un remake. La disparition des copies interdit ainsi toute compétition entre les deux versions, mais aussi toute comparaison, et permet en quelque sorte au remake de passer pour un original. Touchstone par exemple a acheté en même temps les droits de distribution américaine et les droits de remake des *Fugitifs* de Veber, mais n'a jamais distribué la version française, qui n'a été projetée qu'au festival du film de Sarasota. Le studio aurait même refusé de céder ses droits de distribution à October Films qui se proposait de les acquérir, afin de protéger ses *Three Fugitives*, alors en chantier[26]. L'élimination des versions originales étrangères est par ailleurs une pratique avérée de longue date : *Pépé le Moko* n'est sorti aux

26. Carole A. DURHAM, *Double Takes*, *op. cit.*, p. 180.

États-Unis qu'en 1941, trois ans après son remake *Algiers*, et le studio producteur, United Artists, avait pris le soin de faire disparaître les copies du film français. Quand la RKO achète les droits du *Jour se lève* en 1946 pour produire *The Long Night*, elle s'assure que le film de Carné disparaisse complètement des écrans américains[27]. Le paroxysme du terrorisme commercial est sans doute atteint avec le film anglais *Gaslight*, réalisé par Thorold Dickinson en 1940 : le film est refait en 1944, sous la direction de George Cukor, par la MGM, qui aurait acheté et détruit le négatif du film britannique[28].

Les deux spectateurs du remake

Le remake est-il encore un remake pour un public qui n'a pas vu la version originale ? En l'absence de marques textuelles ou paratextuelles visibles de la généalogie du film, la conscience du remake dépend en effet avant tout de la compétence et la mémoire du spectateur. Un spectateur français « ordinaire » a ainsi plus de chances qu'un spectateur américain « ordinaire » de percevoir qu'un film américain a été réalisé à partir d'un film français préalable parce qu'il a plus de chances d'avoir vu la première version. La connaissance effective du premier film est toutefois une condition un peu trop restrictive à la reconnaissance d'un remake : le spectateur qui n'a pas vu le film source peut en connaître l'existence ou l'apprendre par la critique. C'est même un des usages et une des fonctions de la critique que de retracer la genèse d'un nouveau film. De fait, la critique française contemporaine ne se prive pas, à l'occasion de la sortie d'un remake hollywoodien réalisé à partir d'un film français, d'évoquer la version originale et de rappeler combien Hollywood aime à recycler les films français : ce faisant, elle égrène souvent une liste de films français qui ont déjà fait l'objet de remakes hollywoodiens. Cette pratique n'est évidemment pas exclusivement française puisque les critiques américains aussi rapportent dans leurs comptes-rendus les remakes à leur version originale étrangère : à défaut d'avoir vu le premier film (ce qui reste néanmoins possible, notamment pour les classiques), le spectateur américain qui lit les critiques a donc conscience qu'il voit un remake. La reconnaissance du remake n'est pas non plus en France l'apanage de la critique cinéphilique cultivée : quand un film hollywoodien refait un film français, tous les journaux le signalent, et dans les années 1990, particulièrement fécondes en remakes, la plupart des émissions de télévision sur le cinéma, ont consacré un sujet au « phénomène » à l'occasion de la sortie sur les écrans d'un nouveau remake.

---

27. Edward B. TURK, *Marcel Carné et l'âge d'or du cinéma français*, Paris, L'Harmattan, Champs Visuels Étrangers, 2002 [1989], p. 155.

28. Thomas LEICHT, « Twice Told Tales : Disavowal and the Rhetoric of the Remake », *in* Jennifer FORREST et Leonard R. KOOS, *Dead Ringers*, *op. cit.*, p. 50.

Le remake a clairement deux publics différents : un public qui sait qu'il voit un film refait, qui le reçoit donc comme un remake, et peut, dans le cas où il a vu la version originale et en a quelques souvenirs, interpréter ce nouveau film à la lumière du film précédent (en le comparant par exemple) ; et un public qui l'ignore et reçoit donc le film comme un original. L'effacement de la version originale, qui est visé par la production, n'est donc pas nécessairement un fait universel de réception. De plus, les frontières de ces deux publics peuvent varier d'un film à l'autre. En tant que spectatrice française des années 2000, j'ai plus de chance d'avoir vu *Taxi* (Gérard Pirès, 1998) et de reconnaître le *Taxi* de Tim Story (*New York Taxi*, 2004) comme son remake que d'identifier *The Mirror Has Two Faces* (*Leçons de séduction*, Barbra Streisand, 1996) comme le remake de *Le miroir a deux faces* d'André Cayatte (1959), le titre français du film de Streisand masquant encore un peu plus son origine. Et, si je ne travaillais pas sur les remakes, il faudrait que je sois extrêmement cinéphile ou fan d'Édith Piaf pour connaître *Étoile sans lumière* (Marcel Blistène, 1945) et savoir que les scénaristes de *Singin' in the Rain* s'en sont inspirés : les commentaires de cette célèbre comédie musicale mentionnent quasiment tous ses emprunts musicaux au cinéma hollywoodien des années 1920, mais fort peu évoquent le film de Blistène[29]. L'interprétant *catalogue picture* l'emporte ici manifestement sur l'interprétant *remake*. Enfin, si les spectateurs professionnels (critiques, historiens du cinéma, universitaires) se rangent sans doute dans la catégorie des spectateurs « auxquels le remake ne la fait pas » et qui au contraire le repèrent, la distinction entre le public qui reçoit un remake hollywoodien comme un original et celui qui a conscience de sa généalogie française ne recoupe pas nécessairement une ligne de partage entre cinéphiles et spectateurs ordinaires : un certain nombre de films français récents refaits à Hollywood dans les années 1990 appartiennent au cinéma populaire français et, quelque succès que ces films aient eu, il est probable que plusieurs d'entre eux aient échappé au regard et à la mémoire du cinéphile, plus familier du cinéma d'auteur national que de *Neuf mois* (Patrick Braoudé, 1994) ou d'*Un Indien dans la ville* (Hervé Palud, 1994). Le remake, envisagé comme catégorie de production, n'est donc pas superposable au remake, envisagé comme catégorie d'interprétation.

Constitution du corpus filmique

Toutes les raisons que l'on a vues précédemment en tentant de définir ce qu'était le remake montrent combien il est difficile d'établir un corpus exhaustif de remakes. C'est aussi vrai dans le cas plus particulier des remakes hollywoo-

29. Je remercie Michel Marie d'avoir attiré mon attention sur *Étoile sans lumière*. La généalogie française de *Singin' in the rain* est évoquée par Livio BELLOÏ dans « Des histoires du cinéma en images et en sons », *Iris*, n° 19, « Cinéma, souvenir, film/Memory in Cinema and Films », automne 1995, p. 75-98.

diens de films français car, bien que la restriction à une cinématographie d'origine et à une cinématographie d'arrivée ramène la recherche dans des limites raisonnables, elle génère d'autres problèmes : d'une part, parce que les nouvelles versions hollywoodiennes mentionnent encore moins souvent leur film source quand la version originale provient d'une cinématographie étrangère ; d'autre part, parce que les dictionnaires de remakes, dont aucun ne prétend de toute façon à l'exhaustivité, privilégient le domaine hollywoodien et offrent des ressources beaucoup moins fiables lorsqu'entrent en jeu d'autres cinématographies[30]. Les ouvrages préexistants consacrés aux remakes ont donc aussi été d'une aide précieuse, tout comme la consultation de bases de données en ligne ou de sites internet a été utile pour compléter la constitution du corpus. À ces outils, je dois ajouter aussi des découvertes hasardeuses (sur les chaînes du câble notamment ou à l'occasion de conversations avec des cinéphiles avertis) qui m'ont permis de compléter ma liste des remakes hollywoodiens de films français réalisés depuis les années 1930.

Si j'emploie ici le possessif, ce n'est par sentiment inconscient de propriété sur cet objet de recherche, mais parce que le corpus de 72 paires de films (version originale française/remake hollywoodien) que je propose et qu'on trouvera en fin de ce volume a été réuni à partir de critères qu'un autre chercheur pourrait ne pas adopter. J'espère donc qu'à défaut d'être incontestable et absolument complet – il va de soi que certains films ont pu échapper à mes recherches puisqu'il faudrait passer au peigne fin l'ensemble de la production française et de la production hollywoodienne –, il est au moins cohérent. Le principe de base que j'ai adopté est de ne retenir que les films qui sont reliés par une relation directe de filiation et de transformation, que celle-ci soit affichée par le générique du film, attestée par des études génétiques sur le film américain, ou constatable au visionnage des deux films. Ce dernier critère est absolument essentiel pour les nouvelles adaptations, puisque, si certains cas sont bien documentés parce qu'ils concernent des auteurs (par exemple Lang refaisant Renoir), il n'en va pas de même pour des œuvres moins reconnues. J'ai donc retenu dans le corpus les remakes hollywoodiens qui sont aussi de nouvelles adaptations à la condition qu'il existe un lien avéré de filiation entre le film français et le film hollywoodien, et vérifiable par le visionnement attentif des films. C'est pourquoi j'en ai par exemple exclu *The Talented Mr Ripley* : non que je prête une foi aveugle aux déclarations publiques de Minghella ou des producteurs qui disent avoir travaillé à partir du seul roman de Patricia Highsmith, mais parce qu'aucun élément concret ne permet d'affirmer que le film est un remake de *Plein soleil*. Si ce film entre de plein droit dans le champ de mon étude (puisque sa réception montre que le remake est aussi une catégorie d'interprétation), il n'a pas lieu de figurer dans le corpus filmique proprement dit.

---

30. Robert A. NOWLAN et Gwendolyn WRIGHT NOLAN, *Cinema Sequels and Remakes, 1903-1987*, Chicago/Londres, Saint James Press, 1989 ; James L. LIMBACHER, *Haven't I Seen You Somewhere Before ? Remakes, Sequels, and Series in Motion Pictures, Videos, and Television, 1896-1990*, Ann Harbor, Pierian Press, 1991.

J'ai aussi pris le parti d'exclure du corpus d'étude les actualisations cinématographiques successives d'un mythe, d'une légende ou d'un personnage mythique, d'une situation ou d'un procédé dramatique. Le mythe circule en effet à travers un ensemble de discours et de représentations qui peuvent emprunter des circuits médiatiques différents et des matières d'expression variées (textes écrits, paroles orales, images fixes, films, etc.) et qui en proposent des actualisations multiples. Si un personnage mythique ne peut concrètement prendre vie et se manifester qu'à travers ces discours, son identité n'est jamais contenue dans les frontières d'un seul de ces discours, ni équivalente à la somme de ces discours. C'est même une des conditions indispensables à sa « mythicité ». Parce que ce qui relève du mythe ou de la légende s'affranchit des limites de l'œuvre qui l'actualise et s'est affranchi de son œuvre originelle, quand il y en a une, pour hanter un espace imaginaire collectif, irréductible à une unique forme d'expression, la notion de version originale perd tout sens. De plus, tout ce qui relève du schéma collectif, de la référence partagée, de la situation stéréotypée dans la culture occidentale contemporaine me semble difficilement passible d'être considéré comme un objet de remake, à moins de donner une acception si large à la notion que l'ensemble du cinéma ne serait constitué que d'un vaste champ de remakes. On peut certes soutenir cette position, et penser que tout est dans tout, mais une fois armé de ce principe, il n'y a plus rien à apprendre, ni rien à étudier. Ce n'est pas parce que deux films se ressemblent que le second est le remake de l'autre et les critères textuels et juridiques peuvent ici se révéler utiles. C'est pourquoi par exemple je ne retiens pas dans le corpus *Melinda and Melinda* (Woody Allen, 2004) qui utilise le même principe narratif que *La Fête à Henriette* (Julien Duvivier, 1952) : chez Woody Allen, deux auteurs, l'un de tragédies, l'autre de comédies, racontent alternativement chacun dans leur registre les mésaventures de Melinda tout comme chez Duvivier deux scénaristes, l'un rose, l'autre noir, racontent alternativement un jour de la vie d'Henriette. Les deux films reposent sur un même procédé, un même truc narratif, mais la ficelle est somme toute trop commune (quel que soit le talent des deux réalisateurs) pour prouver un lien de dérivation et de transformation directe entre les deux films. En revanche, *Paris When It Sizzles* (*Deux têtes folles*, Richard Quine, 1964), malgré tous ses écarts par rapport au film de Duvivier, en constitue bien, techniquement et juridiquement, un remake avéré. Enfin, ne figurent pas non plus dans le corpus les remakes qui ne refont pas directement un film français. On n'y trouvera donc ni Some *Like It Hot* (*Certains l'aiment chaud*, Billy Wilder, 1959), parce que ce film est le remake inavoué d'un film allemand *Fanfaren der Liebe* (Kurt Hoffmann, 1951) qui était lui-même le remake de *Fanfare d'amour* (Richard Pottier, 1935), ni *Casbah* (John Berry, 1948), qui refait *Algiers*, le premier remake hollywoodien de *Pépé le Moko*.

(2) most faithful to original

(4) mostly remakes of "mainstream" french movies

(5/6) post-modern, self conscious

years past that a more "artistic" fr. film has established itself.... internationally

US remake will make knowing "winks" to the US public familiar w/ source film - hommage

Chapitre II

Les quatre âges du remake

Le corpus des remakes hollywoodiens de films français est caractérisé par une grande hétérogénéité : elle concerne autant la pratique elle-même de transposition que le genre et le statut culturel des œuvres sources françaises ou ceux des versions hollywoodiennes. Toutefois, une approche historique du phénomène fait apparaître des périodes clairement distinguables. La production de remakes hollywoodiens de films français n'est en effet pas un flux constant et une lecture historique de cette pratique souligne des moments de rupture assez nets : après une vingtaine de remakes réalisés entre 1935 et 1950, le phénomène s'étiole pendant la décennie suivante au point de quasiment disparaître dans les années 1960 et 1970, avant de connaître, depuis les années 1980, un développement spectaculaire. Ces variations quantitatives, aisément repérables, s'accompagnent de changements qualitatifs qui affectent à la fois les objets, le sens et la technique du remake. Ce chapitre se concentrera donc plus particulièrement sur ce qui est spécifique à chaque période – et permet par là même de les distinguer – et laissera de côté les processus de transposition récurrents et communs, comme le recadrage générique, le développement de l'exposition ou l'« affinage[1] » de la caractérisation des personnages, qui feront l'objet de développements ultérieurs (Voir chapitres IV et V).

Avant les remakes transnationaux : les versions multiples

L'entrée dans l'ère du parlant est bien loin de marquer le début de la pratique du remake, solidement implantée à Hollywood dans le cinéma muet, mais elle en modifie singulièrement les enjeux. Tout d'abord, parce qu'elle fait naître, à Hollywood mais aussi en Europe, un type jusqu'alors inédit de remakes : de nouvelles versions, sonores, refont les films muets appartenant désormais au passé. Je ne m'attarderai pas ici sur cette pratique, qui ajoute l'innovation

1. Notion empruntée à Tom Brown, « Les remakes de films français : l'âge classique », *in* Christian Viviani (dir.), *Les Connexions françaises*, Paris, Nouveau Monde Éditions, à paraître en 2007.

technologique liée au son aux autres modernisations couramment effectuées par les remakes, dans la mesure où elle ne concerne pas spécifiquement les remakes transnationaux. La généralisation du parlant – c'est-à-dire la période de transition de 1926 à 1934 pendant laquelle s'impose le parlant avec son lot de tâtonnements et de mutations – change en revanche les données de l'exportation des films et affecte directement les modalités de leur circulation internationale ainsi que les échanges entre cinématographies : les films, parce qu'ils utilisent désormais les langues nationales, obligent les producteurs à tester et à mettre au point de nouveaux systèmes susceptibles de permettre aux œuvres de franchir la barrière de la langue. Il en résulte des expériences diverses, parfois de courte durée, mais qui ensemble infléchissent les relations entre cinéma hollywoodien et cinéma français[2]. Certaines ont contribué, au terme de cette période de transition, à établir des usages, concernant notamment le refus ou la pratique du doublage, qui perdurent jusqu'à nos jours et qui jouent un rôle indéniable dans la pratique ultérieure du remake hollywoodien.

Au tournant des années 1930, le problème auquel se trouvent confrontés les producteurs est moins un problème de spécificité culturelle qu'un problème linguistique. Auparavant, quand un film muet était exporté, il suffisait de traduire les cartons dans la langue des pays destinataires, ce qui permettait une circulation rapide et sans surcoût excessif. L'introduction des dialogues introduit une difficulté inédite et il semble même que ce nouvel obstacle de la langue ait plus freiné l'exportation des films hollywoodiens sur le marché français que ne la fait la politique des quotas. Dans ce contexte particulier de transition, la domination américaine marque un net recul et le parlant favorise, en Europe comme à Hollywood, l'invention de nouveaux systèmes susceptibles de résoudre les problèmes à l'exportation. Les producteurs mettent en place de nouveaux procédés destinés à adapter les versions originales aux publics étrangers, qui réagissent souvent assez mal aux films parlants en langue étrangère, et notamment aux films passés en anglais. Une première stratégie consista à rendre semi-muets les films parlants en substituant aux dialogues des cartons, ce qui amenait à remanier des séquences, effectuer des coupes brutales du son pour ne conserver que les chansons et les bruits. Cette solution fut de courte durée même si de nombreux films hollywoodiens furent ainsi transformés pour faciliter leur diffusion à l'étranger. Les « versions adaptées » à des marchés non anglophones prirent assez vite le pas et participèrent aux tâtonnements de la généralisation du parlant, en ajoutant des cartons, des sous-titres explicatifs, des musiques et passages doublés ou en coupant certaines séquences pour ne pas trop sous-titrer, un même film pouvant faire l'objet de plusieurs expérimentations. Ce fut

2. Je m'inspire pour tout ce développement des travaux de Martin Barnier, qui ont récemment fait le point en France sur l'histoire de cette période et apporté un éclairage nouveau sur sa complexité, tant sur les plans technique, économique, culturel qu'esthétique. Voir Martin BARNIER, *En route vers le parlant. Histoire d'une évolution technologique, économique et esthétique du cinéma (1926-1934)*, Liège, Éditions du Céfal, 2002, et *Des films français made in Hollywood. Les versions multiples (1929-1935)*, Paris, L'Harmattan, Champs Visuels, 2004.

apparemment le cas pour *Innocents of Paris* (*La Chanson de Paris*, Richard Wallace, 1929), tourné en version américaine et en version muette : la version sonore de cette comédie musicale, qui est le premier film américain de Maurice Chevalier, où l'acteur chante en français mais parle, comme les autres personnages, en anglais, fut diffusée en France avec des sous-titres et, sur certaines copies, des coupes destinées à ne pas imposer au public de trop longs dialogues en anglais entre deux chansons françaises de Chevalier[3]. De telles « versions semi-muettes » ou de telles « versions adaptées » ne sont pas des remakes : puisqu'il n'y a pas nécessairement deux films différents tournés et que le deuxième film n'est pas refait après et à partir du premier ; il s'agit plutôt de variantes. De plus, ces procédés, extrêmement divers dans la pratique, sont le plus souvent (quoique non exclusivement) mis en œuvre pour pouvoir exploiter des films hollywoodiens sur les marchés non anglophones. La perspective est donc inversée par rapport à celle du futur remake transnational : alors que, plus tard, Hollywood refait les films européens, ici ce sont les films hollywoodiens qui sont retouchés.

Innocents of Paris permet la transition vers une autre solution, les « versions multiples », procédé qui domina pendant les années 1929-1933 et perdura même jusqu'à la fin des années 1930 pour les productions franco-allemandes. Entre la fin de 1929 et le début de 1935, les producteurs hollywoodiens, mais aussi les studios européens, adoptèrent cette technique pour fournir des films adaptés aux différents marchés nationaux. Les versions multiples, parfois appelées films multilingues, sont des films tournés simultanément dans un même décor, selon un scénario identique, mais avec des troupes d'acteurs et parfois un réalisateur de différentes langues. Les premiers films multilingues furent tournés dans les studios londoniens – la première multiversion est *Atlantis*, une histoire inspirée par le naufrage du *Titanic*, supervisée en 1929 par le cinéaste allemand Ewald Andre Dupond, qui réalisa les versions anglaise (*Atlantic*) et allemande (*Atlantik*), la réalisation de la version française étant confiée à Jean Kemm. Le système des versions multiples fut plutôt une réussite en Europe : plusieurs studios en réalisèrent, celles produites par les studios de Neubabelsberg pendant quasiment une décennie étant les plus célèbres, du fait de leur nombre (une quinzaine de productions franco-allemandes par an) et de leur succès populaire, comme celui de l'opérette *Le congrès s'amuse* (Jean Boyer)/*Der Congress tanzt* (Erik Charell, 1931), également tourné en version anglaise (*The Congress Dances*). Si certains de ces films sont restés aujourd'hui célèbres, comme les deux versions du *Testament du docteur Mabuse*, l'une en français, l'autre en allemand, de nombreux autres films de Pabst, Grémillon ou Duvivier dont on ne connaît plus aujourd'hui qu'une seule version furent aussi des versions multiples. Les studios hollywoodiens produisirent des versions multiples de 1929 à 1935 (jusqu'en 1939 pour la production de versions en espagnol) et, d'après le recensement effectué par Martin Barnier, 33 films en français furent ainsi produits par les compagnies américaines. Après le tournage par l'équipe américaine, l'équipe de la version française

3. Martin BARNIER, *Des films français made in Hollywood*, *op. cit.*, p. 65-67.

(ou allemande ou espagnole...) s'installait dans les décors et les nouveaux acteurs commençaient à tourner dans leur langue, sous la houlette d'un metteur en scène qui reproduisait le plus souvent à l'identique les plans de la version américaine. Les techniciens étaient en général les mêmes pour les différentes versions, mais chacune avait la plupart du temps sa propre équipe d'acteurs (Maurice Chevalier est un des très rares acteurs français à jouer dans un premier rôle à la fois dans la version américaine et dans la version française), son propre metteur en scène, son scénariste et son dialoguiste. Ce qui amena Hollywood à employer ou à faire venir un certain nombre de metteurs en scène (Jacques Feyder, Louis Gasnier, Claude Autant-Lara), de scénaristes et dialoguistes, souvent issus du théâtre (Yves Mirande, Jacques Deval), et d'acteurs français (Maurice Chevalier, Charles Boyer, André Luguet, Jeanne Helbling, Françoise Rosay, Lily Damita, etc.). Hollywood produisit également des versions multiples en Europe, puisque la Paramount installa un centre européen de production à Joinville-le-Pont : dans ce studio français, qui permettait de contourner les quotas limitant la diffusion des films hollywoodiens, furent produits à la chaîne de 1930 à 1932, sur les scénarios de films Paramount fabriqués à Hollywood, des versions dans toutes les langues européennes. Des équipes venues de toute l'Europe étaient logées à Paris pour tourner dans les studios de Joinville. L'expérience prit fin en 1932, pour des raisons financières et à cause de l'amélioration du doublage, et la branche française de la Paramount ne tourna plus après cette date que des films français (dont par exemple le *Topaze* de Louis Gasnier).

Contrairement à la pratique ultérieure du remake transnational, qui est quasiment, si on considère la France et les États-Unis, le fait du seul Hollywood, les éphémères versions multiples sont produites des deux côtés de l'Atlantique, même si les versions multiples européennes restent destinées au marché européen. Ce procédé de production est donc commun aux différentes cinématographies, bien qu'il ne soit pas partout pratiqué de la même manière, et il n'accuse pas la dissymétrie qu'on observe avec la production ultérieure de remakes transnationaux. De plus, la production des versions multiples entraîne un brassage des différents acteurs nationaux du cinéma, alors que les remakes ne nécessitent *a priori* ni le déplacement ni l'émigration de personnes. Enfin, une différence essentielle, à la fois structurelle et technique, demeure entre les deux procédés : alors que les versions multiples sont tournées en même temps, au même endroit, dans les mêmes décors, à partir d'un scénario identique, et n'entretiennent pas de relation généalogique véritable, le remake est fait plus tard que la version originale, même si peu de temps les sépare, dans d'autres lieux et d'autres décors. La pratique du remake transnational ne s'épanouira d'ailleurs à Hollywood qu'à partir du milieu des années 1930, après l'abandon de la formule des versions multiples, dans un système de production et de gestion des échanges internationaux stabilisé après la généralisation du parlant.

Malgré ces différences, remakes et versions multiples participent d'une même stratégie d'intégration et de digestion par Hollywood d'éléments empruntés aux cinémas nationaux : attirer des artistes français à Hollywood pour leur faire tourner des versions multiples fait partie d'une stratégie d'absorption des talents, destinée à asseoir la domination hollywoodienne et à empêcher la concurrence – ce qui échoua en l'occurrence, seuls quelques rares artistes français ayant ainsi commencé une véritable carrière hollywoodienne. En tournant simultanément plusieurs versions d'un même film, les studios adaptent les films aux différents publics, ce qui relève d'une démarche de transposition analogue à celle accomplie par le remake. Au début des années 1930, cette adaptation n'est plus seulement linguistique, mais elle est aussi culturelle dans la mesure où beaucoup de ces films emploient, à côté parfois de stars plus internationales qui peuvent tourner plusieurs des versions, des acteurs et des vedettes nationales, familières aux publics locaux et dont l'image préalable suffit parfois à infléchir le sens du film, indépendamment de toute modification scénaristique ou technique. *Le Tunnel/ Der Tunnel* (Kurt Bernhardt, 1933) en offre un exemple célèbre[4]. L'ingénieur qui motive ses ouvriers et les exhorte à terminer l'ouvrage malgré les sabotages a des accents fraternels et populistes lorsqu'il est joué par Jean Gabin, et le public français de l'époque peut retrouver dans la voix chaleureuse, les mimiques et les intonations parigotes de l'ingénieur, le Gabin « homme du peuple parisien » qu'ont construit les films français antérieurs de l'acteur, comme *Paris béguin* (Augusto Genina, 1931) ou *Cœur de Lilas* (Anatole Litvak, 1931)[5]. Dans la version allemande au contraire, Paul Hartman est un chef d'équipe beaucoup plus cassant et autoritaire, et son jeu transforme un texte pourtant identique en une exaltation de l'obéissance au chef, bien éloignée de la fraternité dans l'effort partagé que suggèrent l'attitude, la voix, mais aussi l'ensemble de la *persona* de Gabin. Versions multiples et remakes procèdent donc bien d'une même logique de transposition, et l'arrivée du parlant, en posant le problème de la barrière de langue, a inévitablement porté sur le devant de la scène la question de l'universalité ou de la particularité nationale et culturelle des films.

Les remakes classiques

Le classicisme hollywoodien est caractérisé par une intense production de remakes de toutes sortes, le phénomène étant quasi structurellement lié au système des studios dont l'organisation, à nouveau stabilisée après la transition des débuts du parlant, perdure pendant une vingtaine d'années. Le cinéma classique hollywoodien doit sa performance à sa capacité à intégrer des éléments de différenciation, tout en maîtrisant une efficacité fondée sur une normalisation de la production : un film tire sa compétitivité de son adéquation à un standard (technique, générique, esthétique) et de sa capacité à se distinguer des autres

4. Martin BARNIER, *En route vers le parlant*, *op.cit.*, p. 133-134.

5. Voir à ce sujet, Claude GAUTEUR et Ginette VINCENDEAU, *Jean Gabin. Anatomie d'un mythe*, Paris, Nathan Université, 1993, p. 141-157.

films[6]. Cette stratégie d'innovation progressive a permis et sous-tendu le développement du modèle classique, et comme le rappelle Laurent Creton :

> Elle est l'expression d'une démarche qui vise à éviter le révolutionnaire, et à assurer la conservation des valeurs qui sous-tendent le modèle, ainsi que les structures de celui-ci. Sa performance dépend de la qualité de la gestion dialectique tradition/innovation, et de la capacité à repérer, valoriser et intégrer des événements de différence, d'étrangeté, voire de contradiction. La recombinaison d'éléments existants et leur reformulation font aussi partie de cette modalité progressive d'innovation[7].

Le rôle du remake dans le système des studios

Le remake transnational ne peut donc être pensé séparément d'autres formes de re-création fondées sur la répétition et la variation : nouvelles versions, sonores, de films muets ; remakes hollywoodiens de films parlants hollywoodiens, dans un format technique nouveau ou sous un emballage générique et idéologique au goût du jour ; genres et transpositions d'un genre à un autre ; adaptations de pièces ou de romans à succès… Il n'est donc qu'une des techniques disponibles sur la large palette des procédés qui permettent de répondre aux exigences d'innovation progressive du système des studios : il refait à Hollywood, il coule dans le style hollywoodien une formule exotique. C'est pourquoi la propension d'Hollywood à refaire des œuvres françaises ne doit pas être isolée de cette tendance globale du système des studios à refaire des films antérieurs : à l'époque classique comme à l'époque contemporaine, c'est parce qu'Hollywood refait beaucoup qu'il refait *aussi* des films français, et en une quantité non négligeable.

De plus, comme l'a analysé Tino Balio, le remake permet de concilier deux exigences contradictoires : tirer un film d'un bon matériau de départ, qui a déjà fait ses preuves ; et acquérir au meilleur coût les droits de ce matériau. En effet, si le fait de disposer d'une bonne histoire ou d'une idée originale intéressante procède d'une volonté de minimiser les risques financiers et de prendre en quelque sorte une garantie sur le succès, il revient souvent très cher d'acquérir les droits de best-sellers ou de pièces à succès. Il est beaucoup moins dispendieux pour un studio de s'inspirer d'œuvres tombées dans le domaine public et qui n'exigent aucun paiement de droits, comme *Les Trois Mousquetaires* par exemple, de faire une nouvelle adaptation d'une œuvre dont il a précédemment acquis les droits à perpétuité, ou de refaire des films appartenant à son propre catalogue, ce qui reste le matériau pré-testé le moins cher. Le remake est ainsi une manière

6. David BORDWELL, Janet STAIGER et Kristin THOMPSON, *The Classical Hollywood Cinema. Film Style and Mode of Production to 1960*, New York, Columbia University Press, 1985, p. 96-97.

7. Laurent CRETON, *Économie du cinéma. Perspectives stratégiques*, Paris, Nathan, 2001 (3e édition), p. 40.

d'amortir les coûts élevés liés à la production d'autres films et un procédé qui peut s'avérer utile en cas de difficultés financières passagères[8]. Évidemment, le matériel n'est gratuit que lorsqu'un studio refait un de ses propres films et, au contraire, refaire un grand succès d'un concurrent serait un très gros investissement. En revanche, et cela contribue à expliquer l'intérêt pour les films français, acheter les droits d'un film étranger offre l'avantage d'un pari *a priori* sûr, dans la mesure où le choix se porte sur des films qui ont déjà rencontré du succès auprès de leur public national et où l'achat des droits engage des sommes relativement modiques, bien inférieures à celles nécessitées par l'écriture d'un scénario original. L'entreprise est donc moins risquée financièrement, même dans le cas où le succès ne serait pas au rendez-vous pour le remake. Ainsi, si ce sont principalement des grands studios qui ont produit les remakes de films français pendant la période classique, ce n'est pas seulement parce qu'ils disposaient de bureaux européens et de plus grands moyens pour repérer des œuvres intéressantes dans la production française, c'est aussi parce que l'achat des droits de remake d'un film français venait compenser les frais plus élevés engagés pour d'autres productions.

S'inspirer d'un film français offre un autre avantage : la garantie d'une nouveauté réelle, qui sera ensuite fondue dans le style hollywoodien, puisque les films français originaux sont quasiment inconnus du public américain. L'intégration verticale, qui permet aux majors de contrôler la distribution et l'exploitation, cantonne en effet les films étrangers (mais aussi les productions indépendantes) dans un circuit très restreint. Le fait que le doublage n'existe pratiquement pas aux États-Unis finit de fermer aux films étrangers l'accès aux salles américaines : les quelques films non américains qui parviennent à se glisser sur les écrans sont montrés en version originale, ce qui revient à dire que, lorsqu'ils ne sont pas anglophones, le nombre de leurs spectateurs est plutôt limité. Le risque d'une compétition entre la version originale et son remake est ainsi très faible. Les studios travaillent même à le rendre inexistant en essayant parfois de faire disparaître les copies circulant sur le territoire américain, ce qui semble être une particularité de l'époque classique.

Deux facteurs importants : la moindre standardisation des films français et l'émigration à Hollywood

Ce sont donc des raisons structurelles qui poussent les studios à produire des remakes, et parmi ceux-ci des remakes transnationaux. On peut toutefois s'interroger sur la prépondérance du vivier du cinéma français puisque cette

8. Tino BALIO, *Grand Design : Hollywood as a Modern Business Enterprise, 1930-1939*, History of the American Cinema, tome 5, Berkeley/Los Angeles/Londres, University of California Press, 1995, p. 99.

cinématographie nationale est, à cette époque comme encore de nos jours, le plus grand pourvoyeur de remakes transnationaux. À en juger par l'absence de référence explicite à la version originale française dans le paratexte de nombre de ces remakes, il semble peu probable qu'une quelconque réputation française ait constitué un argument de promotion du remake. Ce qui ne veut pas dire que la qualité du film français ne soit pas intervenue dans la décision d'en produire une version américaine : l'immense majorité des œuvres françaises refaites pendant la période classique s'écartent résolument de la tradition du *cinéma du sam'di soir*, appartiennent plutôt au meilleur de la production française et ont rencontré à leur sortie succès public et/ou succès critique ; certaines d'entre elles sont même devenues aujourd'hui des classiques.

Deux facteurs particuliers favorisent la mise en chantier de remakes hollywoodiens de films français. Tout d'abord, la chute des deux grandes compagnies Gaumont et Pathé-Nathan au milieu des années 1930 et l'émiettement de la production française entre un grand nombre de producteurs fragilisent certes le cinéma français sur un plan économique, mais elles en favorisent la diversité formelle : de ce fait, comme le rappelle Lucy Mazdon, le cinéma français est un bon réservoir où puiser des idées, des récits, des réalisations originales, susceptibles d'apporter à une future version américaine une dose acceptable d'innovation[9]. Cette hypothèse semble corroborée par le fait que l'immense majorité des remakes hollywoodiens de films français réalisés à l'époque classique refont des films des années 1930, et ce même après la Seconde Guerre mondiale.

L'émigration et l'exil à Hollywood d'un certain nombre de réalisateurs français ou ayant transité, plus ou moins longuement, par la France, est un deuxième facteur qui a contribué, directement ou indirectement, à la réalisation de remakes hollywoodiens à partir de modèles français. La relation est évidente dans le cas des autoremakes : Duvivier, exilé aux États-Unis, tourne en 1941 *Lydia*, le remake de son film français à sketches (et à succès) *Un carnet de bal* (1937), et le premier film que Litvak réalise à Hollywood en 1937 est *The Woman I Love* d'après son film *L'Équipage* (1935). Pour ces deux réalisateurs, l'autoremake est un moyen de mettre le pied à l'étrier hollywoodien. De même, le passage en France de Fritz Lang au début des années 1930 et les souvenirs qu'il dit avoir conservés de *La Chienne* interviennent vraisemblablement dans son choix de tourner *Scarlet Street*, alors que les tentatives précédentes de réécriture du film de Renoir sont restées sans suite. Il est également notable que Litvak, « le plus parisien des cinéastes étrangers de l'époque », qui travailla en France du tout début des années 1930 à 1936 (où *Mayerling* lui offrit son passeport pour Hollywood), a réalisé en Amérique trois remakes de films français : *The Woman I Love*, mais aussi *Tovaritch* en 1937 d'après le film de Jacques Deval (1935) et *The Long Night* (1947) d'après *Le jour se lève* de Carné. La trajectoire de Lang et de Litvak, qui passe par Berlin et par Paris, nous montre aussi que leurs remakes ne sont pas seulement à placer dans un schéma bipolaire « France/Hollywood ». Ils s'intègrent dans

9. Lucy MAZDON, *Encore Hollywood*, *op. cit.*, p. 14.

une circulation plus complexe des personnes et des formes entre les pays et les cinémas germaniques, français et américains, dont procède par exemple le film noir, genre nettement privilégié des remakes hollywoodiens de films français dans l'après-guerre. Les réalisateurs familiers du cinéma hexagonal ne sont pas les seuls acteurs du monde du cinéma dont la présence à Hollywood a pu favoriser la production de remakes transnationaux. Y contribuent également des producteurs, tels Robert et Raymond Hakim : producteurs de *Pépé le Moko* et de *La Bête humaine*, les frères Hakim, émigrés à Hollywood, y poursuivent temporairement leur carrière en s'associant notamment à la production de *Heartbeat* (Sam Wood, 1946) d'après *Battement de cœur* de Decoin (1940), de *The Long Night* et de *The Blue Veil* (Curtis Bernhardt, 1951) d'après *Le Voile bleu* de Jean Stelli (1942). Bien qu'il ne faille pas accorder une importance exagérée à la circulation des personnes entre la France (comme espace natif ou comme étape dans un exil) et Hollywood dans un cinéma hollywoodien marqué par sa capacité à récupérer ou à intégrer cinéastes, acteurs et techniciens étrangers, il est clair que ces échanges ont joué un rôle dans la production de remakes de films français.

Questions de censure : rendre les scénarios acceptables

La plupart des travaux consacrés au remake classique, ou à tel ou tel film classique hollywoodien qui se trouve être un remake de film français, insistent sur deux traits essentiels dans le processus de transposition : le recadrage générique, et la « moralisation » du récit opérée par la censure, ce deuxième point se trouvant parfois amplifié par un parti pris idéologique qui vise à célébrer de manière stéréotypée la liberté d'un cinéma français original face au puritanisme d'un cinéma américain sous contrôle. Le premier trait, le travail d'encodage du film étranger dans une formule générique hollywoodienne spécifique, n'est toutefois pas propre aux seuls remakes classiques, puisque les remakes contemporains aussi refont les films français dans le cadre énonciatif, discursif et idéologique qui caractérise le régime générique néo-hollywoodien. Même si la question des transferts génériques se pose de manière différente dans chaque contexte historique – l'organisation des genres, leur forme, leur contenu et leur fonction idéologique se modifiant constamment, en corrélation avec l'histoire cinématographique, sociale, culturelle[10] –, elle traverse toute l'histoire des remakes hollywoodiens de films français – et sans doute aussi celle du remake hollywoodien tout court –, ce qui en justifie un examen séparé (Voir. chap. V). Néanmoins, la prégnance des genres dans le classicisme hollywoodien – le fameux « système des genres » –, favorisée par l'organisation économique et idéologique du système des studios,

10. Sur la question des genres, de l'histoire des genres et du régime générique, voir Raphaëlle Moine, *Les Genres du cinéma*, Paris, Armand Colin, 2005 [2002].

rend particulièrement visible le formatage générique à l'époque classique, qui est à la fois esthétique et idéologique.

La suppression des éléments qui seraient jugés inacceptables par la censure en vigueur dans la production classique hollywoodienne est l'une des procédures de transformation les plus marquées et les plus spécifiques à la période considérée. Adaptés au contexte de production hollywoodien, les scénarios se doivent de se conformer aux valeurs et aux interdits prescrits par le Code de production et respectés par les majors, qui tiennent à ce que leurs films obtiennent le *PCA seal*, marque de conformité au Code de production que tout film doit obtenir pour accéder aux chaînes de salles possédées par ces mêmes majors et pour profiter du *block-booking*[11]. Non que les films français soient libres de toute censure, mais celle-ci, organisée différemment, ne porte pas son attention sur les mêmes objets. Si elle peut se montrer particulièrement attentive aux questions politiques, elle est moins contraignante que la censure hollywoodienne sur d'autres sujets, notamment sur les représentations de la sexualité. Contrairement à ce que l'on peut lire assez souvent, l'autocensure pratiquée par les studios hollywoodiens n'est pas une cause de la production de remakes transnationaux à l'époque classique. Elle explique la difficulté ou l'impossibilité à exploiter sur le marché américain des films qui contreviennent aux principes et aux valeurs du Code, mais elle ne rend pas nécessaire d'en faire un remake. Elle explique seulement pourquoi certains types de transformation sont récurrents dans la confection du remake.

Human Desire est un film exemplaire de ces transformations. Jeff Warren (Glenn Ford), le parèdre américain de Lantier dans *Human Desire*, est dépourvu de tare sexuelle, d'épilepsie et de fêlure héréditaire. Jeff est un américain ordinaire, un vétéran de la guerre de Corée qui reprend son travail de cheminot et se retrouve, comme le Lantier de *La Bête humaine*, témoin du meurtre perpétré par Carl Buckley et son épouse Vicki, dont il se rend complice par son silence. Comme Lantier, il devient l'amant de la jeune femme et, comme lui, il ne peut éliminer Carl alors que Vicki le lui demande avec insistance. Mais, à la différence de Lantier qui tue Séverine et se suicide, Jeff se contente de quitter Vicki et ne met pas fin à ses jours. Le vétéran droit et sympathique, rendu encore plus cordial par l'interprétation de Glenn Ford, reste un héros positif. Bien qu'il soit clair que la guerre de Corée ait ici pour fonction de remplacer la fêlure héréditaire dont souffre Lantier, *Human Desire* n'exploite quasiment pas l'abîme d'ombre que l'expérience du conflit aurait pu ouvrir chez le personnage. La guerre a été une rupture dans la vie de Jeff, mais pas un traumatisme. Ainsi s'il affirme à Vicki que tuer est « la chose la plus facile au monde », il est plus tard scandalisé, quand il avoue à la jeune femme ne pas pouvoir tuer Carl, d'entendre celle-ci lui rappeler qu'il a tué beaucoup d'hommes pendant la guerre. Comme le dit Lang : « Jerry Wald aimait beaucoup le film de Renoir, *La Bête humaine* (1938). Le "héros" était Jean Gabin : c'était un détraqué sexuel psychopathe : il ne pouvait faire l'amour

11. Sur la censure à Hollywood, voir Olivier CAÏRA, *Hollywood face à la censure. Discipline industrielle et innovation cinématographique (1915-2004)*, Paris, CNRS Éditions, collection Cinéma & Audiovisuel, 2005.

à une femme qu'en la tuant. Dans un film américain, il est absolument hors de question que le héros soit un maniaque sexuel. Point[12]. »

Le suicide disparaît également d'*Algiers*. Dans *Pépé le Moko*, Pépé, menotté et prisonnier de la police, voyant s'éloigner le bateau qui emmène Gaby, reste derrière les grilles du port, sort un petit couteau de sa poche et se tue. Le cadrage frontal et les plans rapprochés sur Pépé/Jean Gabin montrent au spectateur sans doute possible son suicide. Dans *Algiers*, Pépé/Charles Boyer regarde d'abord derrière les grilles le paquebot partir, mais il s'élance ensuite en direction du bateau et franchit les grilles. Un policier, qui croit qu'il essaie de s'enfuir, tire et, comme pour nous assurer que c'est bien cette balle qui tue Pépé, l'inspecteur Slimane se penche sur Pépé à l'agonie pour lui dire : « je suis désolé, Pépé, il pensait que tu essayais de t'échapper ». Non seulement cette fin accidentelle évite au film hollywoodien de montrer un suicide, mais elle permet aussi, conformément à l'esprit du Code de production, de donner un châtiment au criminel. Dans une intention morale analogue, les références à la prostitution, nombreuses chez Duvivier, sont atténuées ou gommées : plusieurs plans de la séquence documentaire présentant la Casbah, qui montrent des prostituées, sont supprimés ; la fascinante Gaby n'est plus une femme entretenue, mais officiellement fiancée. Un certain nombre des modifications apportées au scénario de *Pépé le Moko* par *Algiers*, pourtant conçu comme une véritable réplique du film de Duvivier, sont, d'après l'*American Film Institute Catalog*, le résultat direct des demandes de remaniement formulées par Breen, le directeur de la Production Code Administration. Le producteur Walter Wanger a pris soin, comme c'est l'usage à l'époque, de faire tester à l'avance la conformité d'*Algiers* au Code et, après lecture de la première version du scénario écrit par John H. Lawson, Breen demanda d'éliminer les références au *sex appeal* de Pépé, de modifier les deux principaux personnages féminins (Gaby et la gitane Inès) et de supprimer le suicide final de Pépé, qui ne doit pas échapper à la punition[13].

The Thirteenth Letter (*La Treizième Lettre*, Otto Preminger, 1951) remake du *Corbeau* d'Henri-Georges Clouzot (1943) élimine toute référence à l'avortement, alors que ce sujet, et sa condamnation, sont centraux dans le film français. Dès la première séquence narrative du film français, juste après les plans descriptifs de la « petite ville... ici ou ailleurs », le docteur Germain (Pierre Fresnay) lave très symboliquement ses mains couvertes de sang dans la cour d'une ferme où il vient juste de sauver la vie d'une jeune accouchée au prix de celle de l'enfant. Ce choix (préserver la mère plutôt que l'enfant) introduit clairement ce qui devient dans la suite du film le thème de l'avortement : le chef de service de l'hôpital où Germain travaille s'étonne un peu plus tard que ce soit le troisième bébé mort dans ces conditions en un mois ; on apprend que c'est à la suite de la mort de

12. Peter BOGDANOVITCH, *Fritz Lang en Amérique*, Paris, Éditions de l'Etoile/Cahiers du cinéma, 1990 [1969], p. 109.

13. Alan GEVINSON et Patricia K. HANSON, *The American Film Institute Catalog of Motion Pictures Produced in the United States : Feature Films, 1931-1940*, Berkeley/Los Angeles, University of California Press, 1993.

sa femme en couches que le brillant docteur Germain a abandonné la chirurgie du cerveau pour devenir médecin de campagne sous un faux nom et qu'il s'emploie désormais à sauver les mères, contrairement à l'obstétricien qu'il tient pour responsable de la disparition de son épouse ; le fait que Germain soit logé dans l'école du village lui permet aussi d'exprimer à plusieurs reprises son aversion pour les enfants ; enfin, les lettres envoyées par le corbeau et la rumeur villageoise l'accusent explicitement d'être un avorteur. Comme on le découvre par la suite, le docteur Germain n'est pas un avorteur puisqu'il refuse de pratiquer l'avortement que lui demande une femme envoyée par ses ennemis pour le confondre, et le film se termine, une fois le coupable démasqué, sur un surprenant revirement de sa part : acceptant l'amour de Denise (Ginette Leclerc) et, avec lui, le bébé encore à naître qu'ils ont conçu ensemble, il ouvre la fenêtre de la chambre pour laisser entrer les cris des enfants qui jouent dans la cour.

Alors que le film français parle explicitement de l'avortement – pour le condamner, en suivant les conventions du mélodrame pétainiste[14] –, *The Thirteenth Letter* n'y fait absolument jamais référence. Le docteur Pearson (l'équivalent du docteur Germain, joué par Michael Rennie) a quitté Londres pour s'exiler dans une petite ville du Québec après la mort de sa femme parce que celle-ci s'est suicidée et qu'il s'en considère partiellement responsable : le film nous apprend qu'il n'avait pu lui pardonner une infidélité et que son inflexibilité avait conduit la jeune femme au désespoir. Depuis, le docteur Pearson exerce la médecine générale au Canada. Il n'est pas ici question d'accouchement et l'obsession du docteur Germain à sauver les mères « au prix des enfants » est remplacée par le remords et l'impossible désir de remonter le temps : le film est ponctué de séquences où Pearson est enfermé dans sa chambre, une pièce meublée de nombreuses horloges qu'il n'a de cesse de manipuler. Il est donc logique que les lettres anonymes ne profèrent ici que des accusations d'adultère : le docteur Pearson aurait une liaison avec la femme du docteur Laurent (l'équivalent du docteur Vorzet), joué par Charles Boyer. Le thème de l'adultère, déjà amorcé avec l'histoire de l'ex-femme de Pearson, remplace donc celui de l'avortement. Le motif de la femme fascinante, mais (possiblement) volage, est introduit dès la première séquence de *The Thirteenth Letter*. On y voit le docteur Laurent (Boyer) descendre d'un bac qui relie la ville à l'autre rive du fleuve et rentrer chez lui : sa femme n'est pas à la maison et un plan sur le tableau qui la représente, accroché dans le bureau de Laurent, souligne son absence.

Le choix d'une telle séquence d'ouverture peut s'expliquer par le désir de commencer le film en introduisant sa star, conformément à l'usage qui consiste soit à offrir la star immédiatement au regard du public, soit à construire un suspense en retardant de manière significative son apparition : Charles Boyer étant une plus grande star que Michael Rennie, mais son personnage de Laurent étant nettement secondaire par rapport à celui de Pearson, la seconde solution

14. Voir à ce sujet les analyses de Noël Burch et Geneviève Sellier dans *La Drôle de guerre des sexes du cinéma français, 1930-1956*, Paris, Nathan Université, 1996, p. 191-196.

s'avère plus difficile[15]. Mais l'invention de cette « nouvelle » première séquence reste essentielle pour introduire le thème de l'adultère, que le film met en avant non sans précautions. L'arrivée en bateau dans le monde du film renforce l'impression que le récit se déroule dans un ailleurs insulaire. L'histoire qui nous est racontée n'est pas une histoire « étasunienne », le héros en est anglais et elle se déroule dans une province francophone du Canada, comme l'indique le carton initial : « ce film a été entièrement tourné dans une petite communauté franco-canadienne de la province du Québec ». Alan Williams, comparant le carton introductif du remake avec celui du film français, note qu'il s'agit pour le film américain de s'écarter d'une histoire universelle qui mettrait en scène des types pour proposer un drame humain individuel, localisé avec précision, mais hors du territoire américain. La communauté franco-canadienne peut se comprendre comme « une petite ville... *pas ici, mais ailleurs* »[16]. La présence de plusieurs acteurs français (Charles Boyer, mais aussi Françoise Rosay, qui alterne dialogue en anglais et dialogue en français) vient donner du réalisme à cette localisation, en même temps qu'elle renforce son extranéité. Le déplacement géographique permet de traiter l'adultère à moindre risque « dans un univers semblable à celui du spectateur américain et de lui donner en même temps ce côté européen, exotique, qui transparaît dès les premières images[17] ».

Les années 1960 et 1970 : une disparition temporaire

Les années 1950 enregistrent un très net déclin de la production de remakes hollywoodiens de films français, qui s'amplifie dans les deux décennies suivantes au point que la pratique semble temporairement disparaître : treize ans séparent en effet *Paris When It Sizzles* (1964) de *The Sorcerer* (1977). Comme l'indique Lucy Mazdon, on peut voir là la conséquence de la crise du système des studios, des bouleversements technologiques, sociaux et économiques qui ébranlent le système hollywoodien, entraînant une plus grande perméabilité du marché américain aux cinémas indépendants et aux cinémas européens, qui sont traversés par plusieurs vagues de renouveau[18]. L'arrêt *U.S. v. Paramount* (1948), qui amène la

15. Alan WILLIAMS, « The Raven and the Nanny: The Remake as Crosscultural Encounter », *in* Jennifer FORREST et Leonard R. KOOS, *Dead Ringers*, *op. cit.*, p. 152.

16. *Ibid.*, p. 156.

17. Catherine BERTHÉ-GAFFIERO, « *La Treizième Lettre* ou le mystérieux docteur Laurent... », communication présentée au 10e colloque de la SERCIA, La Lettre au cinéma, université Rennes II, septembre 2005.

18. Lucy MAZDON, « Une disparition révélatrice. Remakes hollywoodiens du cinéma des années 1950 », *in* Jean-Pierre BERTIN-MAGHIT, *Les Cinémas européens des années cinquante*, Paris, AFRHC, 2000, p.189-198.

Paramount, puis tous les autres studios, à se séparer de leur réseau de salles et proscrit les pratiques de cartel, met en effet fin au *block-booking*, pratique de réservation en bloc qui obligeait les exploitants, pour pouvoir projeter les productions de prestige d'un studio, à réserver tout un lot de films sans le connaître à l'avance (*blind-selling*) ni en discuter la composition. Les conséquences de cet arrêt sur le déclin du système des studios sont bien connues, même si leur crise est amplifiée par la concurrence de la télévision. De fait, les salles américaines sont bien plus ouvertes désormais aux films indépendants et étrangers. Certes, la distribution de films français aux États-Unis reste limitée, mais leurs scénarios deviennent quand même moins inédits que pendant les décennies précédentes. L'« originalité » des films français (et la dose d'innovation que leur remake pourrait introduire) est également moins saillante dans une production et une offre de films nettement moins homogènes et standardisées que par le passé. Le cinéma américain est à cette époque plus diversifié – on passe de 40 producteurs indépendants en 1945 à 165 dix ans plus tard[19] – et moins soumis à la censure, parce que la fin de l'intégration verticale précipite parallèlement la chute du Code de Production : non seulement les films indépendants ou étrangers ne sont plus cantonnés à un circuit restreint de salles, mais même les grands studios, sans rompre avec la MPAA (*Motion Picture Association of America*, qui a succédé en 1945 à la MPPDA), se mettent à créer des filiales distribuant des films étrangers ou américains, en évitant le contrôle de la Production Code Administration.

Dans ces années de transition que constituent les années 1960 et 1970, la variété incomparablement accrue de l'offre cinématographique est également liée à une modification du public. Il s'agit d'un changement réel, puisqu'un public « jeune » est en train de se constituer, mais il s'agit aussi d'une modification de l'idée que les producteurs se font des spectateurs[20]. Auparavant ceux-ci étaient vus comme un tout homogène, avec toutefois une répartition entre public féminin et public masculin, visible dans l'organisation générique, ce qui tendait à faire du film tout public le produit roi du système. Dès l'après-guerre, cette conception du public commence à être détrônée par la conscience de l'existence d'un public segmenté (*fragmented audience*), qui se développera dans les années 1960. Puisqu'il existe différents types de spectateurs, il faut concevoir ou distribuer des films plus variés, susceptibles de répondre aux besoins spécifiques de chaque catégorie, ce qui, au moins pendant la phase de déstabilisation du « vieil » Hollywood, se traduit par une diversification réelle de la production. Les années 1950 et 1960 que Tavernier considère comme un « nouvel âge d'or pour la production indépendante » sont bien des années d'ouverture et de renouvellement sur un plan formel et stylistique, mais ce sont aussi des années de transition, pendant lesquelles les majors, quoique affaiblies, s'adaptent au changement[21].

De plus, la crise du système hollywoodien classique est une crise de la fréquentation cinématographique, liée aux mutations de l'industrie du loisir,

19. Olivier CAÏRA, *Hollywood face à la censure*, *op. cit.*, p. 125.
20. Rick ALTMAN, *Film/Genre*, Londres, BFI, 1999, p. 128-129.
21. Jacqueline NACACHE, *Le Film classique hollywoodien*, Paris, Nathan, 128, 1995, p. 13-14.

aux changements dans le mode de vie des Américains et au développement de la télévision. Elle se traduit en particulier par la disparition dans les années 1950 du double programme : si les studios proposent moins de films, ils en produisent moins, et partant, ont moins besoin de scénarios frais, ce qui contribue à rendre le contexte peu propice à la production de remakes de films étrangers. On notera toutefois que, si les années 1950 commencent à enregistrer un fléchissement dans la production des remake hollywoodiens de films français, cette décennie est une période pendant laquelle Hollywood produit beaucoup de remakes de films hollywoodiens, en réactualisant en particulier ses films des années 1930. La crise du remake ne se généralise qu'avec la chute du système des studios, pendant les années 1960 et 1970 qui constituent une période exceptionnellement creuse en nouvelles versions de toute sorte. Pendant cette période, Hollywood ne renonce pas aux pratiques de recyclage ou de réécriture, mais le fait selon d'autres modalités. Robert Ray souligne par exemple une vague sans précédent de reprises de films anciens, que l'ancien système des studios aurait au contraire refaits au lieu de les ressortir en salle, et il indique que la période 1966-1977 connaît une floraison particulière de *sequels* : selon lui, elle s'explique par le désir de tirer le maximum de profit immédiat du succès d'un film, en jouant davantage sur la similitude que sur la variation[22]. De fait, si les studios ont acquis les droits de remakes d'un certain nombre de films français dans les années 1960 et 1970, ils ne les ont refaits que plus tard.

Le nouvel Hollywood et les remakes contemporains

À partir des années 1980, la production de remakes hollywoodiens de films français connaît un développement extraordinaire et à ce jour non démenti. Bien que ce retour du remake n'ait clairement été identifié par le grand public français et une partie des critiques qu'en 1987 avec *Three Men and a Baby*, la production de remakes hollywoodiens de films français reprend dès le tout début des années 1980, pas moins de 12 films ayant été ainsi refaits entre le début de la décennie et 1987. Le rythme de la production de remakes est tel depuis vingt-cinq ans (45 films sortis à ce jour, soit presque deux par an) que le phénomène devient largement visible dans la sphère publique. L'annonce d'un nouveau remake n'est plus réservée aux colonnes de la presse corporatiste ou spécialisée, puisque tous les quotidiens, tous genres confondus, du *Monde* au *Parisien/Aujourd'hui en France*, se font régulièrement l'écho de la vente des droits de films français à un producteur américain ou de la mise en chantier d'un nouveau remake à Hollywood. La pratique devient un tel lieu commun des relations cinématogra-

22. Robert B. Ray, *A Certain Tendency of the Hollywood Cinema, 1930-1980*, Princeton, Princeton University Press, 1985, p. 262-267.

phiques entre la France et Hollywood que dans *Les Guignols de l'info* la marionnette d'Arnold Schwarzenegger définit au milieu des années 1990 les Français comme « ceux qui font les brouillons de nos films ». Même si cette hyperconscience du remake contribue sans doute à rendre plus visibles que par le passé les options prises sur les films français par les producteurs américains, il n'en reste pas moins qu'Hollywood a dans ses tiroirs de nombreux projets en réserve. D'après Philippe Carcassonne, producteur (Ciné B) et vice-président d'Unifrance, les producteurs américains étudieraient actuellement sérieusement la possibilité de tirer un remake d'une quinzaine de films français par an[23].

L'ère du remake

Il est nécessaire de situer les remakes de films français dans l'ensemble de la production hollywoodienne contemporaine de remakes afin de ne pas surévaluer la part franco-américaine du phénomène. De même que la production de remakes de films français était liée au rôle structurel joué par le remake dans le système des studios, l'abondance de nouvelles versions cinématographiques est un fait général dans le nouvel Hollywood. Cette dynamique contemporaine de réécriture entraîne tout d'abord une production nombreuse et constante de remises au goût du jour du patrimoine hollywoodien. Citons pour mémoire, les exemples étant légion : *Father of the Bride* (*Le Père de la Mariée*, Charles Shyer, 1991), remake du film homonyme de Vincente Minnelli (1950) ; *You've Got a Mail* (Vous avez un message, Nora Ephron, 1998), la version « électronique » du *Shop Around the Corner* de Lubitsch (1940) ; *Psycho*, le remake en couleur réalisé par Gus Van Sant en 1998 du célèbre film d'Hitchcock (1960)... Des cinématographies nationales autres que française sont également mises à contribution : *Abre los ojos* (*Ouvre les yeux*, 1997) du réalisateur espagnol Amenabar s'américanise en *Vanilla Sky* (Cameron Crowe, 2001) ; un succès du box-office norvégien de 1997, *Insomnia*, d'Erik Skjoldbjaerg, devient en 2002, sous le même titre, un polar du Grand Nord américain réalisé par Christopher Nolan ; le film d'horreur japonais *Ringu* (*Ring*, Hideo Nakata, 1998) est refait en 2002 par Gore Verbinski ; Soderbergh tourne en 2002 une nouvelle version du *Solaris* de Tarkovski (URSS, 1971).

Une des particularités de cette floraison contemporaine de remakes est qu'elle peut s'interpréter sur un plan esthétique, comme la manifestation d'un recyclage généralisé dans la culture post-moderne, qui concerne autant la culture de masse que les productions artistiques légitimes. Non que la circulation et la réutilisation des images, des idées et des textes constituent en soi des pratiques nouvelles, notamment dans un cinéma hollywoodien caractérisé par sa capacité à se nourrir de ce qui lui est extérieur et à puiser dans ses propres productions[24].

23. Chiffre fourni lors du colloque *Les Films européens aux États-Unis : circulation, diffusion, réception*, organisé à l'INHA par Laurent CRETON, le 8 décembre 2005.

24. Voir à ce sujet Jean-Loup BOURGET, *Hollywood, la norme et la marge*, Paris, Nathan-Université, 1998.

Mais elles tendent à la fois à s'amplifier, à induire dans le champ de la réception une posture interprétative désormais solidement installée (le fameux spectateur ou lecteur réflexif)[25], et, dans le cas des productions audiovisuelles, à devenir plus clairement intermédiatiques.

Les remakes participent ainsi d'une compulsion contemporaine à la citation, au clin d'œil, au *sampling*, à la répétition sous toutes formes – séries, *sequels*, *prequels* – dont les pratiques contemporaines attestent une variété sans précédent[26]. Le remake cinématographique contemporain ne peut être isolé, comme technique de refabrication, d'une importante synergie entre l'ensemble des médias, cinéma, télévision, jeu vidéo, etc., caractéristique de l'époque contemporaine et particulièrement développée dans le nouvel Hollywood. De ces échanges constants, qui reflètent, sur un plan économique, une sorte de retour à une forme d'intégration horizontale, naissent par exemple des remakes cinématographiques de séries télévisées : *Twin Peaks* (David Lynch, 1992) est par exemple à la fois un remake et un *prequel* de la série *Twin Peaks*, créée et produite par David Lynch et Mark Frost, diffusée en 1990 et 1991 sur ABC. De nombreuses séries cultes d'hier ou aujourd'hui – *Charlie's Angels* (*Drôles de dames*), *Mission : Impossible, The Incredible Hulk* (*Hulk*), *The X-Files* – sont de la même manière refaites sous la forme d'un « unitaire » cinématographique, qui appelle une suite en cas de succès. Inversement le film hollywoodien peut servir de pilote à une série télévisée ultérieure : Joss Whedon sérialise dans les 7 saisons de *Buffy The Vampire Slayer* (*Buffy contre les Vampires*, 1997-2003) les aventures de l'héroïne qu'il a créée, sans grand succès, en 1992 pour le film du même nom, réalisé par Fran Rubel Kuzui et connu en français, avant le succès planétaire de la série, sous le titre peu alléchant de *Bichette, la terreur !* De même, les cinq saisons de la série d'espionnage *La Femme Nikita*, une coproduction canado-américaine, voient le jour en 1997 dans la foulée de *Point of no Return* (*Nom de code : Nina*, John Badham, 1993), lui-même remake hollywoodien du *Nikita* de Luc Besson (1990). Il n'est pas rare non plus qu'une série télévisée refasse, le temps d'un épisode, le scénario d'un film de cinéma célèbre, de façon non avouée et dans la mesure où sa bible le lui permet. Ces interactions nombreuses entre cinéma, télévision et jeu vidéo établissent les différentes versions et leurs supports en réseau : les aléas des succès et des revers viennent brouiller les relations chronologiques et généalogiques entre ce qu'on peut dès lors considérer comme différentes occurrences, ou *tokens*, d'un même modèle, ou *type*[27]. Il est clair que le remake cinématographique, qui suppose une permanence médiatique (d'un film de cinéma à un autre film de

25. Umberto ECO, « Innovation et répétition entre esthétique moderne et post-moderne », *Réseaux*, n° 68, « Les Théories de la réception », Paris, CENT, novembre-décembre 1994, p. 11-25.

26. Voir à se sujet Michael ALLEN, *Contemporary US Cinema*, Essex, Longman/Pierson Education, 2003, chapitre « Serials/Series/Sequels/Remakes », p. 187-197.

27. Le couple *type/token* est emprunté à la philosophie du langage et à la linguistique anglo-saxonne qui appelle *type/token* « le rapport du nombre de mots différents (type) au nombre total de formes d'un texte (token) ». Voir Jean DUBOIS *et alii*, *Dictionnaire de linguistique et des sciences du langage*, Paris, Larousse, 1994.

cinéma) et une relation de filiation entre la version originale et la version refaite, peut faire figure de brontosaure dans ce système synergique. Néanmoins, bien que la technique traditionnelle du remake cinématographique se trouve prise dans un mouvement de diversification des procédures de création/répétition, celui-ci, par sa vitalité et son importance, contribue indirectement à en favoriser le développement.

La réapparition et la fortune des remakes à partir des années 1980 ont également des causes économiques. Après une vingtaine d'années de transition, émerge progressivement à la fin des années 1970 ce qu'il est convenu d'appeler le nouvel Hollywood, un nouveau modèle industriel relativement stabilisé. Hollywood redevient une industrie florissante et les dernières décennies sont marquées par une augmentation sans précédent de la domination américaine : alors que les distributeurs américains ne contrôlaient que 50 % du marché international en 1972, ils en contrôlent entre 75 et 80 % à la fin des années 1990[28]. Parmi les facteurs qui concourent à cette expansion, trois jouent un rôle décisif. Intervient tout d'abord le développement d'un nouveau type de superproductions, des films *high concept* et spectaculaires, utilisant souvent les dernières innovations technologiques, au budget important, adaptés aux demandes du marketing, et qui marquent l'émergence d'un nouveau type de réalisateurs, les réalisateurs-stars : *Jaws* (*Les Dents de la mer*, Steven Spielberg, 1975) est le précurseur de ces nouveaux *blockbusters*, au point que le nouvel Hollywood est parfois appelé « ère post-*Jaws* ». Des changements notables dans le domaine de la commercialisation des films accompagnent cette mutation : construction de nouvelles salles de cinéma aux États-Unis (ainsi qu'en Europe), plus modernes et plus « adaptées » à un public jeune et à ces mêmes *blockbusters* ; sorties des films (de certains films) sur des centaines, voire des milliers de copies selon une stratégie dite de *wide release* ou *blanket strategy* ; campagnes de publicité gigantesques, et coûteuses, qui font précéder l'omniprésence dans les salles par une omniprésence dans les médias[29]. Enfin, le renforcement des liens entre l'industrie du cinéma et celle de la télévision, ainsi que le développement du marché de la télévision par câble et de la vidéo, constituent le troisième pilier du nouvel Hollywood : dès 1986, 12 % des recettes des studios proviennent de la télévision par câble et 40 % de la vidéo[30]. La bonne santé retrouvée de l'industrie hollywoodienne remet au goût du jour la production de remakes.

Ils sont une des solutions qui permettent de répondre au besoin en scénarios frais – ce qui n'est pas nouveau, mais tranche avec la période des années 1960 et 1970 –, destinés à alimenter désormais non seulement le marché des salles, mais

28. Claude FOREST, *Économies contemporaines du cinéma en Europe. L'improbable industrie*, Paris, CNRS Éditions, 2001, p. 33.

29. Vinzenz HEDIGER, « Le cinéma hollywoodien et la construction d'un public mondialisé », *in* Jean-Pierre ESQUENAZI (dir.), *Cinéma contemporain, état des lieux*, Paris, L'Harmattan, Champs Visuels, 2004, p. 43-57.

30. Thomas SCHATZ, « The New Hollywood », *in* Jim COLLINS, Hilary RADNER et Ava PREACHER COLLINS, *Film Theory Goes to the Movies*, Londres/New York, Routlegde, 1993, p. 25.

aussi celui de la vidéo et du câble. De plus, tout comme à l'époque des studios, il est plus rentable d'acheter les droits et de produire une nouvelle version d'une histoire qui a bien marché, que d'acheter un scénario original, plus cher et qui semble « plus risqué ». Par exemple, lorsque Orion accepte en 1978 de confier l'écriture du remake d'*À bout de souffle* à Jim Mc Bride, ce n'est ni sous l'effet d'une poussée de cinéphilie ni à cause de la notoriété et du succès de Mc Bride. Celui-ci a commencé par faire du cinéma direct dans les années 1960 où il était très proche du cinéma underground et très influencé par la Nouvelle Vague européenne. Ses deux premiers films *David Holzman's Diary* en 1967 – l'histoire d'un jeune New-Yorkais qui essaie de donner un sens à sa vie, désespérément banale, en la filmant dans ses plus infimes détails – et *My Girlfriend's Wedding* en 1968, réalisés à l'apogée du mouvement underground, ont fait de lui un jeune auteur du cinéma indépendant à surveiller. Mais ces succès d'estime ne lui ont pas ouvert de carrière cinématographique et c'est à la fois dans une intention pragmatique et cynique (intégrer le système des studios après une décennie de vaches maigres) et mû par un désir artistique réel de rendre hommage à un film culte qu'il propose à plusieurs producteurs dans les années 1970 de faire le remake d'*À bout de souffle*. Après plusieurs tentatives infructueuses, il obtient enfin un contrat avec Orion pour écrire le film, qui sortira cinq ans plus tard, parce que le studio, qui vient d'acquérir une compagnie de distribution (Filmways), a besoin de films à distribuer, donc de films à produire, et est plus facilement prêt à se lancer dans l'aventure.

Le vivier du cinéma français

Comment expliquer, dans cet environnement général favorable à la remise en forme d'images et de scénarios de toute provenance, la prépondérance, parmi les remakes transnationaux, des remakes de films français ?

L'importance des remakes de films français est tout d'abord liée au simple fait qu'il existe encore en France, grâce notamment aux politiques d'aide au cinéma, une production nationale conséquente : le grand nombre d'emprunts hollywoodiens est donc proportionnel à la taille du « réservoir » disponible de films français. Cette explication, pour être un peu mécanique et évidente, mérite néanmoins d'être avancée. Contrairement à ce qu'on observe dans d'autres pays européens, le cinéma français résiste mieux à la domination hollywoodienne et, bien que la fréquentation des films américains soit devenue majoritaire en France comme dans les autres pays européens, le nombre d'entrées réalisé par les films français sur le marché hexagonal reste proportionnellement bien plus élevé que celui réalisé par les autres cinémas nationaux sur leur propre marché[31].

31. Pour une comparaison du nombre d'entrées réalisées sur les marchés nationaux, on se reportera à Claude Forest, « Fais-moi mal ! L'abandon des genres par les cinémas européens », *CinémAction*, « Quelle diversité face à Hollywood ? », Hors-série, Paris, Corlet-Télérama, 2002, p. 71-79.

Non seulement il existe un stock, régulièrement renouvelé, de films français à refaire, mais il existe aussi un public qui, ayant assuré le succès de certains films, les transforme en bons candidats pour le remake.

L'existence d'un organisme, Unifrance, chargé de promouvoir le cinéma français dans le monde, favorise également la production de remakes hollywoodiens de films français. Comme l'écrit en 1989 Marc Mancini[32] :

> Bien que la tâche principale d'Unifrance soit d'encourager la distribution des films français à l'étranger, cet organisme est devenu un lieu central dans le marché du remake : « Nos bureaux sont contactés au moins une fois par jour au sujet d'un remake », explique Josette Bonte, directrice d'Unifrance pour la côte Ouest. « Des responsables des acquisitions appellent régulièrement pour voir un film particulier, pour savoir qui en possède les droits ou pour vérifier le montant de ces droits. »

Pour les producteurs français, il s'avère plus rentable de céder les droits de remake à des compagnies hollywoodiennes plutôt que d'attendre les maigres retombées d'une hypothétique distribution aux États-Unis : les droits d'exploitation américaine de *Sur mes lèvres* (Jacques Audiard, 2001) ont ainsi été cédés pour 50 000 dollars alors que la cession des droits de remake, qui est actuellement en production, s'est négociée à un peu plus d'un million de dollars, chiffre approximatif fourni par le producteur français, Philippe Carcassonne. Comme par le passé, la fermeture du marché hollywoodien aux films étrangers, notamment non anglophones, assure aux remakes un public vierge.

Un certain nombre de producteurs français ont également choisi de se lancer dans la production de remakes hollywoodiens de films français. Victor Drai joue ainsi un rôle certain au début des années 1980 dans la vogue des films français sources. Cet industriel français émigre dans les années 1970 aux États-Unis pour y poursuivre ses activités dans l'industrie du vêtement et dans l'immobilier, qui ont fait sa fortune en France. Ses projets changent lorsqu'il rencontre Jacqueline Bisset, dont il partage la vie pendant plusieurs années et grâce à laquelle il se fait de nombreux contacts à Hollywood. Il décide alors de se lancer dans la production cinématographique. Quand il découvre qu'il n'a pas la moindre chance de pouvoir acquérir les droits des best-sellers ou des pièces à succès, il décide de trouver des scénarios et des idées dans ce qu'il connaît le mieux et qui est encore à cette époque une source d'inspiration négligée par les producteurs américains : les films français des années 1970, et notamment les comédies à succès[33]. Il produit ainsi en 1984 *The Woman in Red* (*La Fille en rouge*, Gene Wilder) d'après *Un éléphant, ça trompe énormément* (Yves Robert, 1976), en 1985 *The Man With One Red Shoe* (*L'Homme à la chaussure rouge*, Stan Dragoti) d'après *Le Grand Blond avec une chaussure noire* (Yves Robert, 1972), et il acquiert les droits de plusieurs autres films encore non refaits à ce jour – par exemple *Le Sauvage* (Jean-Paul

32. Marc Mancini, « French Remakes », *Contemporary French Civilization*, Winter/Spring 1989, vol. XIII, n° 1, p. 38.

33. *Ibid.*, p. 39.

Rappeneau, 1975) et *César et Rosalie* (Claude Sautet, 1972). La contribution de Drai au développement du remake de films français à Hollywood ne se limite sans doute pas à ces deux réalisations : en effet, le succès public et critique rencontré à sa sortie par *The Woman in Red* a vraisemblablement convaincu les producteurs qu'il y avait là un bon filon à exploiter et contribué à la mise en chantier d'autres remakes du même type. À une date plus récente, dans une stratégie de pénétration d'un marché bien fermé, un certain nombre de producteurs français se lancent également dans l'aventure américaine en choisissant, pour contourner les difficultés, de produire ou de coproduire les remakes de leurs propres films : le succès est au rendez-vous pour le Studio Canal avec *Sommersby* (Jon Amiel, 1993) d'après *Le Retour de Martin Guerre* (Daniel Vigne, 1982), mais l'échec est cuisant pour Gaumont-France avec *Just Visiting* (*Les Visiteurs en Amérique*, 1999). Le coproducteur américain s'étant retiré en cours de tournage du film, la firme française assume seule le budget colossal du film... et son échec sur tous les marchés. Même le réalisateur, Jean-Marie Poiré, a préféré retirer son nom du générique et adopter le pseudonyme de Jean-Marie Gaubert.

Bien que le destin au box-office américain et international des 45 remakes hollywoodiens de films français réalisés depuis vingt-cinq ans soit évidemment extrêmement varié, le succès particulier rencontré, très régulièrement, par tel ou tel film, suffit à convaincre de l'intérêt financier de la pratique et du filon français. Par exemple, le succès du premier remake produit en 1986 par Disney, *Down and Out in Beverly Hills*, explique aussi l'intérêt soutenu que ce studio a manifesté par la suite pour les films originaux français. Sous l'impulsion de Jeffrey Katzenberg, Touchstone Pictures, la branche « adulte » de Disney, a produit le remake de *Boudu sauvé* des eaux dans le souci de renouveler sa production en l'élargissant au-delà du public enfantin pour séduire un public familial, ce qui faisait partie d'une stratégie d'ensemble de la firme pour regagner la place qu'elle avait perdue sur le marché au début de la décennie. Devant les bons résultats du film, Touchstone recherche ensuite activement dans le catalogue français des concepts de comédies familiales à succès, ce qui donnera notamment *Three Men and a Baby* en 1987, *The Three Fugitives* en 1989, *Oscar* (*L'embrouille est dans le sac*, John Landis, 1991) d'après le film éponyme réalisé par Édouard Molinaro en 1967, et *My Father The Hero* (*My father, ce héros*, Steve Miner, 1994) d'après *Mon père, ce héros* de Gérard Lauzier (1991). De plus, comme l'a bien analysé Caroline Durham, cette démarche, de la part de Disney, est à mettre en perspective avec une stratégie de mondialisation, qui implique d'importer un peu (un tout petit peu) de Paris à Hollywood et d'exporter en même temps, avec la création de Disneyland-Paris, Hollywood à Paris[34].

34. Caroline DURHAM, *Double Takes*, *op. cit.*, p. 1-24.

La diversification du remake

À l'époque contemporaine, les procédures de réécriture et de transposition observables dans les différentes versions américaines sont assez hétérogènes, beaucoup plus en tout cas que pour les remakes classiques, qui suivent généralement assez fidèlement la trame de l'original français. Si la plupart américanisent les films français en restant très proches de leur organisation narrative, certains comme *Sommersby* ou *Twelve Monkeys* ne retiennent que l'idée à la base de leur film source et développent un scénario sensiblement différent. À cette plus grande diversité des techniques d'écriture s'ajoute une plus grande hétérogénéité des sources. Hollywood, en dépit d'une prédilection affirmée pour les comédies, trouve en effet son inspiration dans des répertoires cinématographiques français extrêmement variés, à tel point qu'on peut se demander s'il ne vaudrait pas mieux adopter le pluriel et parler d'échanges avec les cinémas français : la matière première qu'américanisent les remakes actuels est tantôt strictement contemporaine, tantôt plus ancienne ; la plupart des films sources appartiennent au cinéma populaire, mais quelques-uns sont des œuvres d'auteur. Dans le domaine du remake, la seule exception notable à l'intérêt d'Hollywood pour les films français est le jeune cinéma français : malgré l'achat des droits de quelques films, aucun n'a été refait à ce jour. On peut avancer plusieurs explications à ce manque d'intérêt : des motivations économiques – le cinéma des jeunes auteurs rencontre trop rarement un large succès pour que ses œuvres paraissent susceptibles de garantir des recettes suffisantes à ceux qui en feraient une nouvelle version ; des motivations culturelles – le jeune cinéma français est ressenti comme trop français, par ses thèmes, trop rebelle à l'académisme et aux formes et conventions cinématographiques dominantes pour être imité et intégré par le cinéma hollywoodien, sans avoir encore pour autant ni l'aura de légitimité que le temps a donnée aux œuvres d'auteur plus anciennes, ni la reconnaissance internationale que des périodes de plus grande diversité dans la distribution internationale ont permis à ces dernières de trouver.

Ginette Vincendeau repère dans ce foisonnement de remakes contemporains deux grandes formes : les *mainstream remakes*, qui refont sans décalage temporel notable des films populaires français à succès, mais quasi inconnus sur le continent américain car ils n'y sont que très peu voire pas du tout distribués ; et les *self-conscious remakes*, moins nombreux, adaptés de films d'auteur, caractérisés par un délai important entre l'original et son remake et par une conscience du film original, de la part du réalisateur et, potentiellement, d'une partie du public[35].

35. Ginette VINCENDEAU, « Hollywood Remakes of French Films », graduate seminar on film history, University of Amsterdam, Film & TV department, 3-5 November 1993.

Les remakes mainstream

L'hypothèse de Ginette Vincendeau me paraît extrêmement intéressante dans la mesure où elle situe les remakes dans la géographie des productions hollywoodiennes des années 1980 et 1990, dont Thomas Schatz rappelle qu'elle se divise en trois secteurs, bien discernables même s'ils ne sont pas absolument étanches : le *blockbuster*, dont j'ai précédemment rappelé les caractéristiques essentielles à l'époque contemporaine ; le film *mainstream*, produit par de grandes compagnies, qui va du film familial au film-véhicule construit autour d'une star, dont le budget et le succès au box-office sont en général plus réduits, mais qui peut faire événement en bénéficiant du « public dormant » attaché à la star ; le film indépendant, produit à destination d'un marché spécifique et plus restreint et dont le seul espoir de carrière est de devenir un film-culte[36].

Or, la quasi-totalité des remakes contemporains de films français est produite ou coproduite par de grands studios et s'inscrit effectivement dans la catégorie du film *mainstream*. Bien que les *self-conscious remakes* constituent une sous-catégorie un peu à part dans la mesure où ils refont des films français plus anciens et d'auteur, ils appartiennent aussi, en termes de catégorie de production, au flot des remakes *mainstream*. C'est donc le statut de leur film source qui les distingue principalement des autres remakes. Seul fait donc véritablement exception le *blockbuster True Lies*, qui fut troisième au box-office américain et au box-office mondial en 1994 derrière *Forrest Gump* et *The Lion King* de Disney. Cet ancrage dans la production *mainstream* explique la prépondérance des comédies familiales parmi les remakes contemporains et permet de comprendre que, financièrement, la prise de risques avec un remake de film français, eu égard à son budget, n'est pas démesurée et peut même se révéler intéressante. Il suffit que quelques remakes réalisent des scores exceptionnels ou simplement satisfaisants au box-office pour compenser les échecs des autres : *Three Men and a Baby* est numéro 1 en 1987 ; en 1995, *Nine Months* (*Neuf mois aussi*, Chris Colombus) refait avec succès *Neuf mois* de Patrick Braoudé (1994) puisque ce film au budget très moyen, dont Hugh Grant est sans doute le principal produit d'appel et l'investissement financier essentiel, se classe honnêtement 23e au box-office américain et international ; *The Birdcage* (Mike Nichols) d'après *La Cage aux Folles* (Édouard Molinaro, 1978) occupe le 9e rang annuel sur le marché américain et le 16e sur le marché mondial en 1996. Ajoutons que l'échec d'une production moyenne est toujours relatif et peut être amorti par la diffusion du film en cassette vidéo ou sur les chaînes de télévision. Des remakes aussi peu couronnés de succès en salle que *Pure Luck* (Nadia Tass, 1991), d'après *La Chèvre* de Francis Veber (1991), ou *Mixed Nuts* (*Joyeux Noël*, Nora Ephron, 1994), d'après *Le Père Noël est une ordure* de Jean-Marie Poiré (1982), font régulièrement les beaux jours des différents bouquets du câble et du satellite. L'échec en salle, en France comme aux États-Unis, de *Diabolique* n'a pas empêché sa programmation à plusieurs reprises en *prime time*

36. Thomas SCHATZ, « The New Hollywood », *op. cit.*, p. 35.

le dimanche soir sur TF1. J'ai pu aussi constater qu'on trouve assez facilement dans les bacs, en France ou en Europe du Nord, un certain nombre de cassettes et de DVD de remakes. Une étude, difficile à mener à l'heure actuelle en l'absence de résultats communiqués par l'industrie de l'édition vidéographique, permettrait de mieux mesurer l'audience réelle des remakes ainsi que leur rentabilité.

Le lien entre le remake hollywoodien de film français et la production *mainstream* éclaire également un fait qui peut intriguer le collectionneur de remakes : pourquoi Richard Gere figure-t-il dans tant de remakes de films français ? L'acteur, dont la filmographie compte tout de même une trentaine de films dans un rôle principal, joue en effet en 1983 dans *Breathless*, en 1993 dans *Sommersby*, en 1994 dans *Intersection* de Mark Rydell (d'après *Les Choses de la vie*), en 2002 dans *Unfaithful* (*Infidèle*, Adrian Lyne), remake de *La Femme infidèle* (Claude Chabrol, 1968). Sans entrer dans le détail de son image et de l'adéquation entre sa *persona* et les rôles qui lui sont confiés – sa performance dans *Breathless* vient par exemple prolonger ses prestations de mauvais garçon dans *American Gigolo* (Paul Schrader, 1980) –, le choix de tourner dans ces remakes semble parfaitement cohérent avec la carrière de l'acteur et son statut dans la hiérarchie des stars hollywoodiennes. Gere fait en effet partie des grandes vedettes hollywoodiennes des années 1980-1990, mais pas du tout premier cercle des stars, malgré le succès d'*American Gigolo* ou celui, dix ans plus tard, de *Pretty Woman* qui ont pu l'amener momentanément au firmament du box-office des acteurs. Cela en fait le candidat désigné pour des films-véhicules *mainstream*, dont il peut à la fois permettre le succès potentiel et tirer un bénéfice personnel en termes d'image. Et sa route a d'autant plus de raisons de croiser celle du remake que son image est aussi globalement attachée à un cinéma sérieux mais grand public, et au registre du film psychologique ou de la comédie dramatique, deux genres un peu flous mais qui reposent beaucoup sur la construction des personnages. Or le film *mainstream* hollywoodien actuel propose peu de scénarios de ce type, contrairement au cinéma français. Rien d'étonnant alors à ce que la participation de Richard Gere facilite la réalisation de leurs remakes, sa *persona* étant adaptée au genre et sa notoriété donnant des gages de succès. Rien d'étonnant non plus à ce que Richard Gere s'engage dans de tels projets, qui offrent de bons véhicules à son image.

Un nouveau type : les remakes post-modernes

Le deuxième type de remakes contemporains distingué par Ginette Vincendeau, les *self-conscious remakes*, me semble plus problématique. En effet, le long laps de temps écoulé depuis la réalisation de la version originale française et le statut de film d'auteur de cette dernière n'impliquent nullement que ce type de film soit traité et réécrit de manière réflexive par Hollywood : *The Original Sin* (*Péché originel*, 2001) est certes réalisé par Michael Christofer trente-deux ans après *La Sirène du Mississipi* de François Truffaut, mais le film ne contient aucune marque objectivable et tangible d'hommage, de parodie, d'allusion au film français. Il est juste en revanche de noter que la notoriété des films français devenus au fil du temps des classiques offre plus de chances au spectateur américain – et, ailleurs, au spectateur « cultivé » – de reconnaître l'original sous le remake et donc d'adopter une lecture réflexive et comparative. Le fait qu'Hollywood tourne davantage ses regards, surtout depuis les années 1990, vers le répertoire des films français panthéonisés ou vers des films français anciens sérieux, perçus comme artistiques aux États-Unis, témoigne à mon sens davantage d'une stratégie de différenciation des productions, dans laquelle le remake « sérieux », éventuellement nimbé d'un reste d'aura de son original français, vient contrebalancer les productions usuelles, plus résolument ancrées dans l'univers du divertissement ou de l'évasion. Ce désir d'Hollywood d'afficher des ambitions artistiques et de ne pas apparaître comme le maître d'œuvre de produits uniquement commerciaux s'est intensifié depuis quelques années, ce dont témoigne par exemple la tendance de l'Académie des Oscars à accorder plus de récompenses aux films étrangers[37].

Je préfèrerai donc parler de « remakes post-modernes » et réserver cette appellation à la petite poignée de films qui témoignent explicitement, et pas seulement dans les discours de présentation des films à la presse étrangère, d'un désir de réflexivité : *Breathless*, *Twelve Monkeys* ou *The Good Thief* (*L'Homme de la Riviera*, Neil Jordan, 2003, d'après *Bob le Flambeur* réalisé par Melville en 1955) cultivent ainsi l'allusion à l'œuvre originale et jouent (potentiellement) sur la connaissance du film français. L'émergence de ce nouveau type de remakes est emblématique d'un trait dominant des pratiques culturelles de création dans la contemporanéité post-moderne : refaire des films d'auteur, dans un style hollywoodien mais en cultivant l'allusion à l'œuvre-source, permet à la fois de s'adresser à un grand public international et de pratiquer le clin d'œil et la connivence avec le spectateur cinéphile. Si je préfère abandonner le qualificatif de *self-conscious*, au profit de celui de post-moderne, c'est parce que cette démarche réflexive ne s'exprime pas seulement par des références au film français d'origine : elle insère les allusions à la version française, pratiquées sur le mode de l'hommage ou de la parodie, dans un patchwork de citations cinématographiques prises à des œuvres d'époque, de nationalité, de genre et de style variés. Ces remakes nouvelle manière, s'ils ne travaillent pas à effacer la référence à la version originelle qu'ils peuvent donc de ce fait citer consciemment, enserrent cette référence dans un réseau très dense d'échos intertextuels hétérogènes.

Breathless manifeste ainsi un désir de citer et de rendre visible son œuvre source en conservant des traces, des incrustations d'*À bout de souffle*, trop nombreuses pour être considérées comme de pures scories ou des lapsus inhérents à la réécriture du scénario. Non seulement Mc Bride suit très fidèlement le film de Godard en inversant les nationalités des deux protagonistes principaux – l'Américain Jesse remplace Michel Poiccard et la Française Monica remplace Patricia –, mais il le cite, y fait allusion ou référence à plusieurs reprises, oscillant entre l'hommage et

37. Michael ALLEN, *Contemporary US Cinema*, *op. cit.*, p. 87.

la parodie. Par exemple, quand Jesse attend Monica chez elle, il porte au lit un gigantesque sombrero. Le fait que le chapeau n'appartient pas à la panoplie de Jesse (il n'en porte jamais), alors qu'il est l'accessoire indispensable de celle de Michel dans *À bout de souffle*, indique clairement une volonté de citation. Mais la taille et l'incongruité de ce couvre-chef l'inscrivent moins dans un discours d'hommage que dans une veine parodique. *Breathless* reproduit aussi quelques-unes des nombreuses citations opérées par Godard dans *À bout de souffle* – Monica lit par exemple le même extrait des *Palmiers sauvages* que Patricia. Il explicite certaines des références du film français – réfugiés dans un cinéma où passe *Gun Crazy*, Monica et Jesse miment l'action et reproduisent les dialogues du film qui passe sur l'écran. Il se nourrit enfin de nouvelles citations : le *Silver Surfer* et Jerry Lee Lewis, qui sont les deux modèles de Jesse ; les fresques murales qui occupent l'arrière-plan des rues de Los Angeles ; Errol Flynn ; le *Bonnie and Clyde* d'Arthur Penn, etc. Ce jeu citationnel, particulièrement complexe car il s'exerce entre le remake et le film original, mais aussi à l'intérieur des deux films, a deux effets opposés. Le film de Mc Bride rappelle effectivement *À bout de souffle* soit en le citant directement, soit en citant comme lui. Mais dans ce deuxième cas, la pratique de la citation détourne nécessairement *Breathless* de la référence à Godard et finit par noyer les références explicites à *À bout de souffle* au milieu d'autres citations, qui relient le film à un autre horizon d'images, de musiques, de films. De plus, alors que les citations se caractérisent chez Godard par leur extrême mixité culturelle, renvoient à la culture savante ou populaire, française ou anglo-saxonne, et accompagnent la question des relations entre espace français et espace américain, entre homme et femme[38], elles renvoient chez Mc Bride de façon écrasante à la culture américaine et participent, dans une esthétique assez typiquement post-moderne, à l'édification d'un univers d'images, et ce d'autant plus qu'elles sont en général explicites, visuelles et développées (alors que Godard pratique plutôt l'allusion ou la citation partielle). En proposant un monde de simulacres qui fait toujours référence à un espace de représentations préexistantes et non à un espace social contemporain et réel – pourtant présent dans *À bout de souffle* –, *Breathless* thématise enfin la pratique du remake, dans le sens le plus négatif qui lui donnent ses détracteurs européens. Le film rend moins hommage à son modèle qu'il n'exprime le monde d'Hollywood et de l'industrie culturelle américaine, conçu comme un réservoir et un répertoire d'images et de sons, locaux, acclimatés[39] et importés, qui sont davantage en relation les uns avec les autres qu'en relation avec le monde réel[40].

38. Jefferson T. KLINE, *Screening the Text : Intertextuality in New Wave French Cinema*, Baltimore, J. Hopkins University Press, 1992, p. 184-221.

39. *Bonnie and Clyde* (1967) est par exemple le premier film américain commercial véritablement influencé par la Nouvelle Vague.

40. Pour une comparaison des citations, de leur sens et de leurs effets dans *À bout de souffle et Breathless*, voir Raphaëlle MOINE, « Remake et citation : l'exemple de *Breathless* (Mc Bride, 1983), remake américain post-moderne d'*À bout de souffle* (Godard, 1959) », *in* Pierre BEYLOT (dir.), *Emprunts et citations dans le champ artistique*, Paris, L'Harmattan, Champs Visuels, 2004, p. 101-124.

Le titre « *Breathless* », son inscription dans le film et sa motivation dans le récit, manifestent ainsi clairement un désir de prendre acte de son modèle, tout en fondant cette conscience d'être un remake dans une pratique intertextuelle plus généralisée. Alors que la majorité des remakes mentionnent de manière peu visible, tronquée ou erronée leur œuvre-source et son réalisateur, ou ne retiennent que le nom des scénaristes originaux, *Breathless* cite immédiatement, de manière exacte, révérencieuse et détaillée : « *Based upon the movie picture* À bout de souffle *from the screenplay by Jean-Luc Godard of the story by François Truffaut.* » Mais très vite, la polysémie du titre *Breathless* se met en place et devient révélatrice d'une affirmation paradoxale d'autonomie et de filiation. *Breathless*, c'est tout d'abord le titre américain sous lequel le film de Godard est connu dans le monde anglophone, donc d'une certaine manière la citation d'une traduction littérale. Mais, le graphisme extrêmement figuratif utilisé dans le générique ajoute une autre signification : le titre est écrit sur un ruban de lettres bleues, la perspective donne l'impression qu'il s'éloigne vers le fond de l'écran, et les petits traits qui ornent les bordures du ruban suggèrent, comme dans une bande dessinée, le déplacement et la vitesse. *Breathless*, c'est donc la sensation que provoque la conduite à toute allure sur une route : ce thème revient à plusieurs reprises explicitement dans le film, par exemple quand Jesse et Monica, les deux héros, roulent en voiture dans Los Angeles, ou quand Jesse dit à la jeune femme, lorsqu'il la retrouve, qu'elle le rend « *breathless* » comme quand on conduit très vite. Ainsi le titre du remake dérive du titre du film de Godard, mais il se justifie aussi de façon diégétique, indépendamment de toute filiation. Enfin, *Breathless* fait référence au titre d'une chanson de Jerry Lee Lewis : dès le vol de voiture initial, Jesse écoute et chante ce tube du rock en conduisant à toute vitesse ; la chanson et son interprète reviennent ensuite constamment dans le récit, Jesse s'identifiant à Jerry Lee Lewis ; dans la dernière séquence, avant de ramasser le revolver au moment de son arrestation par la police, le jeune homme entonne à nouveau cet air, qui est ensuite repris par la musique extra-diégétique. Si le spectateur fait une lecture savante et réflexive du film, *Breathless*-film de Godard fonctionnera comme titre éponyme ; s'il fait une lecture fictionnalisante (soucieuse avant tout de la cohérence du monde diégétique), il identifiera plutôt *Breathless* comme une citation de la chanson de Jerry Lee Lewis.

Une stratégie semblable est observable dans *Twelve Monkeys*, alors que le film de Gilliam, parce qu'il s'inspire de façon très lointaine du film de Marker, fait un usage *a priori* radicalement opposé de la technique du remake. *Twelve Monkeys* mentionne très visiblement *La Jetée* dès le générique initial, et adresse à plusieurs reprises des clins d'œil de connivence à destination des *happy few* : les lunettes des scientifiques sont par exemple identiques dans les deux films, la statue d'ange, qu'on voit au début de *La Jetée*, se retrouve dans un grand magasin dans *Twelve Monkeys*. Mais ces références bien discrètes sont complètement noyées dans un réseau d'emprunts et de références trop foisonnant pour être ici détaillé. Le spectateur « cultivé » peut certes gloser sur la présence de la statue de l'ange, commune aux deux films, il peut même rapprocher cette statue du goût de Marker pour les statues et du documentaire *Les statues meurent aussi* (Alain Resnais et

Chris Marker, 1953). Il n'en reste pas moins que cet élément de décor se trouve mis en série avec d'autres statues dans *Twelve Monkeys*, ce qui en atténue la portée référentielle : la séquence où Kathryn Reilly dédicace son livre au musée de Baltimore s'ouvre par un travelling latéral sur le *Baiser* de Rodin, et la séquence suivante, à l'extérieur du musée, commence par un travelling identique sur une statue équestre... Le monde de *Twelve Monkeys* est également truffé d'écrans de télévision, qui ne cessent, dans le futur comme dans le présent, de diffuser des images : flashes d'informations, publicités, extraits de *Monkey Business* des Marx Brothers, d'un dessin animé désuet intitulé *Time Tunnel* et d'un Tex Avery.

L'insertion dans *Twelve Monkeys* d'une séquence de *Vertigo* (Hitchcock, 1958), à la fin du film, juste avant le dénouement, lorsque Cole et Kathryn se cachent dans un cinéma, introduit une circulation plus complexe entre *La Jetée* et son remake. À la suite de Marker, Gilliam déplace l'argument de *Vertigo* (une femme, Madeleine, puis un homme, Scottie, hantés par le passé et par une image de femme) dans le genre de la science-fiction en intervertissant le sexe des deux protagonistes, et il reprend la séquence du séquoia : dans cette 14ᵉ séquence du film d'Hitchcock, Scottie et Madeleine sont dans la forêt de séquoias. Ils vont jusqu'à la coupe d'un de ces arbres, sur laquelle sont inscrits les grands événements qui se sont déroulés depuis sa naissance. Madeleine, qui s'identifie à son aïeule Carlotta, désigne deux endroits sur la coupe : « *Somewhere in here I was born... And there I was dead* » avant de disparaître dans l'ombre de la forêt, comme happée par le passé. Scottie la retrouve derrière un arbre et essaie, par un interrogatoire assez pressant, de l'arracher à son obsession du passé. La référence à cette séquence se trouve déjà dans *La Jetée* : les deux personnages vont voir la coupe d'un arbre couverte de dates historiques qui se trouve au Jardin des Plantes, la femme prononce un nom étranger que l'homme ne comprend pas et il montre un point hors de l'arbre – « Je viens de là », c'est-à-dire du futur. Mais alors que dans *La Jetée* la référence prend la forme d'une allusion, son remake cite directement Hitchcock : nous voyons en effet les deux personnages assister dans un cinéma à la projection de la séquence empruntée à *Vertigo* et le dialogue de Scottie et Madeleine à l'écran fait écho à l'histoire que vivent Kathryn et Cole, comme ce dernier le remarque d'ailleurs. L'héroïne s'éclipse ensuite dans les toilettes du cinéma pour se déguiser et échapper à leurs poursuivants et nous la retrouvons au début de la séquence suivante les cheveux teints en blond. Un changement d'apparence que le spectateur initié ne peut que rapprocher de la mutation physique que Scottie fait subir à Judy, à la fin de *Vertigo*, pour la transformer en Madeleine, l'icône blonde perdue. Plus qu'il n'affiche la conscience de son film source « premier » (*La Jetée*), *Twelve Monkeys* revendique une filiation avec son film source « second » (*Vertigo*), dont Marker, malgré la discrétion de son allusion filmique, dit lui-même avoir voulu faire le remake avec *La Jetée*[41]. L'immense notoriété du film d'Hitchcock, qui outrepasse les frontières de la culture savante, le caractère explicite de la référence à *Vertigo*, redondante avec

41. Chris MARKER, « A free replay (Notes sur *Vertigo*) », *Positif*, n° 400, juin 1994.

l'utilisation par Gilliam du motif visuel de la spirale (le logo de l'Armée des douze singes), transforment en définitive *Twelve Monkeys* bien plus en remake de *Vertigo* qu'en remake de *La Jetée*.

*

* *

L'approche historique de la pratique hollywoodienne du remake de film français montre que la production de ces films est en général proportionnelle au nombre de remakes de toutes sortes produites par Hollywood. Il n'est donc guère étonnant que l'histoire de ce type de remakes se révèle plus liée à une histoire hollywoodienne qu'à une histoire du cinéma français, même si, comme on l'a vu, certaines caractéristiques propres au cinéma français expliquent, aux différentes époques, la prépondérance de la source française parmi les remakes de films étrangers. Ce parcours historique fait apparaître un certain nombre de constantes qui favorisent la production de remakes (la quasi-absence de distribution des films français aux États-Unis, le désir de limiter les risques en s'approvisionnant à moindre frais en matériau pré-testé), et met également en lumière des conditions, des usages et des formules propres aux différentes périodes (le rôle de l'émigration européenne à Hollywood, la censure dans les années 1930-1940 ; des stratégies de mondialisation, l'insertion du remake de film français dans la production *mainstream*, l'émergence de nouveaux remakes, à prétention *arty* d'une part, post-modernes d'autre part). Il existe une autre constante dans l'histoire du remake hollywoodien de film français, que je n'ai fait qu'effleurer pour l'instant et qui nécessite un examen particulier : sa mauvaise réputation et les polémiques que cette pratique suscite.

Chapitre III

UNE PRATIQUE INDIGNE : LA MAUVAISE PRESSE DU REMAKE

La *doxa* critique concernant le remake est bien connue : il s'agit d'une pratique, hollywoodienne, purement mercantile, opposée à la création authentique, qui permettrait en quelque sorte de se livrer en toute légalité à une forme de plagiat. Le jugement est encore plus sévère lorsqu'il s'agit de remakes hollywoodiens de films français : non seulement, l'américanisation de films étrangers est perçue comme un mode de production moralement condamnable et culturellement dévalorisé, mais elle est dénoncée comme un pillage de la production française, opéré avec le plus grand cynisme. Bien que particulièrement virulente en France, la condamnation du remake n'est toutefois pas l'apanage de la critique hexagonale. Un certain nombre de critiques américains, au premier rang desquels Vincent Canby, critique cinématographique du *New York Times*, se sont montrés très virulents envers les nombreux films américains contemporains qui refont des films français : par exemple, dans leurs articles consacrés aux comédies, ils mettent généralement en avant que les remakes sont inférieurs à leurs originaux français parce qu'ils perdent leur qualité française intrinsèque tout en cherchant à coller au plus près de leur modèle[1]. Même s'il existe un fond commun dans la dénonciation du remake effectuée des deux côtés de l'Atlantique, le sujet prend en France une dimension nationale (et parfois nationaliste) particulière. L'argumentaire polémique et la stéréotypie négative s'articulent notamment avec un discours de défense et d'illustration du cinéma français et des valeurs artistiques censées être associées, sinon à toutes les œuvres françaises refaites ensuite à Hollywood, du moins à une conception de la culture, antagoniste à celle promue par l'industrie hollywoodienne et que la production d'un nouveau remake donne l'occasion de rappeler. Les remakes hollywoodiens de films français constituent ainsi, vus de France, un point intéressant de fixation de l'antagonisme et des conflits, cinématographiques et culturels, entre la France et les États-Unis.

C'est pourquoi j'examinerai ici la seule réception française des remakes hollywoodiens de films français, en corrélation avec son contexte national, historique et culturel plus global de réception et d'interprétation. Il ne s'agit donc pas de valider ou d'invalider les jugements de goût portés sur les films. Il ne s'agit pas

1. Voir Carolyn A. DURHAM, *Double Takes, op. cit.*, p. 10-11 et 182-183.

non plus, en relevant et en soulignant les stéréotypes ou le contexte idéologique dans lequel la critique française inscrit la question du remake ou tel ou tel remake particulier, de discuter du bien-fondé des arguments avancés. La réalité des faits, qui peuvent occuper une place importante dans les discours français tenus sur le remake, n'est pas à remettre en cause : nul ne pourrait contester en effet qu'il existe une hégémonie du cinéma hollywoodien, que l'Amérique fait preuve d'un protectionnisme cinématographique, qu'il est impossible actuellement pour les cinématographies étrangères de se tailler une place sur les écrans outre-Atlantique et d'y faire une véritable carrière. En revanche, le recours régulier à ces *realia* et le fait que la sortie d'un nouveau remake hollywoodien de film français suscite usuellement leur rappel, montrent que le remake agit pour la critique comme révélateur et comme embrayeur. À partir du moment où s'organise un discours récurrent sur les remakes hollywoodiens de films français, les lieux communs et les présupposés de ce discours méritent d'être analysés pour déterminer quels enjeux et quels débats s'y retrouvent cristallisés.

Bien que la profusion de versions américaines de films français depuis le début des années 1980 ait mis en lumière la « question du remake » et que la dénonciation du remake se soit notablement consolidée et diffusée dans l'ensemble de la critique française, cinéphilique ou grand public, à l'heure de la mondialisation et de la généralisation des pratiques de recyclage dans le champ de la création culturelle, le phénomène suscite toujours les mêmes réactions négatives depuis la fin des années 1930. L'enjeu est donc à la fois d'identifier les permanences dans la réception française du remake et de repérer quand et comment le discours sur cette pratique s'amplifie, se solidifie ou se modifie.

Copier n'est pas créer

Le ton employé par la critique pour parler du remake hollywoodien de film français – d'une nouvelle version américaine particulière ou de la pratique en général – est principalement celui de la polémique. Les articles de presse exploitent, à propos du remake, toute la palette du discours adversatif : l'indignation devant le « pillage » du cinéma français, la récrimination contre le protectionnisme hollywoodien, la déploration face aux purs produits d'une industrie qui méprise l'art, l'ironie, plus ou moins mordante et subtile, à l'encontre d'ersatz hollywoodiens, etc. Le discours critique est certes coutumier d'une telle rhétorique, mais celle-ci s'exerce avec une régularité exemplaire à l'égard du remake. Ainsi, le remake a beau être méprisé, conspué, condamné, il n'est pas pour autant ignoré, bien que les articles soient évidemment plus nombreux, notamment dans le fleuron de la presse cinéphilique, lorsque le remake refait un film d'auteur français plutôt qu'une comédie populaire : la sortie de *Breathless* a donné lieu à plus de commentaires, sur le film lui-même ou sur la pratique du remake, que celle de *Jungle 2 Jungle*. La récurrence du sujet et son ancrage dans le registre polémique indiquent clairement qu'il fait écran à d'autres débats et sert de pierre de touche à l'expression de valeurs et de conflits d'opinion : somme toute, il n'y a guère eu qu'un peu plus de 70 remakes de films français réalisés à Hollywood – ce qui est, on en conviendra, bien peu en regard de la production hollywoodienne, et même de la production nationale. Mais la rhétorique polémique, parce qu'elle se prête aux formules, aux raccourcis, à l'appel aux lieux communs ou au sens commun, à la connivence, s'accommode mal d'une véritable réflexion sur la pratique du remake. De fait, les argumentaires sont assez systématiques et très peu de textes proposent une réflexion.

Bazin et les remakes

Deux textes d'André Bazin, parus au tout début des années 1950 dans les *Cahiers du cinéma*, ouvrent une porte d'entrée intéressante sur la réception française du remake : parce qu'ils offrent, contrairement à l'immense majorité des articles sur le sujet, une véritable *mise en perspective* critique ; et parce que leur argumentation est exemplaire sur bien des points du discours sur le remake hollywoodien de film français qu'on trouve ailleurs sous une forme moins développée, plus polémique et plus doxique.

Dans le premier texte, « À propos des reprises », paru en septembre 1951 dans le 5e numéro des *Cahiers du cinéma*, Bazin aborde assez rapidement le phénomène du remake pour l'opposer à celui des reprises. Constatant la floraison de vieux films exploités à nouveau sur les écrans parisiens d'exclusivité pendant l'été 1951, Bazin y voit l'indice d'une modification profonde dans les rapports entre le public et le film. Pour lui, ce nouveau phénomène n'est nullement « la conséquence d'une hypothétique décadence du cinéma », mais indique qu'il existe désormais « un public capable d'apprécier les chefs-d'œuvre en dépit de leur ancienneté ». Le cinéma, jusqu'alors condamné à « la relativité temporelle des apparences », ne serait plus un art condamné à ne conquérir que l'Espace, mais serait ainsi lancé, à l'instar des autres productions artistiques, dans « la conquête du Temps ». Aux yeux de Bazin, une telle pratique des reprises est plus qu'une extension du public des ciné-clubs : alors que les cinéphiles vont à la rencontre des films anciens, ce sont maintenant ces mêmes films qui viennent, dans les cinémas des boulevards, à la rencontre du grand public. Désormais « l'art du film [est] doté des mêmes propriétés que les autres arts » et la postérité est donc ouverte pour les cinéastes comme pour les autres artistes. Ce changement amène Bazin à revenir sur les raisons qui ont fait et continuent à faire du cinéma un art du présent. Il en donne tout d'abord une explication économique, l'industrie du cinéma étant « soumise aux mêmes servitudes que la mode » et exigeant toujours, pour alimenter les salles d'exclusivité, de produire du nouveau qui chasse l'ancien. Il ajoute une autre justification, liée à une ontologie du cinéma : la « loi générale » du réalisme cinématographique qui en fait « la fiction la plus proche de la réalité sensible ». D'une part, l'évolution technique modifie les dispositifs esthétiques et fait apparaître comme des conventions gênantes et nuisibles au réalisme – des « taies » – ce qui était auparavant transparent. D'autre part, le cinéma est caractérisé par une « obligation de contemporanéité », parce qu'il est pour Bazin l'art qui par nature offre le plus de prise au temps : profondément marqué par les goûts, les objets, le style d'une époque révolue, le vieux film est nécessairement atteint dans sa capacité à produire de l'illusion réaliste.

C'est en développant la première raison de l'obsolescence des œuvres anciennes – les impératifs commerciaux liés à l'industrie cinématographique – que Bazin introduit le remake :

> La pratique du « remake » démontre spécialement cet état de chose. Lorsque le succès d'un film a été assez grand pour que son souvenir ait encore valeur commerciale, on ne se borne pas à remettre l'original en circulation, on refait le film ; parfois avec une minutie de décalque, avec d'autres acteurs et un autre metteur en scène. Ainsi de *Back-Street* ou du *Jour se lève* ou, tout récemment, du *Corbeau*.

Bazin place ainsi le remake au cœur d'une réflexion sur l'ancien et le nouveau, et, parce qu'il le pense en opposition aux reprises, il le place de fait hors de la temporalité de la cinéphilie. En prenant le remake comme preuve d'une nécessité économique à délaisser l'ancien, il en donne une définition purement commerciale et enclôt la question du remake dans le champ de l'industriel. Toutefois, un peu plus loin dans sa réflexion, après avoir évoqué le réalisme inhérent au film, lorsqu'il rappelle que l'action cinématographique « ne peut, en définitive s'avouer comme passée », il précise :

> Le remake, qui n'est autre chose que la réactualisation d'un film, ne présente avec la mise en scène théâtrale, qui remet au goût du jour la représentation d'un texte ancien, qu'une analogie superficielle, car le texte est l'essentiel de la pièce, son noyau imputrescible, quand la mise en scène du film ne se peut pas plus distinguer du scénario que le corps de son âme. Tourner à nouveau un film équivaut à réécrire la pièce et on ne réécrit pas *L'Avare*.

C'est donc ici une deuxième définition qui est proposée. Non seulement elle est beaucoup plus positive que la première (il n'est plus question de copie), mais elle se place sur un autre terrain, celui de l'esthétique. Il n'est par ailleurs pas neutre que cette deuxième définition émerge à partir d'une comparaison entre le cinéma et un art totalement reconnu et légitime, la mise en scène théâtrale des classiques, telle qu'elle était pratiquée à l'époque.

Cette double définition du remake – ainsi que les contradictions qu'elle révèle – est explicitée par Bazin quelques mois plus tard dans « Remade in USA », paru en avril 1952 dans le 11e numéro des *Cahiers du cinéma*. Ce texte, entièrement consacré au remake, commence par faire état du discrédit général du remake (« La pratique du "remake" fait contre elle l'unanimité de la critique ») et se conclut par une condamnation réitérée, et cette fois assumée par l'auteur : « Mais quoi, nous avons beau dire, en dépit de sa monstrueuse absurdité, la pratique du "remake" se porte toujours bien. » Entre les deux, Bazin opère toutefois une distinction entre deux types de remake, derrière lesquels il est aisé de repérer un « bon » et un « mauvais » remake. Il existe des remakes qui procèdent d'une véritable démarche esthétique, ceux qui refont un film pour en moderniser les représentations ou à cause de l'évolution de la technique cinématographique et qui sont fondés sur une imitation des sources et non des œuvres. On reconnaît là l'argumentation déployée dans « À propos des reprises », avec un même recours dans l'article à l'analogie avec le théâtre. Cette pratique (« le bon remake », au sens de la bonne manière de refaire) produit clairement pour Bazin des films qui peuvent être évalués pour eux-mêmes : à ses yeux, ils ne sont pas véritablement unis par une relation généalogique et la réussite d'une version plutôt qu'une autre ne doit rien à la chronologie, comme l'indiqueraient les différentes versions des *Misérables* ou de *L'Atlantide*. Bazin se montre beaucoup plus disert sur « le mauvais remake ».

> Mais de ce procédé admissible et aussi vieux que le cinéma il faut distinguer une modalité très spéciale et particulière à Hollywood. Dans ce sens restreint, le « remake » n'est pas temporel mais géographique. Le vieillissement ne joue aucun rôle accidentel et facultatif dans l'adaptation du film original. *Pépé le Moko* n'avait pas encore vieilli quand on en a fait *Algiers* non plus que *Le jour se lève* ni même plus récemment *Le Corbeau*. D'ailleurs, et c'est la différence fondamentale avec l'autre pratique, ce n'est pas le scénario qui est repris mais le film lui-même que l'on s'efforce de copier et comme de décalquer au pochoir. Tout se passe comme si le producteur pensait que le succès de son original, de son excellence à la fois artistique et commerciale, résidait dans l'aspect final de l'œuvre et qu'en se tenant aussi près que possible de cet aspect il reproduira logiquement et automatiquement sa réussite. L'infantilisme d'un tel raisonnement, du point de vue esthétique, n'échapperait pas à un crétin des Hurdes.

Le texte insiste ensuite sur le caractère commercial de ce type de remake. Retraçant de manière assez détaillée l'économie hollywoodienne du remake transnational, il décline le sémantisme de la copie (déjà bien déployé dans le court extrait produit ci-dessus) et martèle la spécificité américaine d'une telle pratique. Bazin reprend comme exemples les remakes de *Pépé le Moko* et de *Le jour se lève* auxquels il ajoute le *M* de Losey qui « illustre tristement une fois de plus les méfaits » de la pratique. Au film de Losey, il reproche à la fois de copier de trop près le film de Lang et de s'en écarter en l'américanisant, notamment par l'intrusion de la psychanalyse. On peut certes arguer, en allant dans le sens de Bazin, que ce paradoxe provient justement de l'incapacité de Losey à tenir ensemble les deux bouts de la copie et de l'innovation. Mais il me semble surtout qu'il y a là une véritable contradiction qui vient du fait que Bazin condamne en même temps deux phénomènes qui ne sont pas sur le même plan et peuvent même parfois ne pas être liés : la réalisation d'une nouvelle version par copie de la première – c'est-à-dire une technique de réécriture filmique particulière – et la transposition, la traduction en langage hollywoodien du *M le Maudit* réalisé par

Lang – c'est-à-dire le « remake géographique », pour reprendre l'expression de Bazin. Il n'est d'ailleurs pas neutre qu'il omette ici de mentionner la dimension temporelle du processus puisque vingt ans séparent tout de même les deux films. Sa dénonciation du remake, en condensant critique de la copie industrielle et critique de l'américanisation des films, occulte le point faible de son raisonnement : pourquoi la transposition culturelle, « géographique », serait-elle plus absurde esthétiquement que la transposition « temporelle » ? Il y a là en tout cas la trace d'un jugement critique récurrent : le remake hollywoodien d'un film étranger a couramment beaucoup plus mauvaise réputation que le remake hollywoodien d'un film hollywoodien.

Plusieurs aspects de l'argumentation développée dans ces deux textes de Bazin se retrouvent de manière quasi systématique dans la critique du remake, toute époque confondue. À la permanence des *topoi* et des arguments, s'ajoute un usage systématique de procédés rhétoriques identiques et l'utilisation d'une même stratégie argumentative. Tout cela montre bien qu'il existe une réception attendue et une démarche interprétative stéréotypée. Je ne prétends pas bien sûr que *toutes* les critiques de remakes soient construites sur le même modèle, mais il existe manifestement une tendance lourde dans les discours, que ce chapitre a pour but d'éclairer. Ce qui explique les inévitables marques de modalisation (« souvent », « généralement », etc.) qui viennent, par souci d'honnêteté, alourdir les développements qui suivent.

Variations autour de la copie

La référence à la copie est une constante. Le terme et ses différents avatars (« clone », « décalque », « pochoir », « reproduction », « papier carbone », « photocopie », « plagiat ») ne servent pas tant à décrire objectivement une technique de création – celle utilisée par les remakes qui refont, de manière très proche, leur film source – qu'à la condamner, en condensant jugement esthétique et jugement moral : copier, en français, ce n'est pas seulement reproduire, c'est aussi tricher et voler. En témoigne dès 1947, le compte-rendu de Claude Bower sur *The Long Night*, dont le titre annonce très clairement la couleur « Un abus de confiance : le "remake". *Le jour se lève* refait et trahi » :

> Le spectateur moyen, même s'il est américain, sait apprécier les chefs-d'œuvre qui viennent de l'étranger... Le cinéma est un puissant moyen de communication entre les peuples : en offrant au public de leur pays une version tronquée et falsifiée des films étrangers, les auteurs de « remake » se rendent coupables non seulement de plagiat, mais encore d'un véritable abus de confiance. (*L'Écran français*, n° 123, 4 novembre 1947)

Même si la condamnation morale est plus forte lorsqu'Hollywood refait un des fleurons du cinéma français, elle s'exprime tout autant lorsque le remake s'inspire d'un film populaire. Par exemple, dans sa critique consacrée à *Jungle 2 Jungle*, remake d'*Un Indien dans la ville*, dans *Le Journal du dimanche* (2 août 1998), Jean-Pierre Lacomme désigne d'abord le film hollywoodien comme « une production en forme de photocopie sans la saveur de l'original », puis développe, exemples et chiffres à l'appui, l'intérêt économique qu'il y a pour Hollywood à venir « piocher quelques idées » dans le cinéma français, avant de reprendre, sous un angle éthique cette fois, la question de la copie :

> Place donc à la version américaine. En dehors des comédiens et des décors urbains, les deux films se ressemblent comme deux gouttes d'eau. Le réalisateur, John Pasquin (*Super Noël*) n'a eu aucun scrupule jusqu'à recopier certains cadrages et certaines scènes.

La thématique de la copie, chargée de tout un implicite moral, est donc étroitement liée à celle du vol et du pillage, qui apparaît aussi très fréquemment dans les articles. La copie, toujours dévalorisée, n'est jamais envisagée comme une technique de création, et le recours à un commentaire économique vient prêter main forte pour reléguer le remake hors du monde de l'art. C'était le cas en 1950 lorsque Louis Chauvet écrit, dans *Le Figaro* du 26 avril, à propos de la sortie française de *Lured* (*Des filles disparaissent*) :

> Un de nos lecteurs s'émeut des similitudes qu'il a relevées entre le film américain *Des filles disparaissent* et *Pièges*, qu'interprétèrent jadis Maurice Chevalier et Marie Déa.
>
> Rassurons-le. Dans la circonstance, il ne s'agit point d'un plagiat, mais d'un « remake », ce terme exotique et presque barbare signifiant : deuxième version d'un scénario qui a fait ses preuves commerciales. Le « remake » résulte en théorie d'une cession de droits en bonne et due forme. Nous apprenons qu'ici le nouveau producteur s'est mis effectivement en règle avec les auteurs. Donc, opération régulière. Cela ne veut d'ailleurs pas dire que nous approuvions l'opération. Le « remake » est à nos yeux une coutume peu recommandable pour deux motifs : *primo*, la remise en vente d'un vieux produit sous une étiquette neuve n'intéresse l'art que de fort loin ; *secundo*, je ne connais pas d'exemple d'une deuxième version mieux réussie que la première ni seulement égale en qualité. Preuve supplémentaire : *Pièges* n'était pas un mauvais film, *Des filles disparaissent* est déjà moins bien. [...]

C'est encore le cas en 1993 dans un long article de Philippe Garnier consacré à *Point of no Return* et à *Sommersby* et paru dans *Libération* le 29 mars, en pleine période des Oscars :

> Et si, au lieu de pérorer sur la façon dont Hollywood se voit (se juge), on parlait pour une fois de ce que Hollywood fait de mieux ? Du fric, naturellement, qui reste tout de même le cri de ralliement, en dépit de toutes les fausses pistes qu'on nous agite périodiquement devant les yeux – le sang nouveau, les indépendants, les tendances et toutes ces foutaises. Chaque année, à la fin du même mois, on est convié devant la vitrine et prié d'oublier la nature essentiellement amibienne de la Bête. La copie, pas

> d'originalité, est sa façon d'être et de se perpétuer. À cet égard, la folie des remakes (parfum français, ces dernières années) est plus caractéristique et déterminante pour la production hollywoodienne que ce soi-disant signal envoyé par le succès des films « différents » cette année.

Le remake est ainsi très fréquemment ramené à une affaire de gros sous, à un monde de l'argent pas très propre (« peu recommandable ») ou carrément monstrueux (« la Bête »), dont il tend à devenir le révélateur. Expression du pire du capitalisme, la copie réalisée par remake permet à la critique de dénoncer la nature industrielle de l'ancien ou du nouvel Hollywood, surtout quand le modèle est français : les articles consacrés à d'autres sortes de remakes hollywoodiens se montrent en général plus modérés sur ce point, voire ne les abordent pas en ces termes, peut-être en partie parce que la sensibilité au marketing terroriste hollywoodien est moins exacerbée lorsque ce n'est pas « nous » qui sommes « volés ».

Une telle position de principe – le remake est une copie, avec toutes les connotations négatives du terme, et « n'intéresse l'art que de fort loin », pour reprendre les termes de Louis Chauvet – conduit souvent la critique dans une impasse. Certes cette position permet d'introduire dans la critique française, largement focalisée sur les enjeux esthétiques, la dimension économique. Le remake oblige le critique à prendre apparemment acte de ce que le cinéma est aussi une industrie, pour reprendre une expression célèbre, mais le remake hollywoodien de film français ne sert en définitive qu'à relever, déplorer et dénoncer cet aspect industriel – et à le rejeter sur un Autre américain. Le discours de la plainte et de la condamnation, quand il se situe sur un plan économique, fonctionne uniquement comme une antienne obligée, dont le critique ne sait en quelque sorte que faire par la suite, et qui lui permet d'embrayer sur une comparaison esthétique, très généralement menée en la défaveur du remake. Ce qui souligne l'aporie dans laquelle se retrouve fréquemment, et à son insu, la critique du remake : est-il vraiment possible, une fois qu'on a situé le remake hors de l'art et dans la production industrielle en série, de l'évaluer ensuite au nom du goût et de mener une comparaison esthétique entre les deux versions ?

Les magazines corporatistes, et dans une moindre mesure les critiques de la presse populaire, se retrouvent sur ce point un peu moins en porte-à-faux que la critique cinéphilique lorsque c'est au nom de la défense de l'industrie et des exportations cinématographiques nationales, ou de la protection du marché français, qu'ils attaquent le remake sur le terrain de l'économie. Dès 1938, Pierre Harlé, rédacteur en chef de la revue corporatiste *La Cinématographie française*, tire le signal d'alarme dans un article intitulé « Attention aux "remakes". La vente du sujet d'un film français peut briser sa carrière à l'étranger » (n° 1038, 23 septembre1938).

> C'est un nouveau procédé. Au lieu de vendre *Pépé le Moko* en Amérique, on en a vendu le sujet. Non seulement le film de Gabin ne passera pas de l'autre côté de l'eau, mais même dans les pays de langue française. *Alger*, avec Charles Boyer… passera dans bien des salles à la place du film français original.

C'est une position qu'on retrouve dans la presse corporatiste contemporaine, même si cette dénonciation s'y voit tempérée par des articles qui se font l'écho de l'achat de droits de remake par Hollywood, se félicitent de l'intérêt que les producteurs américains portent au cinéma français... et du nombre de marchés conclus. Hors du secteur de la presse spécialisée, cet éclairage, qui privilégie les questions commerciales et économiques, s'exprime tout particulièrement, au cours des années 1980 et 1990, dans *Le Journal du Dimanche*, dont on connaît la propension au traitement quantitatif des informations par la publication de nombreux scores, classements, sondages : les comptes-rendus critiques qui y sont consacrés à un nouveau remake accordent souvent une place privilégiée aux aspects économiques, notamment en comparant, et en déplorant, les résultats au box-office. D'une manière générale, il est plus facile pour les articles qui parlent du phénomène du remake hollywoodien de film français de se situer exclusivement sur un terrain économique pour dénoncer la pratique, car il y a quelque incohérence, et quelque mauvaise foi, à poser en préambule à l'évaluation esthétique d'un film particulier un commentaire économique dont la fonction est de disqualifier par avance la pratique.

Le remake comme opérateur générique

Parce qu'ils le pensent comme réplique ou comme copie, les critiques sont toujours enclins à envisager le remake par rapport à son original français. En d'autres termes, un film hollywoodien, s'il se trouve être le remake d'un film français, n'est quasiment jamais évalué pour lui-même. C'est bien une des fonctions institutionnelles de la critique que d'évoquer la genèse d'un nouveau film, d'y repérer des emprunts et des influences, de le confronter à d'autres œuvres, de replacer le nouveau dans la chaîne d'une mémoire cinéphilique, mais, lorsqu'il s'agit d'un remake, ce travail tend à occuper toute la place. De fait, un remake est avant tout jugé comme remake d'un autre film, ce qui donne systématiquement lieu à une série de comparaisons, le remake étant confronté dans un rapport de progrès ou (plus souvent) de régression par rapport au film premier. C'est à l'aune de ce qui est alors considéré comme son modèle que le film est mesuré et il est difficile de trouver une critique qui renonce à trouver le scénario, les acteurs, l'idée, la mise en scène du film hollywoodien « plus » ou « moins » bons que ceux du film français. Un grand nombre de comptes-rendus profitent également de la sortie du remake pour évaluer à nouveau le film français source : alors que le remake, vu d'Hollywood, se construit sur l'effacement, l'oubli du film français et son remplacement par la version américaine – phénomène amplement dénoncé par la critique –, le discours semble en quelque sorte ici travailler, dans les limites du champ critique national, à exhumer sous le film hollywoodien le film français, à rétablir une forme d'équilibre entre les deux versions, favorable dans l'immense majorité des cas au film français. Même si elle ne constitue pas toujours une remise à l'honneur, cette remise en mémoire du film source s'opère aussi bien pour les classiques ou les films d'auteur refaits à Hollywood que pour les films populaires français, qui rencontrent rarement un accueil aussi bienveillant lors de leur sortie. Dans *Les Lettres françaises* du 13 juillet 1955, Georges Sadoul conclut sa critique de *Human Desire* de Lang – une comparaison avec le film de Renoir de son propre aveu « accablante » – sur cette injonction : « Allez donc revoir *La Bête humaine* pour mieux connaître Renoir. » Quarante ans plus tard, la critique de *Nine Months* dans *Le Monde* (23 novembre) est autant l'occasion de descendre le film de Chris Colombus que de rehausser *Neuf mois* :

> Créée pour les trains, la formule s'applique désormais au cinéma : un film peut en cacher un autre. Et c'est encore le second, nommé *remake*, qui ne pardonne pas. Une nouvelle illustration en est fournie avec cette version américanisée de *Neuf mois*, de Patrick Braoudé, qui voit le jour dix-neuf mois après l'original. [...] Braoudé avait signé une fable loufoque sur l'angoisse pathologique d'un père en puissance. Columbus y a essentiellement vu matière à exalter les sempiternelles valeurs familiales, à travers un casting alléchant et un style sirupeux.

De fait, le remake fonctionne quasiment dans la presse française comme un « opérateur générique », c'est-à-dire comme une médiation qui, indépendamment des qualités et des défauts propres au texte filmique considéré, construit un horizon d'attente et détermine une stratégie d'écriture critique et une posture de réception critique *a priori*. Le phénomène est encore plus manifeste dans le cas des films hollywoodiens qui sont de nouvelles adaptations d'une source non cinématographique, mais qui deviennent des remakes, dès lors qu'existe une première adaptation française. La critique de *The Talented Mr Ripley* par Éric Libiot (*L'Express*, 9 mars 2000) est à cet égard particulièrement emblématique.

> *Le Talentueux Monsieur Ripley* est la version bien propre et américaine de *Plein soleil*.
> C'est la règle du jeu. Dès qu'un remake pointe le bout de la pellicule, on assiste à une redistribution des cartes et chacun y va de sa comparaison. Dans cette nouvelle adaptation du roman de Patricia Highsmith, *Monsieur Ripley*, le réalisateur Anthony Minghella remplace René Clément, les comédiens Matt Damon, Gwyneth Paltrow et Jude Law endossent les costumes d'Alain Delon, de Marie Laforêt et de Maurice Ronet, et *Plein soleil* s'efface derrière *Le Talentueux Monsieur Ripley* (traduction littérale du titre du roman de Highsmith). Pour ce qui est de l'inévitable comparaison : oui, le film de Clément est mieux ; non, celui de Minghella n'est pas nul. Mais l'intérêt de l'affaire n'est pas là. Ce qu'il y a de remarquable ici, c'est de voir, en fonction de leur propre culture cinéphilique, comment Français et Américains investissent l'écran à partir d'un même matériau. Ce n'est pas un scoop : le cinéma français a toujours préféré l'analyse psychologique à l'action pétaradante. En l'occurrence, René Clément était un digne représentant de cette école-là, et son *Plein soleil* peut-être l'archétype du genre. Ce n'est pas un scoop non plus : le cinéma américain a toujours préféré la densité dramatique à la finesse analytique.

Après avoir transformé le film, qui se donne comme une nouvelle adaptation du roman de Patricia Highsmith, en nouvelle version du *Plein soleil* de René Clément, Libiot décrit avec une pointe d'ironie l'attitude usuelle des commentateurs face au remake. Ayant offert ce gage de distanciation, il ne peut ensuite que mieux se livrer lui-même à la comparaison. Reconnaissons toutefois que la fin de son article amorce un type de comparaison différent, où il ne s'agit plus d'établir une hiérarchie entre les versions, mais de confronter une manière française et une manière hollywoodienne. Ce faisant, il décrit toutefois le style américain en termes peu flatteurs (« l'action pétaradante »), avant de revenir à une formulation plus neutre (« la densité dramatique »). Le critique reproduit là une des tendances générales de la critique des remakes hollywoodiens de films français : lorsqu'elle sort des strictes limites du jugement de goût et envisage des aspects plus culturels (au sens large du terme), c'est souvent pour plaquer sur le film hollywoodien des stéréotypes plutôt stigmatisants.

La constitution du remake en opérateur générique qui encadre et façonne au préalable la réception de tel ou tel remake particulier n'est pas observable pour les seuls remakes hollywoodiens de films français. Mais elle se trouve consolidée dans leur cas par une série d'usages critiques qui tous concourent à adjoindre à l'examen du film hollywoodien un discours d'escorte concernant les remakes hollywoodiens de films français. La mise en série avec d'autres remakes de films français et la propension à proposer une définition de la pratique sont les deux procédés les plus habituels. Bien qu'ils se soient considérablement généralisés dans les années 1980, quand s'amplifiait la tendance hollywoodienne à refaire des films français, ils sont de longue date à l'œuvre dans la critique française. Afin d'éviter au lecteur la lecture de longues citations en forme d'inventaire, je ne reviendrai pas ici sur les très nombreuses listes de remakes précédents régulièrement déroulées à la sortie d'un nouveau remake, pour envisager plus en détail le second procédé : les pratiques de « définition spontanée » du remake auxquelles se livrent les critiques à l'occasion de la sortie d'un nouveau remake. Plusieurs des articles que j'ai déjà cités en proposent, et nous en verrons d'autres un peu plus loin ; voici donc simplement quelques autres occurrences.

> La traduction inélégante et franchement malhonnête du mot « remake » c'est « resucée » : généralement un monsieur peu imaginatif illustre sans génie un scénario déjà filmé – très bien – par un autre. Mais en même temps il n'y a rien de plus excitant qu'un « remake ». On ressent soudain, à l'écran, ce que les Américains, toujours friands de gallicismes, appellent le « déjà vu » : la sensation inquiétante de revivre ce qu'on a vécu. Connaître tout et ne connaître rien... Avec *Breathless*, le « déjà vu » bat son plein, puisque c'est *À bout de souffle*, le chef-d'œuvre de Jean-Luc Godard, qu'a refilmé Jim McBride (Pierre Murat, *Télérama*, n° 1745, 22 juin 1983).
>
> En cherchant l'équivalent du mot « remake » je trouve refait qui ne me satisfait qu'à moitié. Car enfin, c'est le spectateur aujourd'hui qui est refait par la vision d'*Intersection*. De Piccoli à Richard Gere, de Léa Massari à Sharon Stone, il y a déperdition de richesse intérieure (Claude-Jean Philippe, *France Soir*, 16 avril 1994).

> Réaliser un *remake*, c'est prétendre apporter à une histoire déjà filmée de nouvelles solutions de mise en scène. Or il fait bien constater que Minghella en est totalement dénué. Il parvient à faire d'un agréable film de René Clément, *Plein soleil*, un mou et interminable pensum empruntant les habits élégants du thriller psychologique. (Baptiste Piegay, *Cahiers du cinéma*, n° 544, mars 2000)

Un tel encadrement du compte-rendu critique par une définition du remake appelle plusieurs remarques. Tout d'abord, alors que la nécessité de rappeler ce qu'est un remake peut se comprendre dans les années 1950 où l'importation du terme en français est relativement nouvelle et où le « remake » n'est pas encore installé dans le lexique commun, à l'époque actuelle la définition ne peut plus avoir vocation à éclairer le spectateur-lecteur sur le sens d'un mot inconnu : le locuteur avance donc une définition dans un autre but qu'explicatif. Ensuite, comme on peut le constater à la lecture des extraits ci-dessus et des citations que j'ai déjà produites en envisageant la question de la copie, les définitions qui sont proposées par les critiques ne sont pas concordantes. C'est donc bien le procédé qui est récurrent. Il s'apparente à ce que les linguistes spécialisés dans l'analyse du discours appelle le lexicographisme : construire en discours une définition subjective susceptible de produire un effet d'objectivité[2]. Ce qui permet au critique de proposer un énoncé définitionnel à valeur souvent « typisante », et, ayant ainsi fixé le cadre de son discours, de dérouler son compte-rendu du film à partir des présupposés de cette définition.

Quand un remake déborde du cadre

Bien que le spectre de la copie plane sur l'horizon d'attente des remakes hollywoodiens de films français, tous ne sont pourtant pas des remakes qui refont, séquence par séquence, leur film premier et il est bien difficile alors pour la critique de les interpréter comme des répliques américaines. C'est particulièrement vrai avec les remakes contemporains, qui pratiquent de manière plus diverse la transposition que ne le faisaient les remakes classiques et s'éloignent parfois notablement de leur film source. Ce dernier cas de figure interdit le recours au concept de copie, mais ne libère pas la critique du démon de la comparaison et ne redonne pas à ses yeux d'autonomie véritable au film hollywoodien. Comme je l'ai déjà noté dans le chapitre premier en confrontant le remake et l'adaptation, le remake n'est jamais affranchi par la critique de son modèle et il encourt toujours

2. Cette production de définition spontanée, à forte valeur axiologique, est particulièrement présente dans le genre de l'essai polémique et dans des textes sur des questions fortement idéologiques comme celle par exemple de l'école, où l'enjeu est l'adéquation des mots à la vérité du monde. Voir Marie-Anne Paveau, « Les voix du sens commun dans les discours sur l'école », *Pratiques*, n° 117-118, Metz, CRESEF, 2003, p. 29-50.

le reproche de trahir. L'argumentation construite autour de la copie se trouve alors renversée et c'est sur un trop grand écart avec le film français que peut s'appuyer la critique négative. Plus le film source est un film panthéonisé, un classique, un film d'auteur, et plus le phénomène est évidemment accentué. Tout se passe donc comme si le remake était toujours condamné à être trop semblable ou trop différent. Jean-François Rauger accuse *Unfaithful* d'Adrian Lyne, dès le titre de son compte-rendu (*Le Monde*, 5 juin 2002) : « Appuyé sur des scènes "torrides", un remake à contresens du chef-d'œuvre de Claude Chabrol. » Dans la suite de son article, il se livre à une comparaison très défavorable au remake : voyant dans les scènes de sexe, absentes de *La Femme infidèle*, la marque de fabrique « du puritanisme furieux et conservateur de l'auteur de *Neuf semaines et demie* et de *Liaison fatale* », il confronte pourtant moins *Unfaithful* au contexte de production du film hollywoodien, à l'univers et à la vision du monde d'Adrian Lyne (ce qui après tout pourrait déjà fournir matière à critique) qu'« à la subversion fantastique d'un naturalisme attendu » opérée en 1969 par Chabrol. Il réitère dans le texte son reproche de trahison (« Comment un remake peut-il être à ce point le contresens de son film d'origine ? ») dans le registre de la déploration rhétorique puisqu'il n'apporte aucune réponse à la question. Dans *Les Échos* du même jour, Annie Coppermann, qui a la dent moins dure pour le film, qu'elle trouve « plaisant malgré une fin moralisatrice », commence également sa comparaison entre *Unfaithful* et *La Femme infidèle* en ces termes :

> Habitant comblé, entre deux tournages, de notre beau pays, et admirateur, notamment, de Claude Chabrol, le réalisateur s'est ici autorisé une adaptation libre, très libre, de *La Femme infidèle*, où Stéphane Audran trompait Michel Bouquet avec Maurice Ronet. À vrai dire, si on ne le savait pas, on ne s'apercevrait guère de la filiation, tant le ton, ici, est différent...

L'exception qui confirme la règle

Il arrive que la critique porte un jugement positif sur un remake hollywoodien de film français. On pourrait déduire de ces cas, qui restent assez exceptionnels, que le remake n'est pas victime d'une condamnation de principe. Mais la manière dont ces critiques positives sont orchestrées par les discours montre que la réalité est un peu plus complexe : ils s'évertuent en général à prouver que le film est un bon film *bien qu'il soit un remake*. Le critique peut ainsi afficher une liberté par rapport à des présupposés et à une *doxa* concernant la pratique hollywoodienne, qu'il reconnaît pourtant partager. Mais aussi il fait de ce bon remake une exception, dont chacun sait bien qu'elle confirme la règle. « Surprise : le scénario imaginé par Zidi et Didier Kaminka sort bonifié de la grosse machinerie hollywoodienne », écrit par exemple Bernard Génin à propos de *True Lies* dans *Télérama* (n° 2335, 12 octobre 1994), l'évocation plutôt péjorative de l'univers de production venant en fin de phrase amplifier la stupéfaction du critique. La revue de presse plutôt favorable de *Sommersby*, sorti sur les écrans français un an avant *True Lies*, amène à trouver sinon rhétorique, du moins un peu exagéré l'étonnement manifesté par Bernard Genin. *Sommersby* est en effet aussi un film plutôt bien accueilli par la critique française. Et c'est de la même manière qu'il est distingué du flot des remakes infamants : comme le montrent deux comptes-rendus parus dans des publications au lectorat et aux orientations critiques différents, on commence par rappeler l'indignité du remake pour y arracher ensuite le film de Jon Amiel.

> Entre deux émeutes, l'usine à rêves hollywoodiens a une obsession : trouver des bons sujets susceptibles de plaire au monde entier. Pour atteindre ce but, tous les moyens sont bons : entretenir une armée de scénaristes, adapter des best-sellers, écrire des suites de longs métrages à succès, refaire au goût du jour d'anciens chefs-d'œuvre et, depuis quelques années, adapter à tour de bras des sujets de films européens. Généralement ces « remake » [sic] (quel vilain mot !) sont de pâles et insipides copies des œuvres originales. Tout cela pour vous dire que lorsqu'a été annoncée une version étasunienne du *Retour de Martin Guerre*, cinéphiles et critiques ont eu un légitime réflexe de méfiance. Pour une fois injustifié. (Sylvain Garel, « Sommersby, quand la copie dépasse l'original », *Pariscope*, 12 mai 1993)

Et dans *Libération* (29 mars 1993), après un long préambule sur le remake révélateur de « la nature amibienne de la Bête » hollywoodienne (Voir *supra*) et une critique assassine de l'« inutile » remake de *Nikita* (« plus gros, plus con, plus bruyant, plus saignant » comme « on s'en doutait bien »), Philippe Garnier écrit :

> Côté pile de la médaille sonnante et trébuchante : *Sommersby*, exemple rare de remake utile et intelligent. Ce qui se présentait pourtant comme un *vanity movie* de plus (le genre que les responsables des studios laissent faire aux vedettes dont ils ont trop besoin, une forme de flatterie intéressée) s'est révélé pouvoir voler de ses propres ailes et même récolter un franc succès.

Une autre stratégie, plus rare, peut être utilisée pour « sauver » un remake : lui ôter l'étiquette de « remake », ce qui revient encore à réitérer la condamnation de principe de la pratique. Ainsi *Breathless* est-il présenté en ces termes par Michel Cieutat dans *Positif* (n° 271, septembre 1983 – tous les mots en italiques dans la citation figurent en gras dans l'article) :

> *À bout de souffle Made in USA*, le titre français de *Breathless* de Jim McBride, est pour une fois et en dépit de sa lourdeur, une traduction judicieuse. En effet, *Breathless* n'est pas un véritable remake du film de Jean-Luc Godard, mais plutôt une *appropriation fortement américanisée* du scénario de Truffaut et Godard. Par conséquent, juger ce film en se limitant à une comparaison avec l'original serait presque une hérésie ou du moins une trahison pure et simple des intentions de l'auteur, qui est bien entendu parti d'*À bout de souffle*, mais qui a de toute évidence voulu très vite retrouver son propre… souffle. En outre, *Breathless* offre un regard sociologique pertinent porté sur

l'absence de philosophie rationnelle des jeunes Américains d'aujourd'hui, ainsi qu'une *réflexion personnelle* sur les rapports audiovisuel/réalité, sujet qui hante McBride depuis son premier film.

Bons et mauvais remakes : le recours à l'auteur

Une telle caractérisation de *Breathless* n'est pas sans rappeler la distinction faite par Bazin dans « Remade in USA » entre le mauvais remake, le plus répandu, qui copie son original, et le bon remake qui met en place une mise en scène nouvelle pour actualiser un sujet ancien ou immuable. Après avoir théorisé cette distinction, Bazin la met par ailleurs en pratique avec *Human Desire*, dans son compte-rendu paru dans *Le Parisien* du 12 juillet 1955. Il assortit sa critique, plutôt positive, d'un long préambule sur le remake où il réitère sa définition du mauvais remake, qui lui sert de pierre de touche pour distinguer le film *de* Fritz Lang :

> Il est évidemment facile d'attaquer l'entreprise de Fritz Lang au nom du chef-d'œuvre que Jean Renoir avait tiré de *La Bête humaine*, d'Émile Zola. Les Américains, on le sait, sont coutumiers de ces rééditions cinématographiques appelées « remakes » et ils ont parfois poussé le procédé jusqu'au ridicule en s'efforçant de recopier le film initial « plan par plan » ou à peu près. Ce fut en particulier le cas de *Pépé le Moko* de Jean Duvivier, refait en Amérique sous le titre *Algiers*, avec Charles Boyer dans le rôle tenu jadis par Jean Gabin. Mais il serait plus ridicule encore de la part de la critique de prétendre interdire à un metteur en scène de réadapter un bon sujet qui a fait ses preuves, du moment que le talent le justifie. Ce qui importe essentiellement, c'est que le nouveau film ait une valeur en lui-même et qu'il puisse émouvoir la grande majorité des spectateurs qui n'ont que peu ou pas de souvenirs du premier.
> C'est, me semble-t-il, le cas de *Désirs humains*, où l'on retrouve peut-être trop des éléments du film de Renoir (en commun du reste avec le roman), mais où l'on discernera aussi assez de différences pour ne pas prétendre que Fritz Lang s'est borné à copier sans transposer.

Le titre de cette critique, « *Désirs humains. La Bête humaine* vue par Fritz Lang », suggère aussi qu'il s'agit bien d'une vision personnelle, d'une interprétation de Fritz Lang : « vue par » est à opposer aux multiples « revus par Hollywood » ou « revus et corrigés par Hollywood », très fréquents dans les critiques des « mauvais remakes », le préfixe re- étant toujours utilisé pour rapporter le remake à une production en série, sans inventivité.

La distinction entre bon et mauvais remake, qui constitue l'un des moyens d'affranchir un film de l'opprobre qui stigmatise la pratique commune, est aussi révélatrice du fait que rien ne sauve et ne justifie davantage un remake que le fait qu'il soit reçu comme un film d'auteur. Ce qui est surtout marqué, à partir des années 1980 et de l'explosion des remakes hollywoodiens de films français, dans la critique cinéphilique, qui fait de la mise en scène et du style les critères centraux pour repérer le bon remake – on se souvient de la critique de *The Talented Mr Ripley* parue dans les *Cahiers du cinéma*, citée plus haut : « Réaliser un *remake*, c'est prétendre apporter à une histoire déjà filmée de nouvelles solutions de mise en scène. » De plus, la dialectique bon/mauvais remake est surtout mise en œuvre à propos de remakes de films classiques ou d'auteur, de chefs-d'œuvre de « maîtres » (Renoir, Godard, Truffaut) ou de « petits maîtres » (Sautet par exemple), et elle est alors utilisée de manière ambivalente : soit pour assurer que le remake appartient à la catégorie spéciale des remakes qui ne sont pas d'inutiles, inodores, laborieuses, mauvaises, vulgaires copies – pour reprendre les qualificatifs dépréciatifs les plus fréquemment et les plus automatiquement accolés au mot « remake » ; soit pour signaler qu'il aurait pu être membre de ce club très fermé et déplorer qu'hélas il ne puisse en faire partie.

Les comptes-rendus critiques de *Breathless* sont un bon exemple de cette pratique du *distinguo*. Pour *Positif*, on l'a vu, il s'agit d'un bon film et d'un bon remake parce qu'il est une « appropriation » d'*À bout de souffle* par Mc Bride et une « réflexion personnelle » du cinéaste. Michel Perez donne dans *Le Matin* du 22 juin 1983 une appréciation différente. Il commence par réitérer la distinction entre de nombreux mauvais remakes et de rares bons remakes, en évoquant pour ces derniers la mémoire d'auteurs incontestés, empruntés au panthéon cinématographique, mais aussi à l'Olympe des auteurs littéraires :

> Le cas Renoir-Lang obligea la critique, au cours des années 1950, à nuancer la mauvaise opinion qu'elle avait du « remake ». Elle s'avisa tout à coup que certaines des œuvres majeures de l'histoire du théâtre n'étaient souvent que de nouvelles moutures (géniales) d'œuvres antérieures, que Shakespeare, Corneille et Racine avaient puisé leurs idées partout, chez les Anciens, bien sûr, mais aussi chez des auteurs étrangers nettement plus jeunes et qu'en conséquence, un grand cinéaste pouvait imiter leur exemple sans déchoir ni porter préjudice à ceux dont ils s'inspiraient.
> Le « remake » pouvait être tout autre chose qu'une vulgaire copie. Il devenait en effet exercice de style, confrontation fructueuse de deux personnalités originales, réflexion à partir d'une œuvre donnée (ou vendue, ce qui est généralement le cas).

Perez souligne ensuite que *Breathless* a les qualités requises pour faire partie des bons remakes (« D'emblée, nous reconnaissons que [*Breathless*] appartient à la catégorie des exercices de style et nous nous apercevons peu à peu qu'il se pourrait bien qu'à la faveur d'une opération commerciale à laquelle il ne dédaigne pas de se soumettre Jim Mc Bride ait saisi l'occasion de se livrer à une réflexion sur le phénomène de la Nouvelle Vague et sur l'influence que celle-ci a exercée sur ses compatriotes cinéastes. »), avant de conclure que l'entreprise n'est toutefois pas complètement réussie. La critique de Serge Daney (*Libération*, 24 juin 1983) est beaucoup plus sévère, mais elle se construit à partir d'une même distinction : « Il y a plusieurs façons de faire un remake ou des citations quand on est américain. » Daney développe d'abord la façon « la plus intéressante », celle d'un de Palma qui nous rend « libres de nous demander ce que ça veut dire

“Hitchcock” aujourd’hui », avant de condamner celle de *Breathless*, qui ne « lit » ni ne « re-lit » *À bout de souffle* et parvient simplement « à refaire, transposer, citer et oublier Godard ».

Au-delà du cercle critique proprement dit, un certain nombre de commentateurs du remake mobilisent aussi le *distinguo* entre bons et mauvais remakes. C’est le cas par exemple du numéro de *CinémAction* consacré en 1989 au remake qui distingue des « faux remakes », valorisés au motif qu’ils sont de nouvelles adaptations personnelles d’une œuvre *princeps* littéraire, et consacre une section entière aux autoremakes, considérés comme une pratique noble parce qu’ils s’inscrivent dans la démarche artistique d’un auteur singulier :

> Point d’appropriation illégitime ici, puisque la paternité, artistique du moins, d’un film, revient à son réalisateur. Son besoin de refaire est compréhensible, car une première version peut lui paraître insuffisante avec le temps. L’autoremake oscille donc entre le souci perfectionniste et le simple plaisir de retrouver une œuvre de jeunesse. [...] D’une manière générale, l’autoremake n’est donc jamais une opération dénuée de fondement ni d’intérêt. Le style du cinéaste imprègne chacune des versions et les situe dans un tout cohérent et identifiable. Il n’est pas question de recopiage, mais de prolongement et de correspondance[3].

La mise en exergue de l’auteur déplace donc ponctuellement tel ou tel remake dans le monde de l’art : le film est alors vu comme l’expression d’une singularité, d’un style personnel et non comme le résultat d’une technique. Ce n’est plus Hollywood qui s’empare d’une œuvre, c’est un cinéaste qui relit une œuvre, voire, pour les critiques les plus cinéphiliques, qui dialogue avec un autre. Un remake est en quelque sorte un bon remake lorsque l’interprétant « auteur » l’emporte sur l’interprétant « remake ». À l’inverse, le remake commun est perçu comme une attaque contre l’auteur, une déliaison de l’auteur et de l’œuvre : un déni de paternité, comme le suggère le début du commentaire sur l’autoremake, voire un parricide, comme le suggère Thomas Leitch en relevant la « tonalité œdipienne » de nombreux discours tenus sur le remake[4].

L’art et l’industrie

Les incessants rappels de sa nature commerciale, l’obsession de la copie, condamnée à la fois au nom de la morale et au nom de l’art selon l’axiome qu’aucune copie n’est supérieure ou même égale à son original, font du remake

3. Michel SERCEAU, « Panoramique sur le phénomène de l’autoremake », *CinémAction*, n° 53, p. 127 et p. 131.

4. Thomas LEITCH, « Twice-Told Tales : Disavowal and the Rhetoric of the Remake », *in* Jennifer FORREST et Leonard R. KOOS, *Dead Ringers, op. cit.*, p. 60, note 7.

un objet particulièrement indigne, dont la critique rend compte, à chaque nouvelle occurrence, de manière assez stéréotypée. Le remake, surtout quand il est hollywoodien et qu'il peut être référé à l'organisation industrielle et aux pratiques commerciales des studios, devient l'expression caricaturale de la nature industrielle du cinéma. Ce qui est encore accentué quand c'est un film français qui est refait : en toile de fond, on retrouve une opposition binaire entre une culture de création, l'œuvre française, et une culture médiatique du divertissement et de la reproduction en série, la copie hollywoodienne. Derrière les critiques visant l'opportunisme, le cynisme et le protectionnisme hollywoodien, se profile aussi une volonté de défendre et de promouvoir la singularité de l'œuvre cinématographique, entendue comme marqueur décisif de la qualité artistique. Ce qui est en définitive reproché au remake, c'est de travailler contre l'art et de porter atteinte à la notion d'auteur et à un principe d'originalité qui prévaut sans doute plus au cinéma que dans d'autres arts.

Le remake et l'art : la question de l'originalité

L'originalité est, on le sait, un critère essentiel de l'œuvre d'art dans la modernité. Alors que l'*imitatio* n'a, à la Renaissance, pas valeur de copie mais consistait en une reprise indéfinie d'œuvres antérieures que l'œuvre nouvelle commentait, éclairait, dépassait en la « relisant » dans une nouvelle perspective, alors que l'esthétique classique apprécie la répétition agréable et respectueuse des modèles antérieurs – ce qui n'interdit pas la nouveauté, mais ne l'érige pas en principe –, l'esthétique moderne et les théories modernes de l'art donnent une place prééminente à l'innovation, à l'inédit, à l'original. Un clivage très fort structure alors la production culturelle, distinguant les œuvres qui produisent un discours personnel et innovant de celles qui ne feraient que reproduire des schèmes collectifs et répéter des figures usées. L'émergence de cette conception romantique de l'art, dans laquelle s'inscrit en large partie la critique cinéphilique française contemporaine, va de pair avec la modernité industrielle, qui voit l'apparition et la diffusion massive de produits culturels de type industriel. Le primat donné à l'originalité est ainsi un des critères qui permet de distinguer fortement l'art de l'artisanat, mais également l'art de l'industrie.

Dans le cas du cinéma, sa naissance dans la sphère du divertissement populaire, son ancrage dans la culture de masse et dans la production industrielle constituent autant de facteurs historiques, économiques et techniques qui ont rendu difficile, et relativement tardive, sa reconnaissance comme art. Sans entrer dans le détail de l'histoire de la légitimation artistique du cinéma, qui commence dès la fin des années 1910 et dont la politique des auteurs marque à la fin des années 1950 un aboutissement, je me bornerai à rappeler que l'idée du cinéma comme art à part entière, donc autonome vis-à-vis des autres pratiques artistiques, n'est pas allée de soi. Pour l'imposer, la cinéphilie a travaillé notamment à détacher le cinéma de tout ce qui peut rappeler ses origines ou ses composantes industrielles, en éclairant les œuvres particulièrement novatrices, qui échappent à la production « en série », ou en substituant à des catégories de classement communes ou industrielles des catégories d'interprétation qui mettent en exergue les styles, les écoles, les auteurs. Pour acquise que soit aujourd'hui l'idée qu'il existe bien un septième art, le cinéma n'en reste pas moins profondément hétérogène : c'est une évidence de rappeler que le cinéma est non seulement une industrie, mais que la plupart des films ne sont ni conçus, ni produits, ni reçus comme des œuvres d'art. Dans ce contexte, le remake, tel qu'il est pratiqué notamment par l'ancien ou le nouvel Hollywood et quels qu'en soient la réussite ou le ratage effectifs, renvoie nécessairement, et sans doute plus que toute autre pratique, à la dimension industrielle et commerciale du cinéma, puisque la condition *sine qua non* pour qu'un film français soit refait à Hollywood, c'est qu'il ait rencontré du succès. Le remake hollywoodien de film français, par ses motivations et ses implications économiques, dont on a vu qu'elles sont très fréquemment rappelées par la critique, occupe donc la place, peu enviable d'un point de vue esthétique, de l'objet cinématographique par principe le moins artistique qui soit : ce sont « Hollywood », « les Américains », « les producteurs », « la grosse machinerie des studios » qui achètent les droits des films français et sont à l'initiative de ces remakes que tout désigne comme des films de producteur.

De plus, l'hybridité du cinéma – à la fois art et industrie, et tantôt plus du côté de l'art tantôt plus du côté du produit industriel – rend difficile, au moins pour une critique d'inspiration moderniste, de penser le remake comme une pratique artistique ou une authentique technique de création : puisqu'en effet le combat de l'art n'est jamais gagné pour un cinéma qui garde « les pieds dans la boue et la tête dans les étoiles », l'impératif d'originalité s'exprime avec plus de vigueur que pour d'autres formes d'expression qui n'ont pas à faire la preuve de leur statut artistique et dont la légitimité n'est pas fondamentalement remise en question par le développement de formes populaires ou commerciales. Umberto Eco le rappelle : seuls les produits des mass media ont été assimilés à ceux de l'industrie, ou courent toujours le risque de l'être, dans la mesure où ils sont « produits en série, ce type de production "sérielle" étant jugée étrangère à l'invention artistique[5] ». L'originalité est donc nécessairement un critère beaucoup plus décisif du jugement de goût dans une tradition et une approche cinéphiliques, et la critique admettra plus facilement des procédures d'emprunts, de citations, d'influences, qui peuvent être référées à un modèle intertextuel « littéraire », qu'une pratique d'imitation, de dérivation, de transposition plus généralisée. Les remakes cinématographiques sont des copies, au sens le plus négatif du terme, non seulement parce qu'Hollywood les produit dans un calcul d'ajustement au marché, mais parce que l'imitation ne fait pas partie de la palette artistique du créateur de cinéma, ni n'est compatible avec les critères de jugement de goût en matière de cinéma. Comme l'analyse Laurent Jullier, l'originalité constitue, avec

5. Umberto Eco, « Innovation et répétition : entre esthétique moderne et post-moderne », *op. cit.*, p. 11.

la cohérence, l'un des critères de jugement distingués, mobilisés pour déterminer si un film est bon ou non. Jullier souligne aussi toute la difficulté à évaluer la nouveauté – Pour qui et sous quel rapport un film est-il neuf ? –, en rappelant avec humour qu'« une œuvre est originale aussi longtemps que la preuve du contraire n'a pas été établie[6] ». Or, avec le remake, la preuve du contraire est précisément toujours établie.

Autres pratiques, autres remakes

La notion de « remake » est utilisée depuis peu dans d'autres domaines culturels que le cinéma – le jeu vidéo et les arts plastiques. Les connotations qui y sont alors associées confirment que la mauvaise presse du remake et la dépréciation de la pratique de la copie dépendent beaucoup du degré d'intégration au monde de l'art du domaine culturel considéré.

Le terme est fréquemment utilisé à propos des jeux vidéos où il est introduit au cours des années 1990 pour désigner une version, techniquement plus performante et esthétiquement améliorée, de jeux anciens, alors que la presse spécialisée dispose déjà de termes, souvent techniques, pour caractériser des reprises d'œuvres vidéoludiques sur différents supports informatiques : adaptation, version, conversion, portage. À cette première acception, plutôt neutre, succèdent depuis le début des années 2000 deux usages différenciés du terme. D'une part, la dénomination « remake » se répand chez les éditeurs de jeux : ils l'utilisent pour caractériser les nombreuses rééditions de leurs titres anciens à succès, qu'ils modernisent dans le but de les rendre compatibles avec de nouvelles générations ou de nouveaux types de plateformes de jeu et, à l'occasion, de les adapter aux évolutions du *game design*. D'autre part, la critique vidéoludique, qui s'est elle aussi transformée pendant la dernière décennie au fur et à mesure que le jeu vidéo gagnait en légitimité et abandonnait pour partie le statut de pur produit de divertissement, utilise plutôt désormais l'étiquette « remake » pour déplorer le manque d'inventivité des rééditions et dénoncer le caractère purement mercantile de la politique des éditeurs. Le « remake », caractérisation plutôt neutre dans le vocabulaire des producteurs, devient donc un terme négatif sous la plume d'une critique soucieuse, sinon d'élever le jeu vidéo au rang des Beaux-Arts, du moins de l'extraire de la sphère de l'industrie du loisir[7].

Les arts plastiques présentent une situation radicalement opposée, puisque le remake y désigne, sans aucune nuance dépréciative, des installations qui recyclent et détournent des films, avec une prédilection pour les classiques du cinéma. Le *24 Hours Psycho* de Douglas Gordon (1993) consiste en la diffusion, sur un moniteur géant, d'une vidéo de *Psycho*, dont l'image est ralentie de telle sorte

6. Laurent JULLIER, *Qu'est-ce qu'un bon film ?*, Paris, La Dispute, 2002, p. 156.

7. Je remercie Alexis Blanchet, qui prépare actuellement un doctorat sur les interactions cinéma/jeu vidéo, d'avoir attiré mon attention sur cet usage du remake dans la sphère vidéoludique.

que la durée du film d'Hitchcock atteigne vingt-quatre heures et coïncide donc avec le temps que couvre le récit. Dans *Remake*, réalisé en 1995 par Pierre-André Huygue, le plasticien retourne *Rear Window* d'Hitchcock, plan par plan et sans en modifier la durée, mais avec des acteurs non professionnels et dans un décor inachevé, puisque l'immeuble d'en face est encore en construction. Plusieurs expositions dans le monde ont réuni de telles œuvres, dont notamment en France l'exposition *Remakes*, qui a été présentée au CAPC de Bordeaux pendant l'hiver 2003-2004, ou la programmation du Centre Pompidou à Paris *Hollywood déconstruit – remontages, remises en scène, resucées*, qui proposait au début de l'été 2004 uniquement des films non destinés à une exploitation commerciale. La démarche des vidéastes-plasticiens qui élaborent de tels remakes est certes radicalement différente de celle des réalisateurs qui travaillent dans le cinéma commercial, mais ils choisissent d'emprunter le terme « remake » pour caractériser leurs œuvres. Dans ce passage d'un lexique cinématographique impur au lexique de « l'art pur », du vocabulaire de l'industrie hollywoodienne au vocabulaire international de la création contemporaine, le remake perd son indignité : il s'inscrit alors dans un ensemble de pratiques de détournement assez caractéristiques de l'art contemporain et dans une (jeune) tradition esthétique de refabrication, où il ne fait en quelque sorte que prolonger le *ready made*. C'est donc en référence au monde de l'art que sont élaborés les remakes des plasticiens et dans le monde de l'art (galeries, musées d'art contemporain) qu'ils sont présentés, ce qui anoblit et légitime la pratique et la notion. Les discours tenus par les artistes vidéastes, les catalogues des expositions, les critiques des expositions parues dans la presse, dans les rubriques « Arts » mais aussi dans les rubriques « Cinéma », soulignent tous la différence de qualité artistique entre remakes de musées et remakes de salles de cinéma :

> Le remake au cinéma a consisté à reproduire des objets perçus comme périmés pour les refonctionnaliser, les adapter aux nouveaux standards de la consommation (refaire un succès du muet au parlant, un film en noir et blanc en couleurs ou en Scope). En refaisant *La Soif du mal* ou *Psycho* selon les critères de la galerie d'art (mise en valeur de la plasticité, surenchère dans la composition wellesienne, étirement cosmique des très gros plans hitchcockiens), c'est le cinéma, comme dispositif spectaculaire qu'il faut refaire mais autrement, pour un autre lieu et un autre rapport au temps. Le « remake » n'est plus celui des films, mais d'un cinéma lui-même. Le projet est ambitieux, mais aussi un peu morbide, et on peut trouver plus vifs les retournages de chefs-d'œuvre en home-video de Huygue ou Dellsperger[8].

8. Laurent GOUMARRE et Jean-Marc LALANNE, « Reprise de Remakes », *Cahiers du cinéma*, n° 584, novembre 2003, p. 75. On se reportera aussi à « My own private Psycho » (*Cahiers du cinéma*, n° 532, février 1999, p. 47-49), « Variation autour du remake hollywoodien » (*Le Monde*, 16 juin 2004), et au catalogue de l'exposition *Remakes* (CD-R, Bordeaux, CAPC-Musée d'art contemporain, 2004).

Cinéma hollywoodien contre cinéma français

Les différents traits caractéristiques de la critique du remake que nous avons vus jusqu'à présent, et qui pourraient pour la plupart valoir pour tout type de remake hollywoodien, se trouvent considérablement amplifiés lorsqu'il s'agit de remakes hollywoodiens de films français. La source nationale du remake renforce la condamnation de la pratique, et le remake, identifié comme spécifiquement hollywoodien, donne l'occasion de développer en toute impunité une batterie de stéréotypes antiaméricains, ce qui valorise, par opposition, la culture et le cinéma hexagonal.

Des films yankees

Comme on a déjà pu le constater à la lecture des extraits qui précèdent, les comptes-rendus insistent sur la nature hollywoodienne – c'est-à-dire industrielle et américaine – de la pratique. Il est frappant qu'ils condensent très fréquemment critique de la technique du remake et expression assez conventionnelle de l'antiaméricanisme. Par exemple, la dépréciation de la copie par rapport à l'original français associe souvent la dénonciation de la technique elle-même à celle de ceux qui la pratiquent (les Américains). *Jungle 2 Jungle* n'est ainsi pas seulement une copie, il est une « photocopie sur papier à rayures et étoiles » (Jean-Michel Frodon, *Le Monde*, 12 août 1998). *Intersection* ne se contente pas de refaire *Les Choses de la vie*, il en est, pour Claude Jean-Philippe (*France-soir*, 16 avril 1994), un « *Canada Dry* » où « tout y est, excepté l'alcool de l'inspiration ». Pour Jean-Paul Chaillet (*Nouvelles littéraires*, 13 mai 1983), dans *Breathless*, « toute la magie a disparu pour laisser place à un produit *fast-food* aussi factice que les palmiers de Sunset Boulevard ». L'opération de transposition que réalise le remake est en général non l'objet d'une analyse ou d'une remarque interculturelle, mais l'occasion d'un trait sarcastique : la désignation ironique de la nature « américaine » des nouveaux protagonistes ou de la nouvelle histoire suffit à les disqualifier. La prestation de Richard Gere dans *Unfaithful* est ainsi décrite par Jean-Pierre Dufreigne (*L'Express*, 6 juin 2002) comme un « contre-emploi remarquable d'homme banal, tranquille, bon père, bon époux, riche, comme il convient à un Américain ». Dans le même journal, Xavier Giannoli commence le 14 avril 1994 sa critique d'*Intersection* par cette accroche :

> On était tranquillement installés avec Romy Schneider et Michel Piccoli, à bord du souvenir d'un film de Claude Sautet – *Les Choses de la vie* (modèle 1970) – quand un type, genre américain, nous a foncé dessus au volant de sa grosse bagnole étincelante. Il y a beaucoup de dégâts.

Dans *L'Événement du jeudi* (23-20 novembre 1995), Élizabeth Gouslan qualifie *Nine Months* d'« adaptation yankee de [la] satire » de Patrick Braoudé et poursuit, en faisant allusion au remake de *Trois hommes et un couffin* :

> Le constat s'impose : la layette française est d'une meilleure qualité que la grenouillère américaine. Coline Serreau excellait à montrer les failles, les doutes et les maladresses de son trio masculin. Ils sonnaient juste, ces quadras chanteurs de berceuses, en proie à la révélation suprême. L'Amérique les a dépossédés de leur tendresse. *Idem* pour le cas Braoudé.

Le terme « yankee », utilisé dans cette dernière critique, est un des termes récurrents utilisés dans les discours de la presse sur le remake hollywoodien de films français pour caractériser tantôt le film lui-même, tantôt les producteurs du film, tantôt les spectateurs américains visés par le film. Claude Baignères signale par exemple dans *Le Figaro* (16 avril 1994) à propos d'*Intersection* que ce film est un nouvel exemple de la « collaboration entre le romanesque gaulois et la technique yankee ». François Forestier, dans un article du *Nouvel Observateur* (n° 1876, 19 octobre 2000) où il déplore à la fois le protectionnisme américain et le mauvais goût qui pousse les producteurs américains à refaire des films français, écrit avec ironie : « Ainsi, la culture française, dans ce qu'elle a de plus fin, de plus stylé, de plus subversif, pénètre dans les foyers yankees, moyennant de beaux euros bien trébuchants. » En utilisant le terme « yankee », inusable sobriquet de l'ennemi américain, qui revient dans bien d'autres critiques, la critique recycle une construction stéréotypée forte et adversative de l'identité américaine, qui émerge dans l'imaginaire et les discours français dès la fin du XIXᵉ siècle et accompagne pendant tout le XXᵉ siècle les différentes expressions de l'antiaméricanisme : les Américains peuvent être divers, mais chacun sait que le Yankee est brutal, borné, inculte, avide et sans scrupules[9].

Une des vertus du remake hollywoodien de film français est donc d'autoriser à peu de frais la critique à faire preuve de l'antiaméricanisme le plus primaire. Quel que soit le bien-fondé des opinions à l'égard de la pratique ou des films, le remake agit comme un précipité des tensions, des conflits et des antagonismes entre le cinéma français et le cinéma hollywoodien, voire entre la France et les États-Unis. Il permet de désigner sans ambiguïté le cinéma hollywoodien comme l'Autre honni par excellence, l'adversaire inculte et puissant, l'Amérique que vous aimez haïr. Alors que le cinéma hollywoodien est l'objet d'une appréciation extrêmement ambivalente, le remake offre en quelque sorte à la critique un type pur, idéal, qui permet de dénoncer sans nuances le pire de l'Amérique et de son cinéma.

---

9. Philippe ROGER, *L'Ennemi américain. Généalogie de l'antiaméricanisme français*, Paris, Seuil, collection Points, 2002, p. 213-237.

Les années 1950 et les années 1990 : deux pics dans la critique du remake

Les années 1950 et les années 1990 sont celles où s'exprime de la manière la plus virulente et la plus stéréotypée la condamnation du remake. Le nombre de remakes hollywoodiens de films français ne peut pas être invoqué dans les années 1950 pour justifier une telle acrimonie puisque cette période enregistre une décrue très nette de la production de tels films. Il n'y a donc pas ici de causalité mécanique entre la réalité de la pratique et la force de la condamnation du remake. Elle s'alimente certes à l'époque, auprès des critiques communistes en particulier, d'une attitude plus globale de défense du cinéma national et de dénonciation d'un Hollywood qui travaille à assujettir les spectateurs français à l'Amérique bourgeoise et capitaliste[10]. Cette attitude pousse certainement Georges Sadoul à considérer *Human Desire* comme « un produit synthétique et schématique » dans la carrière d'un Fritz Lang condamné à « faire des films de série à Hollywood » (*Les Lettres Françaises*, 13 juillet 1955) et Jean Nery à « s'apitoyer sur le destin de cet ancien maître, réduit à reprendre les histoires des autres » (*Franc Tireur*, 15 juillet, 1955). Mais comme la réprobation vigoureuse du remake est partagée par les critiques de tout bord, elle me semble plutôt traduire un sentiment antiaméricain plus général chez les clercs, qui connaît son acmé dans l'après-guerre, puissamment alimenté pour les uns par une volonté de résistance politique, pour les autres par une volonté de défendre la civilisation française contre la décadence américaine, la culture de consommation émergente et les loisirs de masse. Les passions sont particulièrement vives dans le monde du cinéma, à cause des accords Blum-Byrnes de 1946, qui organisent l'aide économique américaine à la France et dont un codicille ouvre les écrans français au cinéma américain : ils remplacent le système de contingentement en vigueur depuis 1936 par un système de quotas à l'écran, garantissant quatre semaines par trimestre aux films français, les exploitants étant laissés libres du choix de leur programmation pour les semaines restantes. Ces accords déclenchèrent à partir de 1947 et pendant plusieurs années de nombreuses protestations, des campagnes de défense du cinéma français et un tollé antiaméricain, où se mêlaient arguments culturels, économiques et idéologiques. Bien que le Parti communiste soit le fer de lance du combat contre ces accords et bien que la réalité de leurs effets néfastes sur la santé du cinéma français soit maintenant remise en cause par les historiens[11], la mythologie noire des accords Blum-Byrnes imprègne à

10. Laurent MARIE, *Le Cinéma est à nous. Le PCF et le cinéma français de la Libération à nos jours*, Paris, L'Harmattan, Champs Visuels, 2005, p. 87-117.

11. Jacques PORTES, « Les origines de la légende noire des accords Blum-Byrnes », *in* Jean A. GILI (dir.), *Revue d'histoire moderne et contemporaine*, numéro spécial « Cinéma et société », avril-juin 1986, p. 314-329 ; Jean-Pierre JEANCOLAS, « From the Blum-Byrnes Agreement to the GATT affair », *in* Geoffrey NOWELL-SMITH et Steven RICCI (dir.), *Hollywood and Europe : Economics, Culture, National Identity 1945-1955*, Londres, BFI, 1998, p. 44-62.

l'orée des années 1950 tous les acteurs du monde du cinéma, au-delà des seuls cercles acquis au Parti, et installe la conviction d'une souffrance et d'une vive menace venue d'Hollywood.

De la même manière, le discours sur les remakes hollywoodiens de films français se fait plus virulent dans les années 1990. Les critiques de cette décennie critiquent plus vertement que dans les années 1980 l'usine à remakes hollywoodienne et plusieurs magazines consacrent, à côté des comptes-rendus critiques, des articles entiers à la question. Le début des années 1990 coïncide effectivement avec un pic de la production de remakes hollywoodiens de films français, mais aussi avec la négociation des accords du GATT qui vit apparaître en 1993 la notion « d'exception culturelle ». Celle-ci visait à exclure les œuvres de la culture (dont le cinéma) de la libéralisation du commerce des services qui faisait l'objet de l'Uruguay Round, au motif qu'elles ne constituaient pas des marchandises ordinaires. Mais cette dérogation aux règles du libre-échange, réclamée par la France, largement soutenue et relayée par la presse française, a aussi pour objectif de maintenir les systèmes juridiques nationaux de production, d'aide et de protection, de réaffirmer la compétence des États-nations face à la mondialisation et, de fait, de protéger les œuvres de la culture contre un envahisseur, très clairement désigné dans les multiples débats qui entourent le GATT comme américain. Dans le secteur du cinéma français, très engagé dans la reconnaissance de l'exception culturelle, les termes du combat sont clairs : il se joue contre l'hégémonie hollywoodienne et c'est aux États-Unis qu'est arrachée cette (temporaire) victoire. Le lien avec l'identité nationale est encore plus flagrant lorsqu'on considère l'époustouflante carrière française de l'expression « exception culturelle » et ses glissements sémantiques : de même qu'il n'est pas rare de la voir apparaître, à propos du cinéma ou dans un contexte plus général, comme symbole de résistance aux États-Unis, on observe une tendance à transformer l'expression « exception culturelle » en « exception française ». Dans ce contexte, le remake hollywoodien de film français, habituelle pierre de touche des tensions franco-américaines, devient un sujet particulièrement sensible, même s'il y a une certaine ambiguïté à soutenir des mesures protectionnistes pour défendre son cinéma – quelle que soit la légitimité de leurs objectifs – tout en dénonçant la fermeture du marché hollywoodien. Cette position ne peut raisonnablement être soutenue que si elle est appuyée sur la croyance que le cinéma français est un cinéma plus « culturel » que le cinéma hollywoodien, idée qui précisément sous-tend toute la réception du remake.

Le remake hollywoodien, pierre de touche d'une identité nationale oppositionnelle

Les remakes hollywoodiens agissent donc comme des révélateurs des conflits qui opposent cinéma français et cinéma hollywoodien, France et États-Unis. Leur existence même permet à la critique française de construire une identité nationale au cinéma hollywoodien et au cinéma français, assise sur des stéréotypes nationaux : un cinéma de producteurs contre un cinéma d'auteurs (au sens large), un cinéma qui recycle avec faste, gros moyens et efficacité contre un cinéma inventif, de la profondeur, qui pratique l'émotion, un cinéma lourdement vulgaire contre un cinéma de la subtilité et de la légèreté, etc. La sortie en France de *The Man Who Loved Women* (*L'Homme à femmes*, Blake Edwards, 1983) donne ainsi l'occasion à Dominique Jamet de développer un discours, construit plus sur des stéréotypes nationaux que sur la vision effective des films. Il descend en flèche les scénaristes hollywoodiens qui ont « remodelé, retapé, travesti à leur manière, de façon à l'adapter à la mentalité américaine » *L'Homme qui aimait les femmes* (François Truffaut, 1977) et livre une des expressions les plus extrêmes – et de fait, les plus révélatrices – de la distribution identitaire qu'autorise le remake hollywoodien de films français :

> Sur ce même thème, et sans faire preuve d'un excès d'imagination, on imagine aisément ce que pourrait être, dans la dentelle noire et le satin rose, frivole, voluptueuse, décolletée, ingénument libertine une « comédie à la française qui s'intitulerait par exemple *L'Homme qui aimait les femmes*. Ou encore une comédie à l'italienne, salace, excessive, énorme, au fond parfaitement misogyne et désespérée. Vittorio Gassman y serait une fois de plus superbe et cela pourrait s'appeler *Profumo di donne*. Mais ce n'est qu'une comédie terriblement américaine, dans le mauvais sens du mot, à la fois lourde, vulgaire, d'une crudité gênante et terriblement aseptisée, désamorcée, inoffensive… et ratée. (« Idée volée », *Le Quotidien de Paris*, 13 juin 1984)

Cette distribution identitaire, fortement axiologique, est évidemment en partie fantasmatique comme le montre clairement, suivant le cas, la glorification ou la réhabilitation, modérée ou manifeste, des œuvres françaises sources à la sortie d'une version américaine. La comparaison entre *Unfaithful* et *La Femme infidèle* apporte ainsi la preuve qu' « on n'a pas encore tout appris aux Américains » (Jean-Pierre Dufreigne, *L'Express*, 6 juin 2002) et Isabelle Danel conclut sa critique de *My Father the Hero* (*Télérama*, 22 juin 1994) par une généralisation revigorante pour le cinéma national : « Quand on les compare aux copies qu'en font les Américains, les films français sortent souvent grandis. C'est évidemment une satisfaction. » Plus étonnant, même les comédies populaires françaises, le genre traditionnellement traité avec le moins d'égards par la critique cinéphile, parviennent à être parées de quelque vertu lorsque leurs remakes hollywoodiens arrivent sur les écrans hexagonaux. Ainsi, dans *Le Monde* du 12 août 1998, Jean-Michel Frodon écrit d'*Un Indien dans la ville*, à la sortie de son remake :

> C'est une grande, bonne, excellente nouvelle qui est portée à la pointe émoussée de sa flèche par cet *Indien* [celui de la version américaine]. Le cinéma français serait donc plus spectaculaire, plus rythmé, plus glamour et moins vieillot que ce concurrent d'outre-Atlantique que de mauvais esprit s'avise parfois de lui opposer […] [Hervé Palud] n'était pourtant pas un foudre de la mise en scène mais, comparé à maître Pasquin, il est Lubitsch et Coppola en un seul homme ! Et passera-t-on pour bêtement

> nationaliste si on affirme que Thierry Lhermitte est un comédien plus séduisant, plus drôle, plus nuancé que Tim Allen (un homme qui doit avoir le visage fatigué le soir à la fin du travail, tant il semble ne concevoir son métier que comme une succession de grimaces) ?

Comme on le voit, Frodon retourne dans un premier temps avec ironie les connotations positives communément associées au cinéma hollywoodien pour les attribuer au cinéma français, avant de reprendre le jeu stéréotypique usuel à la critique du remake. Le film français source engrange ainsi à la fois les qualités « typiquement américaines » et se voit reconnaître une subtilité (le fameux jeu « nuancé ») qu'il est plutôt exceptionnel de voir concédée aux comédies populaires.

Avant et après le remake : la réhabilitation du film français source

Les discours tenus sur les versions américaines se livrant fréquemment à un travail de réévaluation du film premier, il est instructif de les confronter de manière précise aux critiques parues lors de la sortie des films français. À la lumière de la version américaine, le jugement est souvent plus favorable. Mais surtout, la lecture du film français, en particulier la définition de son identité générique, est faite d'une façon radicalement différente, comme le montre très bien la revue de presse du couple *Trois hommes et un couffin/Three Men and a Baby*.

Au moment de sa sortie, les comptes-rendus du film de Coline Serreau évoquent bien sûr son exceptionnel succès public – il réalisera en France 10,251 millions d'entrées –, ses récompenses nationales et sa sélection pour représenter la France aux Oscars. L'accueil critique en lui-même est plus mitigé, relativement bon pour un film populaire, mais avec de réelles réserves. Si quelques articles sont consacrés exclusivement aux acteurs, presque tous saluent leur interprétation, soulignent la pertinence du *sujet de société* dans le film (des nouveaux hommes aux papas-poules) et trouvent le bébé charmant. Cette utilisation du bébé fournit par ailleurs matière à l'une des appréciations négatives les plus courantes : il est trop facile d'émouvoir avec un bambin, qui attire forcément la sympathie du spectateur. Même pour les critiques qui lui sont assez favorables, la comédie de Coline Serreau (n') est (qu') un film construit sur des recettes éprouvées, comme le quiproquo – les hommes prennent le couffin pour le paquet dont la livraison leur a été annoncée –, le décalage entre les personnages (des célibataires masculins) et le rôle qui leur est imposé (une paternité très maternante), le retournement de situation final. Le rebondissement lié à l'affaire de drogue, puisque le paquet attendu était en fait de l'héroïne dont ils cherchent à se débarrasser, est également souvent perçu comme un moment faible du scénario. D'une façon plus générale, il semble que les réserves s'accompagnent souvent d'une référence directe ou indirecte aux genres du cinéma populaire français : le film est qualifié dans

L'Express (27 novembre 1985) de « sombre histoire de gangsters, de drogue et de flics qui vire à la comédie mécanique genre Oury ». Dans *Le Point* (23 septembre 1985), l'appréciation de Jean-Michel Frodon, « un plat idéal pour déguster devant la télévision un dimanche soir », rejette même le film dans le pot commun et peu goûteux – référence à la télévision oblige – de la culture patrimoniale. Dans *L'Humanité* du 1er octobre, Gilles le Morvan, salue la réalisatrice et rappelle son parcours préalable, totalement extérieur au cinéma commercial, mais range implicitement le film dans un genre rebattu : « Sur le mode du quiproquo on a beaucoup écrit pour le théâtre de boulevard. Coline Serreau a pris le risque de traiter le thème au cinéma avec toutes les conventions du genre. Elle s'en est bien sortie. » Quelques articles, plutôt élogieux, placent au contraire le film dans une tradition hollywoodienne. Dans *Télérama* (18 septembre 1985) par exemple on peut lire : « On se croirait revenu au temps des comédies familiales du vieil Hollywood. À dire vrai Coline Serreau a peu à envier aux maîtres de la comédie américaine : elle possède le sens du quiproquo et s'y entend pour faire chavirer dans l'émotion les situations les plus hilarantes. »

Les articles consacrés au remake commencent à paraître avant même sa réalisation. Tout d'abord, certains, notamment dans les rubriques économiques des journaux « sérieux » ou dans la presse populaire, célèbrent le flair et l'esprit d'entreprise de Jean-François Lepetit : ce producteur a su faire confiance au projet de Coline Serreau et voit sa société Flash Film récompensée par le succès du film et par l'intérêt américain. Après la consécration hexagonale, une reconnaissance hollywoodienne attend le producteur et la réalisatrice qui doivent collaborer au remake. La tonalité générale du discours s'infléchit assez vite lorsque la presse fait état de la démission de Coline Serreau, pour différends avec les producteurs hollywoodiens ou pour raisons de santé suivant les versions de l'histoire. Mais le cocorico initial et le retournement d'opinion après que la réalisatrice s'est retirée du projet sont assez représentatifs d'une position ambivalente, qu'on retrouve à propos d'autres films, notamment dans les émissions de télévision et dans la presse grand public et professionnelle : s'il y a souvent une phase où, le film hollywoodien réalisé, on déplore ce nouveau remake et on condamne le remake, il y a aussi souvent un moment, autour de la signature des contrats, où l'on se félicite du succès de « nos producteurs et réalisateurs français ». Cette ambivalence est particulièrement visible autour du film de Coline Serreau parce que le producteur et la réalisatrice sont impliqués dans le projet de remake, ce qui est interprété comme un bon signe pour la culture et pour l'industrie françaises, et parce que l'heure est à la célébration des entrepreneurs offensifs comme Jean-François Lepetit – ce sont les « années Tapie ».

À la sortie de *Three Men and a Baby*, les critiques sont extrêmement négatives. Il est beaucoup question de « moulinette hollywoodienne », de « copie conforme » ou de « copie non conforme », de « version tigre en papier » ou de « bébé jeté avec l'eau du bain ». On déplore le jeu de ses acteurs, son conformisme, ses quiproquos attendus et ses liens excessifs avec la télévision. Tom Selleck est critiqué pour ses mimiques exagérées et très souvent rappelé à sa panoplie de beau de gosse de la série *Magnum*. Le passé du réalisateur, Leonard Nimoy, fait l'objet de multiples plaisanteries : il est désigné comme « M. Spock en personne, le Vulcan aux oreilles pointues de *Star Trek* » (Jean-Luc Macia, La Croix, 17 février 1988) et Bernard Genin n'oublie pas de rappeler que « pour ne pas effrayer l'enfant, il a enlevé les grandes oreilles qu'il porte dans les *Star Trek* » (*Télérama*, 17 février 1988). Le spectacularisme du film est toujours critiqué : *Three Men and a Baby* refait le petit film français en plus grand, en plus cher... et en moins bien. Un grand nombre d'articles évoquent aussi les festivités hollywoodiennes et les *press junkets* organisés à l'occasion de la sortie du film aux États-Unis : ils ancrent le film dans un Hollywood stéréotypé, fait de buffets somptueux, de stars éclatantes, de soirées et de luxe. La plupart des critiques offrent ainsi une description du film et d'Hollywood qui ne déparerait guère dans les pamphlets antiaméricains des années 1930 comme *Les Scènes de la vie future* ou *Hollywood ville mirage*[12]. Hollywood et son remake sont l'expression du gigantisme et du capitalisme américain, d'une efficacité froide, technologique et industrielle. Ce dernier trait, qui transforme en défaut ce qui peut aussi être considéré comme un talent, est par ailleurs constant dans la critique du remake, même lorsque la critique salue un exceptionnel remake, supérieur à son original, comme *True Lies*. Ainsi, Jean-Michel Frodon écrit-il dans sa critique « Attention Bébé d'or » (*Le Point*, 22 février 1988) :

> L'énorme machine des studios s'est mise en route : un, deux, trois, quinze scénaristes viennent mettre leur grain de sel ; le changement d'échelle de l'entreprise modifie tous les rapports humains. À quelques jours du début du tournage, Coline Serreau craque. Elle est remplacée au pied levé par Leonard Nimoy, interprète du Mr Spock de *Startrek*, mais également réalisateur des *sequels* III et IV des aventures de l'« US Entreprise ». *Business must go on*, il continue : les trois hommes (Tom Selleck, Steve Guttenberg, Ted Danson) ont maintenant des allures de cow-boys modernes, et ils partagent un appartement chic à New York ; les dialogues ont gagné en rapidité ce qu'ils ont perdu en psychologie : voilà le poupon naturalisé américain.

Même l'une des rares critiques positives de *Three Men and a Baby* ne résiste pas à la tentation de rappeler la différence entre « Eux », les Américains, et « Nous », les Français, à l'avantage moral de ces derniers :

> Que les Américains soient d'ignobles protectionnistes, tout le monde le sait. On le leur répète depuis des années, ce qui ne sert rigoureusement à rien : ils sont aussi fiers d'être protectionnistes que nous le sommes de ne l'être pas.
> Mais que *Trois hommes et un bébé* paie le prix de notre (juste) ressentiment me paraît excessif. Plus lourd que l'original ? Évidemment ! Honnêtes, les scénaristes ont adapté l'historiette de Coline Serreau à la mentalité américaine. Et chacun sait, depuis Lubitsch, Hawks and Co, que l'esprit américain ne se caractérise plus vraiment par la légèreté et la finesse.

12. Georges DUHAMEL, *Scènes de la vie future*, Paris, Mercure de France, 1930 ; Joseph KESSEL, *Hollywood ville mirage*, Paris, Stock, 1989 [Gallimard, 1937].

> Tout ça n'empêche pas *Trois hommes et un bébé* d'être charmant et drôle. Tel qu'il est, il nous plaît. Et Tom Selleck, ô surprise, s'avère un comédien honorable. (Pierre Murat, *Télérama*, 17 février 1988)

Cette critique plutôt positive, qui succède, comme il est d'usage dans *Télérama* lorsque les avis divergent radicalement sur un film, à une critique farouchement négative, saisit l'occasion pour saluer, *a contrario*, une finesse du film français qui échapperait au remake parce que celui-ci est américain. Un grand nombre de comptes-rendus de *Three Men and a Baby* permettent de fait de rehausser, par comparaison, *Trois hommes et un couffin* : l'opinion sur la comédie de Coline Serreau est beaucoup plus positive lorsque celle-ci est évaluée à partir du remake, les articles faisant alors ressortir la fraîcheur, le naturel et la spontanéité du film français, toutes qualités qui font défaut au remake.

> La première demi-heure est carrément insupportable. C'est une introduction fébrile à l'existence de trois célibataires qui se disputent le va-et-vient de leurs aventures amoureuses tellement stéréotypées qu'on est déjà las avant que le bébé entre enfin sans frapper dans un univers où l'on commençait à s'ennuyer fort. On est en effet à mille lieux de la complicité plus subtile des trois garçons français que Coline Serreau avait caractériellement différenciée, chacun ayant une sensibilité et une philosophie de la vie et de la situation qui avait touché le public.
> Il semble que Leonard Nimoy ait négligé ses papas d'occasion, donnant la priorité au comique de situation. C'est un mode d'emploi burlesque de l'homme inexpérimenté qui apprend à langer le bébé, à le couvrir de soins et à l'aimer.
> Le malentendu sur le « paquet » (drogue et bébé) qui n'était qu'un prétexte à rebondissements dans la version française, est traité ici comme une bonne série B de la télévision. C'est peut-être la partie la moins empruntée de ce film papier carbone. Seul le bébé, visiblement pas au courant de la première version, joue son rôle avec une fraîcheur spontanée. (Anne de Gasperi, *Le Quotidien de Paris*, 17 février 1988)

Jamais ne sont rappelées les comparaisons faites entre *Trois hommes et un couffin* et les comédies américaines (réussies). La parenté du film de Coline Serreau avec un genre américain est désormais occultée, et son inscription dans un genre français désuet et décrié, qui affleurait régulièrement dans les critiques de 1985, a disparu dans les jugements de 1988 : les reproches visant le vaudeville dans le film – quiproquos et rebondissements – s'accommodent en effet bien mal de louanges sur son émotion et sa fraîcheur. Tout se passe donc comme si l'existence d'un remake, conçu comme une copie par la critique, faisait du film français non seulement un original, mais une œuvre originale. Le remake autorise ainsi un jeu de miroirs, sans doute déformants, dans lesquels la critique et le public français contemplent non son cinéma ou le cinéma américain, mais les idées qu'ils s'en font.

La sortie d'un remake hollywoodien permet donc à la communauté critique nationale de trouver, dans l'opposition à un cinéma hollywoodien mercantile, une cohérence et une unité au cinéma français qui viendraient transcender le clivage entre films d'auteur et cinéma populaire. Le recours à des stéréotypes nationaux remplit clairement sa mission : opérer une catégorisation qui permet de distinguer communément un « nous » d'un « ils », par la mise en relief, l'exagération des similitudes entre les membres d'un groupe[13]. Les remakes hollywoodiens de films français posent la question identitaire sur un mode très conflictuel et ils deviennent ainsi, dans le champ français, des lieux de construction d'une identité nationale « oppositionnelle ». Chacun sait bien que tous les films français refaits sont loin d'être des films d'auteur. Ils n'en ont d'ailleurs pas l'ambition et n'ont pas été non plus reçus comme tels. Mais le remake, parce que la critique met en place pour le condamner une double opposition Amérique *vs* France et Industrie *vs* Création, vient en quelque sorte rétrospectivement lisser les différences internes au cinéma français. C'est pourquoi les versions américaines qui affichent une volonté d'hommage aux films français et revendiquent une identité culturelle plus ambiguë – celle par exemple d'« un film d'art européen dans le système hollywoodien » – sont mieux reçues par la critique : Pierre Beylot l'a notamment montré à propos de *Twelve Monkeys* pour lequel Terry Gilliam développe, du moins dans les entretiens qu'il a accordés à la presse française[14], une stratégie de distinction destinée à souligner une position d'auteur. Elle s'exprime par la revendication d'une identité européenne dont le film serait porteur et qui « se manifesterait par le choix du lieu de tournage, Philadelphie, une ville à l'architecture plus européenne qu'américaine, ensuite par la musique d'Astor Piazzola qui "semble rappeler [à Terry Gilliam] certains films français des années soixante", enfin par le pessimisme profondément "anti-américain" du dénouement (le sacrifice du héros n'empêche pas la disparition d'une bonne partie de l'humanité)[15] ».

* *

*

Au terme de ce parcours de la réception des remakes hollywoodiens de films français, on peut se demander si le remake est vraiment « par nature hollywoodien ». De par le caractère franglais du mot « remake », la langue nous rappelle, presque à notre insu, son origine américaine et ancre la pratique dans un ailleurs linguistique. Attesté par le *Trésor de la langue française* à partir de 1946 comme emprunt à l'anglo-américain – sa première occurrence recensée par le *TLF* se trouve dans *Mort aux acteurs* de Ben Hecht –, le terme « remake » est entré officiellement, comme l'attestent les dictionnaires, dans le lexique français : l'absence de vocable équivalent français, et de proposition de terme par la très sérieuse et très sourcilleuse Commission du dictionnaire de l'Académie française, ne peut qu'accentuer le caractère profondément étranger, américain, du phénomène, sur laquelle la presse revient par ailleurs sans cesse. Si le mot « remake », bien connu

13. Ruth AMOSSY et Anne HERSCHBERG-PIERROT, *Stéréotypes et Clichés. Langue, discours, société*, Paris, Nathan Université, 128, 1997, p. 43-47.

14. Voir notamment « Entretien avec Terry Gilliam », *Positif*, n° 421, Paris, mars 1996, p. 9-11.

15. Pierre BEYLOT, « Le spectateur du film post-moderne : de *La Jetée* (Marker, 1962) à *L'Armée des douze singes* (Gilliam, 1995), l'exemple d'un transfert culturel », *op. cit.*, p. 86.

désormais du grand public, n'est plus le « terme exotique et presque barbare » dont parle Louis Chauvet en 1950, ses redéfinitions incessantes par la critique française, l'usage encore fréquent de guillemets ou d'italiques qui le détachent de l'ensemble du discours, contribuent à rappeler son origine étrangère. De plus, lorsque le terme quitte le champ culturel (où il n'a pas toujours les mêmes connotations dépréciatives que celles qui lui sont attachées en matière de cinéma), c'est pour caractériser toute situation qui se répète, et il reprend souvent alors sa nuance péjorative. C'est même toujours le cas lorsqu'il se réfère à une action, un geste ou un fait américain : l'expression « remake de la guerre du Golfe » pour désigner dans la presse française la guerre menée en mars 2003 par les États-Unis en Irak est un exemple assez convaincant. Ce dernier emploi, comme l'absence d'expression française alternative, officielle ou officieuse, prend acte d'une perception globalement négative de la pratique dans le champ cinématographique, fondamentalement pensée comme américaine et révélatrice d'un hégémonisme hollywoodien.

Le cinéma français ignorerait-il le remake ? À l'évidence, non : il suffit de feuilleter une filmographie du cinéma français pour se rendre compte que celui-ci ne néglige pas, à toute époque, la reprise d'une œuvre passée et il n'est pas besoin de faire un grand effort de mémoire pour retrouver plusieurs exemples récents de nouvelles versions d'un classique du cinéma français ou d'un succès ancien : en 2000, *Un crime au paradis* de Jean Becker refait *La Poison* de Sacha Guitry (1951) ; en 2004, *Les Choristes* de Christophe Barratier met au goût du jour *La Cage aux rossignols* (Jean Dréville, 1945) et la nouvelle version rencontre un succès aussi retentissant que son modèle d'après-guerre ; en 2005, Gérard Jugnot propose un nouveau *Boudu* (2005), qui déchaîne les foudres de la critique et ne parvient pas à se hisser dans les sommets du box-office. La pratique française du remake se distingue toutefois de la pratique hollywoodienne sur plusieurs points. Il n'existe effectivement pas de remakes aussi proches chronologiquement de leur original que dans le cinéma américain. De plus, comme le rappelle Yannick Mouren, les cinéastes français évitent le plus possible de refaire des films qui ne soient pas adaptés de classiques ou d'œuvres à succès de la littérature, dont la mémoire reste vivace pour la critique et le grand public. Par exemple, Claude Berri, producteur-réalisateur soucieux de combiner succès économique et succès d'estime, organise la promotion de son *Manon des sources* (1986) autour de l'idée qu'il s'agit de l'adaptation du roman de Marcel Pagnol et non d'un remake, le cas Pagnol venant faciliter ce tour de passe-passe. Le référent littéraire ne paraît pas incongru parce que les romans de Pagnol font depuis assez longtemps partie d'une culture scolaire commune et parce que Berri vient juste de sortir *Jean de Florette*, premier volet du dyptique *L'Eau des collines* (1963), qui n'a jamais été adapté au cinéma par Pagnol. Les relations entre films et livres de Pagnol viennent providentiellement compliquer la situation et occulter le fait que le roman *Manon des sources*, deuxième volet de *L'Eau des collines*, est postérieur au film de Pagnol *Manon des sources* (1952), qui inaugure la série. Ainsi, les réalisateurs français ne refont pas – ou prétendent ne pas refaire – un film, mais tournent une nouvelle adaptation, ce qui reste, dans le cinéma d'auteur comme dans le cinéma commercial, une pratique beaucoup plus légitime… et moins risquée[16]. De fait, la critique se déchaîne avec une virulence exemplaire contre les rares remakes qui se présentent comme tels, notamment lorsqu'ils refont des films d'auteur et l'affichent : c'est en définitive au motif que Gérard Jugnot ose se mettre à la hauteur de Renoir, et donc de ce fait porte atteinte à Renoir auteur, que Vincent Ostria (*Les Inrockuptibles* du 9 mars 2005) ou Philippe Azoury (*Libération* du même jour) voient dans son *Boudu* un « remake repoussant » devant lequel le spectateur est comme Boudu/Depardieu « devant sa télé à mater des jeux TF1 débiles »[17].

La différence majeure concernant la pratique du remake de part et d'autre de l'Atlantique tient à ce qu'il existe fort peu de remakes français de films hollywoodiens. *Forfaiture*[18], que Marcel L'Herbier tourne en 1937 en prenant bien soin de rédiger un mémoire pour s'excuser de refaire *The Cheat* (1915), « le film muet de son prestigieux prédécesseur américain Cecil B. De Mille[19] », ou *De battre mon cœur s'est arrêté* (Jacques Audiard, 2005), « inspiré » du méconnu *Fingers* (James Toback, 1978), pèsent en effet bien peu dans la balance face aux nombreux remakes hollywoodiens. Il me semble un peu court d'attribuer cette absence à une recherche absolue de nouveauté, d'originalité, d'innovation qui irradierait depuis toujours le cinéma français dans son ensemble. Tout d'abord, parce que, comme on l'a vu, le cinéma français n'a jamais hésité à puiser dans son propre patrimoine pour refaire et recycler. Ensuite parce que les emprunts au cinéma hollywoodien et son influence ont régulièrement contribué à l'émergence de nouvelles formes et de nouveaux récits dans le cinéma hexagonal, ce qui suffirait à prouver, si besoin en était, que la création et l'innovation ne peuvent se satisfaire de l'autarcie. Pour des raisons de rapport de force économique, il est enfin clair que le cinéma français n'a tout simplement pas les moyens de refaire des films hollywoodiens sur le même mode que son cousin américain : dans un espace cinématographique structuré par la domination américaine dans les salles, quel public, national et international, pourrait en effet trouver un remake français d'un film hollywoodien que le monde entier aurait déjà pu voir sur les écrans ?

16. Yannick MOUREN, « Remake made in France », *Positif*, n° 460, juin 1999, p. 90-95.

17. Jacqueline NACACHE, « *Boudu* ou la critique inutile », communication au colloque *Issues on Popular Contemporary French Cinema*, Manchester, 12-13 janvier 2006.

18. Il existe un remake français de *The Cheat* antérieur à celui de L'Herbier : *J'ai tué* (Roger Lion,1924).

19. Marcel L'HERBIER, *La Tête qui tourne*, Paris, Belfond, 1979, p. 261.

Chapitre IV

Pour une analyse culturelle des remakes

Comme la critique le souligne à l'envi, la pratique du remake hollywoodien de film français trouve en grande partie son origine dans des motivations commerciales et elle est favorisée par le protectionnisme et la domination du cinéma hollywoodien, puisque la version américaine « remplace » la projection du film français aux États-Unis et est en général promise, sinon à une carrière internationale plus fastueuse, du moins à une exploitation internationale bien supérieure à celle de son film source. Ces faits ont une importance considérable dans l'opprobre général que suscite le phénomène, mais il est assez réducteur d'envisager ce dernier comme le produit d'une logique exclusivement économique et d'enfermer la question dans une opposition caricaturale entre une manière hollywoodienne et une manière française (ou européenne), dans un affrontement rhétorique convenu – l'industrie contre l'art – que les travaux récents sur les relations Europe/Hollywood, sans nier la réalité des faits, entendent souvent dépasser[1]. C'est en effet oublier que, dans le cas précis des opérations de reproduction et de transformation cinématographiques – comme d'ailleurs pour la plupart des représentations culturelles qui traversent les sociétés modernes capitalistes –, la « logique utilitaire », qui est une logique pratique d'efficacité matérielle, de rationalité économique, ne fonctionne pas indépendamment de la « logique symbolique », culturelle, et que les mécanismes de production ou de perpétuation de la culture sont toujours doublés, masqués, naturalisés par la « logique utilitaire ». Comme l'écrit l'anthropologue Marshall Sahlins, auquel j'emprunte ces notions :

> La production est un moment fonctionnel d'une structure culturelle. Lorsqu'on a compris cela, la rationalité du marché et de la société bourgeoise est vue sous un jour nouveau ; la fameuse logique de maximisation n'est que l'apparition manifeste d'une autre Raison, en majeure partie passée sous silence, et d'une sorte tout à fait différente. Nous aussi nous avons des aïeux. Nous aussi, nous avons une culture : un code symbolique d'objets, et le mécanisme offre-demande-prix, apparemment au poste de commande, est en réalité à son service[2].

---

1. Voir par exemple Geoffrey Nowell-Smith et Steven Ricci, *Hollywood and Europe : Economics, Culture, National Identity, 1945-1995*, *op. cit.*

2. Marshall Sahlins, *Au cœur des sociétés. Raison utilitaire et raison culturelle*, Paris, Gallimard, NRF, Bibliothèque des Sciences Humaines, 1980 [1976], p. 215.

En d'autres termes, la logique pratique d'efficacité matérielle, qui préside à la production de remakes hollywoodiens, est aussi « une intention culturelle ». Ce qui est vrai pour la pratique du remake transnational par Hollywood l'est aussi pour les films eux-mêmes, produits par remake ou objets sources de remake : les remakes ne sont pas seulement les produits d'une industrie du recyclage, ils sont aussi ceux d'un travail de transposition culturelle, opérée avec plus ou moins de bonheur, qui mérite d'être analysée sérieusement, et pas uniquement brocardée avec ironie. En reformulant des représentations dans un autre contexte culturel, idéologique, narratif, esthétique et générique, les remakes donnent clairement à voir que les films – les originaux français tout comme les versions hollywoodiennes – sont des constructions culturelles, esthétiques et narratives distinctes, qui expriment chacune leur univers de production.

Des traductions en langage hollywoodien

Les remakes hollywoodiens de films français, au même titre d'ailleurs que ceux de tout film non hollywoodien, sont certes un des instruments d'une stratégie d'ajustement au marché et d'innovation progressive (Voir chapitre II), mais cette stratégie, qui recombine et reformule des éléments préexistants, est elle-même une forme, culturellement et idéologiquement marquée, de création. C'est ce que rappelle Jacqueline Nacache, en soulignant combien elle contribue à dessiner les contours de l'identité du cinéma hollywoodien :

> Ce qui lie les films les uns aux autres, ce n'est ni leur ressemblance, ni leur dissemblance, mais une intense circulation d'images, d'idées, de paroles, que l'on peut aisément déceler lorsqu'on veut bien considérer les films dans un système d'échange, qui laisse de côté évaluations esthétiques, classifications culturelles et nostalgie critique, et met au jour cette *loi de compensation*, ce système de vases communicants qui caractérisent si intimement le récit et l'esthétique hollywoodienne[3].

Remake et identité hollywoodienne : la culture de l'événement

Ainsi le remake met-il en relief certaines caractéristiques, idéologiques et culturelles, du cinéma hollywoodien et contribue-t-il à le définir comme « mode de production d'images et de récit ». On comprend dès lors très bien que la signification du remake, comme technique de création, n'est pas exportable à l'extérieur du système économique et culturel qui la détermine. Les films « produits par

3. Jacqueline NACACHE, « Comment penser les *remakes* américains ? », *op. cit.*, p. 80.

remake » à Hollywood peuvent certes voyager, et passer sur les écrans français, grands et petits, mais le principe du remake ne peut qu'être la pierre de touche d'un choc des cultures ou, au mieux, d'un malentendu culturel. La production d'un remake transnational, inhérente à un système de production de récits où une version chasse l'autre, appartient à la palette de techniques hollywoodiennes dont « le but premier n'est pas de rénover ou de restaurer un film ancien comme un monument, mais simplement d'utiliser une base solide pour *mettre en œuvre* des innovations (techniques, idéologiques, esthétiques...)[4] ». Elle repose donc sur une conception de la création totalement antagoniste de celle qui fonde et soutient l'attitude critique et cinéphilique. Celle-ci participe d'une culture du texte filmique comme *monument*, où les films sont appréciés comme des objets singuliers, situés dans une histoire du cinéma, que la critique hiérarchise et ordonne dans un véritable travail de mémoire, tandis que le modèle culturel qui justifie la production de remakes est au contraire une culture de l'*événement*, où une version chasse l'autre. Le remake est ainsi le révélateur de deux rapports au temps cinématographique contradictoires, un temps long de la mémoire qui conserve, cultive et réactive le souvenir des œuvres, pour lequel les versions nouvelles sont toujours susceptibles d'être considérées comme des copies dégradées, et un temps court qui privilégie l'énonciation *ici et maintenant*.

Dans son ouvrage *L'Invention de la littérature*, où elle interroge des pratiques grecques et romaines faisant intervenir la lecture, l'écriture et l'oralité, Florence Dupont suggère un parallèle entre l'écriture-traduction du théâtre grec réalisée par le théâtre romain et la pratique américaine du remake : au-delà de tout rapprochement évidemment anachronique, toutes deux privilégient l'énonciation au détriment de la textualisation des énoncés. Tout comme *L'Âne d'or* est un conte grec qui se raconte en latin, les jeux scéniques romains (par ailleurs appelés *ludi graeci*) sont des comédies ou des tragédies grecques en latin où le poète dramatique propose bien davantage qu'une simple traduction linguistique, assez inutile puisque les Romains de la Ville sont bilingues : il effectue un transfert, une interprétation de la comédie ou de la tragédie grecque qu'il présente, dans le contexte spécifique de l'énonciation théâtrale romaine, dont la ritualité est bien différente de celle du théâtre grec. À l'instar d'une telle pratique d'écriture-traduction, la technique contemporaine du remake suppose qu' « un film a des destinataires limités selon le temps, le lieu et leur compétence cinéphilique[5] », ce qui justifie donc qu'un film ancien soit refait pour être adapté à une nouvelle audience et qu'un film étranger soit refait pour rencontrer d'autres spectateurs que son public national originel.

On comprend que, dans une telle perspective, la simple traduction linguistique ne soit pas suffisante : traduire les dialogues, cela ne suffit pas à américaniser le film. De plus, la question du doublage peut être éclairée sous un angle nouveau. Contrairement aux pays européens où cette pratique a été introduite

---

4. *Ibid.*

5. Florence DUPONT, *L'Invention de la littérature. De l'ivresse grecque au livre latin*, Paris, La Découverte, 1994, p. 276.

dès le début du parlant, ce qui y a facilité l'exploitation des films en langue étrangère, les États-Unis ont toujours résisté, ce qui a eu pour effet de limiter la pénétration des films non anglophones sur le marché américain. Il est donc tout à fait exact de constater que l'industrie hollywoodienne a vu dans cette absence de culture du doublage une arme efficace pour protéger ses propres productions et de rappeler que rien n'a été vraiment fait pour habituer le grand public au sous-titrage, ce qui favorise la production de remakes de films étrangers. Les discours de condamnation du remake ne se privent d'ailleurs pas de rappeler cet état de fait qui empêche mécaniquement l'exploitation américaine des films étrangers et de dénoncer l'hypocrisie de l'argument selon lequel le public américain n'aimerait ni les doublages ni les sous-titrages. Mais c'est oublier que ces pratiques de postproduction, que l'expérience peut avoir rendues invisibles pour les publics européens qui en sont familiers et pour lesquels elles ne font donc pas écran au spectacle cinématographique, contribuent à gêner l'illusion de réalité, le sentiment de complétude et de profondeur de l'espace filmique et l'implication émotionnelle dans la diégèse, qui sont généralement constitutifs du cinéma hollywoodien. Ce rôle du son dans la construction d'une représentation illusionniste a été relevé par de nombreux commentateurs et Thomas Elsaesser la rappelle en ces termes, dans son étude sur le mélodrame familial hollywoodien :

> Quiconque a eu la malchance de regarder un film hollywoodien doublé en français ou en allemand connaît le rôle important de la diction dans l'impact émotionnel et la continuité dramatique. Par l'effet du doublage, le meilleur des films semblera plat sur un plan visuel et désynchronisé d'un point de vue dramatique : le doublage détruit l'impression de flux sur laquelle repose la cohérence du spectacle illusionniste[6].

Le public américain peut certes être captif d'une industrie hollywoodienne dont le refus du doublage semble interdire toute alternative véritable à la production de remakes de films étrangers. Il n'en reste pas moins que le refus de doubler est cohérent avec le projet esthétique hollywoodien et l'illusion de réalité que le cinéma hollywoodien attache à l'expérience cinématographique.

La notion de « traduction culturelle »

Le remake transnational peut être considéré comme une forme particulière d'échange entre deux cinématographies, qui procède par transfert d'idées, d'images et de représentations, des films français dans les films américains qui les reformulent dans leur système de conventions et de représentations. Le remake transnational constitue ainsi une opération de traduction « en langage hollywoodien » d'œuvres françaises. L'analyse de couples « version originale fran-

6. Thomas ELSAESSER, « Tales of Sound and Fury : Observations on the Family Melodrama », *in* Barry Keith GRANT (dir.), *Film Genre Reader II*, Austin, University of Texas Press, 1995, p. 360.

çaise/remake hollywoodien » se révèle le lieu d'une anthropologie comparée des œuvres cinématographiques, susceptible de dessiner le paysage d'un imaginaire français et d'un imaginaire hollywoodien et de révéler des codes esthétiques, des configurations génériques, des univers de référence propres au cinéma français et au cinéma hollywoodien.

Parmi les reproches formulés à l'encontre des approches culturelles de la culture de masse, dont ressortit la production de remakes, l'un des plus fréquents pointe, à juste titre, le danger qu'il peut y avoir à innocenter les stratégies, les modes de production et les objets produits par la culture de masse en y voyant des formes d'expression culturelle collective et en sous-estimant le rôle joué par les mécanismes d'encadrement normatif de la production et des représentations. Pourtant, déplacer la question du remake transnational sur le terrain d'une anthropologie comparée des œuvres, penser les remakes hollywoodiens de films français comme le résultat d'une traduction culturelle n'implique pas nécessairement d'adopter une position naïve, où le culturel existerait de manière autonome et dans une position surplombante par rapport à l'économique et l'idéologique. En effet, la traduction, dans son sens linguistique restreint comme dans une acception plus élargie, n'est pas une opération neutre : les manières de la pratiquer sont historiquement, géographiquement et idéologiquement marquées et reflètent le mode de relation à l'Autre (une autre langue, un autre discours) dominant dans une culture donnée. La « traduction culturelle » réalisée par le remake, qui intègre des éléments du film français dans une forme, un style, un genre, un espace référentiel hollywoodien, s'inscrit par exemple dans le droit fil d'une tradition de *traduction linguistique transparente*. Majoritairement pratiquée dans la culture occidentale, et plus particulièrement par les traducteurs vers l'anglo-américain, une telle pratique de la traduction peut être analysée en termes idéologiques.

Comme l'étudie le théoricien et historien de la traduction Lawrence Venuti, la recherche de la fluidité et la valorisation d'une expression facile (*fluency*) caractérisent la traduction en langue anglaise, tant dans le domaine technique, où le souci de permettre une communication efficace justifie l'impératif de transparence, que dans le domaine littéraire, où la valorisation de la transparence ne découle pas d'une nécessité pratique. Le travail de traduction passe de ce fait à la fois par un effacement du traducteur, qui se doit d'être aussi invisible que possible, et par une appropriation du texte étranger, par une domestication qui décharge le texte d'une partie de ce qui fait sa différence linguistique et culturelle, en le « réécrivant » conformément à des standards et un canon anglo-américains. Soulignant la violence ethnocentrique inhérente à ce type de traduction (et plus ou moins, inévitablement, à toute forme de traduction), Venuti distingue également deux manières opposées de traduire, qui sont l'expression des rapports de force entre pays et entre langues. Quand une « culture dominée » traduit un texte d'une « culture dominante », elle tend à conserver et à incorporer dans le texte résultant des traits empruntés au texte source, à préserver une part de son altérité linguistique et culturelle. Au contraire, quand c'est une « culture dominante » qui traduit « une culture dominée », elle garde une sorte de contrôle sur le texte, qu'elle intègre de manière hégémonique dans son propre système de valeurs. La traduction constitue toujours une forme d'échange inégal[7]. Le remake hollywoodien, en transposant dans une forme hollywoodienne un film français, opère ainsi une traduction culturelle selon les mêmes modalités par lesquelles les cultures dominantes traduisent, linguistiquement, les textes des cultures dominées. En effaçant la référence à son film source (Voir chapitre premier), il cultive une tradition de transparence comparable à celle généralement mise en œuvre par les traductions littéraires en anglo-américain. Envisager le remake hollywoodien de film étranger comme une traduction culturelle n'est donc absolument pas contradictoire avec le fait de voir dans la pratique une marque de la domination hollywoodienne, même si, comme le rappelle Lucy Mazdon, la question de la domination, concernant le cinéma, se pose différemment suivant le niveau auquel on la considère : pour elle, la domination hollywoodienne est bien réelle sur un plan économique, mais contrebalancée par une valeur culturelle ajoutée qui penche en faveur des films français[8].

Un autre problème se pose lorsqu'on s'interroge sur les destinataires de la « traduction culturelle » opérée par le remake : comment peut-on en effet concilier la logique de la traduction culturelle, qui suppose qu'une œuvre a des destinataires limités, avec le succès rencontré par certains remakes de films français sur le marché international ? C'est sans doute là un des paradoxes des remakes hollywoodiens : ils refont leur film français source en l'américanisant, ce qui est cohérent avec une stratégie de domestication des discours et des représentations et avec l'idée que pour toucher le spectateur américain contemporain il faut lui parler son langage, mais ils s'exportent ensuite sur les écrans mondiaux ; les producteurs postulent que l'actualisation et la transposition d'un film français est nécessaire pour toucher le spectateur américain, mais ils s'assurent ensuite de la distribution de ce film hors d'Amérique. On voit bien que cela dote les versions originales – les films étrangers, mais aussi les « vieux films » – d'une altérité irréductible alors que les films hollywoodiens contemporains auraient la capacité de parler au monde entier. Plutôt que d'accorder une universalité de principe, de nature, au cinéma hollywoodien, il me semble plus juste d'expliquer la (possible) carrière internationale des remakes par une universalité acquise, fondée sur la domination du cinéma hollywoodien, dont les procédures narratives, les conventions génériques et les représentations peuvent être interprétées et reconnues par les spectateurs parce qu'elles leur sont familières. Il est donc important de souligner que la traduction culturelle effectuée par les remakes est avant tout une opération de traduction en « langage hollywoodien », de recréation en « contexte hollywoodien », ce qui implique que le terme « contexte hollywoodien » peut être pris dans un triple sens : le contexte américain ; le contexte du cinéma fait à Hollywood (un mode spécifique de représentation et de production de représen-

7. Lawrence Venuti, *The Translator's Invisibility. A History of Translation*, Londres/New York, Routledge, 1995.

8. Lucy Mazdon, « Introduction », *Journal of Romance Studies*, « Special Issue : Film Remakes », volume 4, n° 1, printemps 2004, p. 3.

tation cinématographique) ; le plus petit dénominateur commun de la culture de masse globalisée. Qu'on ait une vision positive du succès planétaire du cinéma hollywoodien, fondée par exemple sur l'expertise du grand public et l'activité des différents acteurs du monde du cinéma qui contribuent à rendre effective une supériorité du cinéma américain[9], ou qu'au contraire on considère ce succès comme la marque d'une mondialisation hégémonique et appauvrissante, comme une variante cinématographique du *globish*[10], cela ne change rien à l'affaire : c'est parce qu'il est présent partout dans le monde que le cinéma hollywoodien est universel, et non l'inverse.

Dans le cas des remakes transnationaux, la connaissance de fait du cinéma hollywoodien et néohollywoodien, de ses codes et de ses usages, peut pallier les particularismes « nationaux » entraînés par la transposition culturelle. *Sommersby*, la version américaine du *Retour de Martin Guerre*, en constitue un bon exemple. Le film de Jon Amiel, sorti onze ans après celui de Daniel Vigne, a réalisé un score tout à fait honorable aux États-Unis, mais aussi en France où il a atteint les 1 008 606 entrées en salles. Une telle réussite hexagonale pour un remake hollywoodien de film français est assez rare. En effet, le marché français est en règle générale moins favorable aux remakes de son propre cinéma parce que les spectateurs ont déjà vu, quelque temps auparavant, « la même histoire ». La proximité temporelle entre les deux versions, qui ne permet pas l'oubli du film français, est souvent un handicap pour le remake, et la tendance de nombreux remakes à trouver des équivalents culturels sans modifier fondamentalement la trame du film originel, nuit vraisemblablement beaucoup à leur carrière française. Or, dans le cas de *Sommersby*, un temps un peu plus long s'est écoulé depuis la sortie du *Retour de Martin Guerre* et la version hollywoodienne retravaille assez profondément la version française, en déplaçant notamment l'intrigue du Sud-Ouest français de la fin du XVIe siècle au Sud des États-Unis au lendemain de la guerre de Sécession. Cela étant, c'est parce que les équivalents culturels proposés par le film de Jon Amiel n'appartiennent pas seulement à l'histoire et la mémoire américaine, mais aussi à une tradition hollywoodienne connue du grand public français qu'ils peuvent faire sens pour celui-ci. Les westerns ont construit un horizon d'attente et ont familiarisé une certaine « culture américaine » que le spectateur peut mobiliser pour interpréter le remake. De plus, la présence de deux grandes stars internationales au générique (Richard Gere et Jodie Foster) constitue également une médiation qui rend lisible le film.

9. Fabrice MONTEBELLO, « Le cinéma américain est imbattable parce que nous l'aimons », in *CinémAction*, « Quelle diversité face à Hollywood ? », *op. cit.*, p. 30-35.

10. Version simplifiée de l'anglais que pratiquent les locuteurs de diverses autres langues pour communiquer entre eux et qui n'utilise que les mots et les expressions les plus communes.

Études de cas

Le travail de traduction auquel se livre le remake se limite rarement à la recherche de simples équivalents culturels (remplacer Montmartre par Greenwich Village, Paris par Washington D.C., une pharmacie par un drugstore, un prénom français par un prénom américain, etc.) : ce travail de surface sur les référents est effectivement utile, mais il ne peut suffire à transposer le film français dans le contexte hollywoodien. Quelles que soient la fidélité avec laquelle le remake suit sa version originale ou, au contraire, les distances qu'il prenne, il exprime donc toujours à la fois un autre regard sur une même histoire et un autre environnement esthétique, cinématographique, générique qui détermine la forme et le sens de ce nouveau récit filmique. Le processus de traduction culturelle implique donc à la fois un travail de dérivation (le remake est fait à partir d'un premier film) et une logique de différenciation (il est élaboré dans et pour un autre contexte).

La signification du remake ne peut que s'écarter de celle de son film source qu'il ne peut que « trahir », pour reprendre le terme utilisé par les détracteurs de la pratique. La transposition d'une rive à l'autre de l'Atlantique et la recherche, par les créateurs du remake, d'équivalents culturels affectent toujours le sens de l'histoire qui est refaite. Une telle réorientation culturelle est manifeste dans les remakes qui « réencodent » complètement leur film français source, comme *Sommersby*, mais elle est également sensible dans des remakes souvent dénoncés pour leur extrême proximité avec leur version originale, comme nous le verrons avec *Point of no Return*.

Le Retour de Martin Guerre/Sommersby : *l'Histoire change tout*

Sommersby (1993) transporte l'histoire d'une imposture, située dans le Sud-Ouest français sous la Renaissance dans *Le Retour de Martin Guerre* (1982), au Tennessee du lendemain de la guerre civile. Le film de Daniel Vigne comme celui de Jon Amiel prennent donc pour cadre des époques troublées de l'histoire nationale, qui sont aussi des époques de mutation. Le changement de décor dans le remake procède bien du désir de trouver un espace historique différent, mais qui jouerait un rôle équivalent dans la mémoire et l'identité américaine. Le lendemain de la guerre civile américaine est de manière plus évidente une époque de reconstruction, ce que montre effectivement *Sommersby*, et le moment où se construit une nouvelle identité américaine, après une guerre de Sécession qui est devenue le mythe fondateur de l'Amérique moderne. Mais *Le Retour de Martin Guerre* aussi développe, notamment par la bouche de Jean de Coras, conseiller au parlement de Toulouse et narrateur du film, un discours humaniste, effectivement nouveau à la Renaissance, mais auquel le film donne en plus, de manière totalement anachronique, des accents de l'esprit des Lumières : lors du procès de l'imposteur, Jean de Coras se fait quasiment le chantre de l'idéologie de la liberté et des droits de l'homme, plaçant la recherche de la justice et de la vérité au-dessus de tout, préférant relâcher un coupable plutôt que condamner un innocent, suggérant même, face à un curé présenté comme particulièrement obscurantiste, que lui ne croit pas au démon. Ce qui fait dire à Lucy Mazdon que la Révolution française, mythe fondateur de l'imaginaire national, est à la fois le sous-texte et la ligne de mire du récit. Cette chercheuse rapproche également les contextes français et américains de changement et de renouveau dans lesquels les deux films sont produits : l'élection de François Mitterrand et la victoire de la gauche en 1981 ; l'élection à la présidence des États-Unis fin 1992 de Bill Clinton, dont la campagne, soutenue par ailleurs par Richard Gere, qui incarne Jack Sommersby, a été fondée sur la promesse d'un renouveau pour la société américaine après douze années de présidence républicaine[11].

Mais, malgré les homologies, entre les deux contextes de production et entre les deux périodes représentées, et les investissements identitaires qu'elles autorisent, le déplacement de l'intrigue dans une autre histoire nationale, et dans une autre manière de convoquer la mémoire collective, modifie sensiblement la forme et le sens de l'histoire d'imposture. Le film français se donne pour un film historique et adopte explicitement une manière de raconter fortement marquée par la nouvelle histoire. L'histoire de Martin Guerre, un fait divers extraordinaire rapporté par Jean de Coras en 1561 dans son *Arrest memorable du Parlement de Toulouse*, commenté dans les *Essais* de Montaigne, de nombreuses fois repris au XIXe et au XXe siècles par le théâtre et la littérature, est traitée comme l'histoire d'individus ordinaires, d'une communauté de paysans, même si la présence de deux grandes stars, Gérard Depardieu (Martin Guerre) et Nathalie Baye (sa femme, Bertrande) rend parfois difficile de croire que l'histoire racontée est celle de gens ordinaires. Tout comme *Moi, Pierre Rivière ayant égorgé ma mère, ma sœur, mon frère* (René Allio, 1975) le faisait pour le parricide du XIXe siècle, *Le Retour de Martin Guerre* se fonde sur des témoignages historiques. Une historienne spécialiste de la paysannerie française du XVIe siècle, Natalie Zemon Davis, a collaboré au film et elle est créditée dès le générique initial, juste après Daniel Vigne et Carrière, les deux scénaristes. Le récit commence par un montage parallèle entre la cérémonie de mariage de Martin et Bertrande à Artigat en 1542 et l'arrivée au village, quelques années plus tard, du juge Jean de Coras (Roger Planchon), dont la voix off définit ainsi le récit : « Il ne vous est pas ici présenté un conte aventureux ou une fabuleuse invention, mais une pure et vraie histoire. Cela commença par un dimanche d'août, en 1542, au village d'Artigat, dans le comté de Foix, sous le règne de François Ier. »

Tout est donc fait dans le film pour donner au spectateur le sentiment d'une reconstitution historique authentique[12]. L'histoire de Martin Guerre donne l'oc-

---

11. Lucy MAZDON, *Encore Hollywood*, *op. cit.*, p. 76-78.

12. Cette recherche de reconstitution authentique a bien évidemment ses limites. Les scénaristes modernisent par exemple l'histoire en donnant une plus grande importance au personnage

casion de montrer un mariage et un carnaval au village, et il n'y a guère de plans, dans la partie de l'histoire qui se passe à Artigat, où l'on ne voit autour des protagonistes principaux, qui sont ainsi un peu noyés dans la collectivité villageoise, des femmes plumer des volailles ou préparer les repas, des villageois presser au pied le raisin ou vaquer aux travaux des champs.

Point de caution historique, ni de narrateur authentifiant, ni de désir « scientifique » de reconstitution dans l'évocation du Tennessee d'après la guerre de Sécession dans *Sommersby*. Alors que dans le film français toute une première partie dépeignait la vie au village entre le mariage du jeune Martin et son départ pour la guerre, le remake hollywoodien commence par « le retour de Sommersby » et une traversée de l'Amérique. Le héros pose la dernière pierre sur une tombe qu'il vient vraisemblablement de creuser et traverse ensuite l'Amérique du nord au sud : sa silhouette se découpe sur une série de grands espaces américains, il traverse les rues d'une ville dévastée par la guerre, et les paysages hivernaux deviennent de plus en plus lumineux au fur et à mesure qu'il s'approche de Vine Hill, où les habitants sont en train de reconstruire les maisons et l'église en ruine. Toutes ces images, comme celles qui montrent ensuite un monde de plantations, de crinolines, d'anciens esclaves noirs récemment émancipés travaillant dans les champs de tabac, d'adeptes du Ku-Klux-Klan, appartiennent à un répertoire connu d'images hollywoodiennes, à une mythologie cinématographique construite par les westerns et les films sur la guerre de Sécession : le méchant du film, Orin Meecham, rival de Jack, est même tout de noir vêtu, et une partie des costumes est directement empruntée à *Gone With the Wind*. *Sommersby* se passe donc fort bien d'un discours historique authentifiant.

Dans ce nouvel espace, l'affaire d'imposture occupe une place différente et revêt une tout autre signification. Dans le film de Daniel Vigne, la question de l'identité du héros est véritablement l'enjeu d'un récit dont elle constitue le suspense. À partir du moment où revient au village un Martin bien différent de celui du début du film (il est devenu bon mari, bon père et bon travailleur), le spectateur ne cesse de s'interroger, la structure en flash-back du début du film l'incitant à considérer le récit comme une enquête sur l'identité du héros. On voit Martin se souvenir des événements de sa vie passée et reconnaître les siens, mais le doute subsiste : d'anciens compagnons d'armée, de passage à Artigat, ne le reconnaissent pas ; les formes de ses pieds que le cordonnier a confectionnées avant son départ sont devenues trop petites ; il a quelques trous de mémoire, assez anodins toutefois pour s'expliquer sans avoir recours à l'hypothèse de l'imposture. Cette accusation est lancée par son oncle Pierre, qui voit d'un mauvais œil que

de Bertrande, qui passe du statut de victime de l'imposture à celui de complice, ou s'inspirent, pour reconstituer visuellement la vie paysanne du comté de Foix au XVIe siècle de la peinture française du siècle suivant ou de la peinture flamande. Voir à ce sujet Nathalie ZEMON DAVIS, Jean-Claude CARRIÈRE et Daniel VIGNE, *Le Retour de Martin Guerre*, Paris, Robert Laffont, 1982, et Anthony GURENATNE, « Cinehistory and the Puzzling Case of Martin Guerre », *Film and History*, vol XXI, n° 1, février 1991, p. 2-19.

Martin lui réclame les revenus de ses terres pendant son absence : le héros serait en fait Arnaud du Tilh, un homme du village voisin, qui aurait usurpé l'identité de Martin pour mettre la main sur ses biens. L'affaire est donc jugée au parlement de Toulouse et le doute persiste jusqu'au bout – en particulier parce que les déclarations de Bertrande, sa femme, tantôt l'accusent, tantôt l'innocentent. Le héros est sur le point d'être blanchi quand le vrai Martin se présente à la cour. Celui qui n'était en fait qu'Arnaud du Tilh lui tient tête avec brio avant de se trahir bêtement, par excès de confiance en lui. Il est condamné à être pendu.

Dans le remake au contraire, la question de l'imposture devient un simple ressort de l'intrigue, qui est ici linéaire. Le spectateur, qui a vu dans la première image Sommersby enterrer un homme, sait très vite qu'il s'agit d'un imposteur ; son chien ne le reconnaît pas et sa femme Laurel (Jodie Foster) se demande « qui est cet homme assis dans ma cuisine ? » Le film se centre sur l'histoire d'amour entre Jack et Laurel – il la (re)conquiert pour lui faire oublier les mauvais souvenirs laissés par le Jack passé –, dans des séquences où l'émotion et la sentimentalité sont constamment soutenues par une musique très romantique, et sur les changements que Jack introduit dans la communauté de Vine Hill : il traite les Noirs comme les autres villageois ; il leur donne un lopin de terre qu'ils peuvent cultiver et dont ils peuvent vendre les récoltes ; il décide d'abandonner la culture du coton pour celle du tabac, plus rentable. Jack Sommersby se trouve assez vite en but à l'hostilité du Ku-Klux-Klan et à celle du pasteur, Orin (Bill Pullman). Celui-ci a deux bonnes raisons de détester Jack : il est raciste et il espérait épouser Laurel. Orin a des soupçons concernant l'identité du héros, que des gens de passage ont, comme dans le film français, mise en doute, mais c'est un événement complètement extérieur, venu du passé, un meurtre commis par l' « ancien Sommersby » qui déclenche le procès. Le héros se trouve alors confronté à un dilemme : soit il affirme être Jack Sommersby et il est condamné à la pendaison ; soit il reconnaît être Horace Townsend et il échappe à la mort. Laurel, qui souhaite le sauver, promet à Orin de l'épouser si en échange il accepte d'assurer lors du procès que son mari est un imposteur. Mais Sommersby tient à conserver l'identité qu'il a acquise et, pour obliger Laurel à faire un faux témoignage, il lui demande devant la cour s'il est son mari « dans son cœur », ce à quoi la jeune femme ne peut que répondre oui. Le héros est donc condamné, non pour imposture, mais parce qu'il paie la faute qu'un autre a commise. L'affaire d'imposture est ainsi complètement transformée en un mélodrame romantique, où Jack Sommersby meurt en héros rédempteur. Il se sacrifie pour trois raisons qu'il explique à sa femme dans une dernière conversation. Tout d'abord, il ne tient pas à être un bon à rien d'Horace Townsend, mais à rester le Jack Sommersby qu'il a mérité d'être et de devenir pendant les trois années qu'il vient de passer à Vine Hill. Ensuite, parce qu'il aime Laurel, il veut par sa mort la délivrer de sa promesse à Orin, ce qui lui permettra de conserver sa liberté. Enfin, il estime que sa disparition est utile au bien de la communauté et assure la pérennité des nouveaux principes qu'il a introduits à Vine Hill : maîtresse de ses biens et de son destin, Laurel, qui l'a toujours soutenu dans sa volonté de faire travailler ensemble tous les villageois, Noirs et Blancs, continuera son œuvre progressiste.

L'exécution du faux Sommersby est un moment d'intense émotion mélodramatique, amplifiée par une puissante musique symphonique : il adresse ses derniers mots d'amour à Laurel en larmes au milieu d'une foule elle aussi affligée par la disparition de l'homme qui était devenu l'âme de la communauté. La même musique se poursuit dans la séquence finale qui commence par des vues très larges du village où la reconstruction continue : un homme répare une barrière, d'autres repeignent les colonnades d'une maison et plusieurs plans insistent sur la fin de la construction de l'église, où l'on achève la charpente du clocher. Le film se termine sur des plans de Laurel qui apporte des fleurs sur la tombe de celui qui restera Jack Sommersby. La fin tragique du héros n'est pas inutile, c'est un sacrifice clairement montré comme l'aube d'une nouvelle Amérique. En ce sens, *Sommersby* mérite plus d'être comparé aux films de Capra qu'à des films sur la Reconstruction comme *Birth of a Nation* ou *Gone With the Wind* auxquels il emprunte pourtant son iconographie[13]. À l'inverse, la pendaison d'Arnaud du Tilh se déroule dans le film français dans l'indifférence générale – les villageois en sont les simples témoins, sans participation affective manifeste – et la mort du héros ne débouche sur rien puisque le vrai Martin a repris sa place et le village continue à vaquer à ses travaux usuels après la condamnation. Le film se termine même sur un commentaire en voix off annonçant de nouvelles menaces, celles des guerres de Religion à venir, et rappelant que Jean de Coras lui aussi fut condamné à mort dix ans plus tard, en 1572, à la suite de la nuit de la Saint-Barthélémy.

Les deux espaces-temps, dont on avait commencé par noter l'homologie, se révèlent *in fine* porteurs d'un message et d'une vision de leur histoire nationale respective radicalement opposés : la Renaissance française débouche, dans le village d'Artigat, sur un immobilisme social, sur l'oubli du héros, et, à moyen terme, sur un avenir de troubles, de violences et de destruction, alors que les lendemains de la guerre civile américaine s'ouvrent sur un futur de paix, de concorde et de prospérité où l'on commémore ses héros fondateurs.

Nikita/Point of no Return :
la codification générique internationale n'uniformise pas tout

Les films hollywoodiens qui ont l'air de copies conformes de leur version originale française présentent aussi, quand on les regarde attentivement, des différences sensibles qui doivent autant à leur ancrage culturel qu'aux intentions de leurs auteurs (cinéastes, scénaristes, producteurs, acteurs…). Comme le souligne Ginette Vincendeau, « même le remake hollywoodien d'un film français censé être aussi américanisé que *Nikita* révèle que les références culturelles de la

13. Brigitte HUMBERT, « Re-making History and Cultural Identity : From *The Return of Martin Guerre* to *Sommersby* », *Film Criticism*, vol 26, n° 1, p. 19.

version originale infléchissent de manière significative sa prétendue codification générique internationale[14] ».

Dans *Nikita* comme dans *Point of no Return*, Nikita (Anne Parillaud)/Maggie (Bridget Fonda) est une jeune droguée, arrêtée lors d'un braquage où elle a tué un policier et condamnée à la prison dans la version française, à mort dans la version américaine. Elle échappe à sa peine, mais meurt à la société, grâce à l'intervention de Bob (Tcheky Karyo/Gabriel Byrne), qui décide de la transformer en tueuse professionnelle au service de l'État. Une partie du récit est consacrée à l'instruction de la jeune femme dans un centre d'entraînement fermé où son agressivité et ses potentialités sont canalisées, sous la houlette de deux mentors, Bob, et une femme plus âgée, Amande (Jeanne Moreau)/Amanda (Anne Bancroft). Dans le film américain, ce façonnage s'accompagne d'un changement de prénom : Maggie devient Nina. Une fois sa transformation achevée, Nikita/Nina accomplit une série de missions délicates et sanglantes, tout en s'engageant dans une relation amoureuse avec un jeune homme, Marco (Jean-Hugues Anglade)/ J.P. (Dermot Mulroney), qui commence à avoir des soupçons sur le passé et les activités réelles de son amie. Après une mission particulièrement horrible, la jeune femme disparaît. Bien que *Point of no Return* soit extrêmement proche de *Nikita*, le remake diverge par de nombreux détails. Beaucoup concernent directement la construction de l'identité féminine de cette héroïne hors norme, une *woman with a gun*[15] : par exemple, l'ambiguïté du prénom Nikita disparaît du remake, où la jeune femme a dès le début du film un prénom féminin, Maggie, puis un autre prénom féminin pour la désigner dans son activité professionnelle, Nina, choisi d'après la chanteuse noire américaine Nina Simone que la jeune femme écoute en boucle lors de son entraînement. D'une manière générale, le film hollywoodien montre la construction d'une créature féminine plus achevée, plus formatée et plus contrôlée par ses créateurs que dans le film français. Le remake parvient même, à la fin du récit, à transformer son héroïne en une icône glamour assez traditionnelle, ce qui est facilité par la différence physique entre le corps maigre et musculeux d'Anne Parillaud et le corps svelte mais aux formes plus douces de Bridget Fonda : après la disparition de Maggie-Nina, Bob et J.P. discutent dans l'appartement du couple devant une très grande photographie de la jeune femme, prise par J.P. – il est photographe, alors que le Marco français était employé dans un supermarché –, qui évoque plus la star féminine Bridget Fonda que l'héroïne violente Maggie-Nina.

La plupart des détails qui séparent les deux films concernent la représentation et la construction des identités sexuées, qui se trouvent ainsi ancrées dans un paysage et des traditions culturelles et cinématographiques spécifiques. Ainsi, le

14. Ginette VINCENDEAU, « Hijacked », *Sight and Sound*, juillet 1997, p. 25.

15. Pour une analyse détaillée des différences entre les deux films et une discussion sur leur construction de l'identité féminine, voir Susan HAYWARD, *Luc Besson*, Manchester/ New York, Manchester University Press, 1998 ; Pauline MACRORY, « Excusing the violence of Hollywood women », *Screen*, vol 40, n° 1, printemps 1999, p. 51-65 ; David I. GROSSVOGEL, *Didn't You Used to Be Depardieu ? Film as Cultural Marker in France and Hollywood*, New York, Peter Lang, 2002, p. 146-160.

Bob français est présenté comme plus âgé que Nikita et entretient avec elle une relation paternelle extrêmement ambiguë. Cela le rapproche des figures paternelles incestueuses qui constituent un thème spécifique et récurrent du cinéma français, notamment dans les années 1930[16], mais aussi dans les années 1980 où de nombreux films reviennent sur les relations (ambiguës, conflictuelles ou incestueuses) entre un père, beau-père ou père d'adoption et une fille adolescente[17] : *Beau-Père* (Bertrand Blier, 1981), *L'Été meurtrier* (Jean Becker, 1983), *Charlotte for ever* (Serge Gainsbourg, 1986), *La Puritaine* (Jacques Doillon, 1986) ou encore *Mon père, ce héros* (Gérard Lauzier, 1991). Cette dyade père/fille disparaît complètement de la version américaine où la différence d'âge entre Maggie/Nina et Bob, toujours instructeur et toujours amoureux, n'est jamais évoquée. Il en résulte un chapelet de différences dans la scène de rencontre entre l'ami de l'héroïne et l'instructeur, inquiet et jaloux, qui s'invite un soir chez le jeune couple, prétendant être l'oncle de la jeune femme. Quand le jeune homme interroge Bob sur l'enfance de Nikita, celui-ci invente dans le film français le souvenir d'une petite-fille qui imitait les grenouilles. Il réaffirme ainsi leur différence d'âge tout en innocentant leur relation et en censurant ses propres désirs « incestueux », alors que le Bob américain évoque l'image, explicitement érotisée, d'une jeune fille à cheval. La scène devient ensuite clairement dans *Point of no Return* une scène de rivalité amoureuse entre J.P. et Bob, alors que la tension entre les deux hommes reste toujours contenue dans *Nikita*, Marco acceptant naturellement l'autorité toute paternelle de Bob.

Les leçons de féminité, dispensées dans chaque film pendant la période d'instruction par une figure iconique, Jeanne Moreau/Anne Brancroft, et destinées à transformer une sauvageonne androgyne en femme élégante, n'ont également pas les mêmes visées, bien que toutes deux évoquent un rapport mère-fille, puisqu'Amande et Amanda ont été jadis dans la position de leur élève. La féminité qu'Amande apprend à Nikita est une construction. Lors de la première leçon, qui se déroule dans un minuscule bureau sous les combles, elle lui apprend à sourire quand elle ne sait quoi répondre parce que « cela ne nous rend pas plus intelligentes, mais plus agréables à ceux qui nous regardent » et un plan assez long montre, dans le reflet de la glace, le visage clownesque de Nikita qui essaie de transformer une grimace en sourire. Lors de la deuxième leçon, Amande se contente de répondre à la question de Nikita « Vous avez été à ma place avant ? » en lui donnant un tube de rouge à lèvres. Elle lui conseille de se laisser « guider par son plaisir de femme» et lui donne comme unique recommandation de ne pas oublier « qu'il y a deux choses sans limites, la féminité et les moyens d'en abuser », tandis que la caméra montre d'abord les visages des deux femmes, côte à côte dans la glace, puis celui de Nikita, métamorphosé, qui continue de se maquiller avant ce qui sera sa première mission. Le film de Besson énonce la

16. Voir Noël BURCH et Geneviève SELLIER, *La Drôle de guerre des sexes du cinéma français, 1930-1956*, *op. cit.*

17. Ginette VINCENDEAU, « Family Plots : The Fathers and Daughters of French Cinema », *Sight and Sound*, mars 1992, p. 14-17.

féminité comme une mascarade, mais aussi comme une arme, se plaçant ainsi, par le choix de Jeanne Moreau et par le plan sur les visages des deux femmes, dans une tradition cinématographique qui renvoie « aux héroïnes ambivalentes de la Nouvelle Vague jouées par Moreau (*Les Amants, Jules et Jim*)[18] ». Dans le remake, Amanda officie dans un immense salon où trône un piano à queue, beaucoup plus conforme au stéréotype de l'école de charme et assez représentatif de la tendance de *Point of No Return* a reproduire « en plus grand » le film de Besson. Tout son discours vise, non à présenter la féminité comme quelque chose qui s'acquiert, mais, à partir d'une assimilation entre beauté et féminité, à inciter son élève à laisser s'exprimer, en souriant, la féminité (beauté) qu'elle a déjà en elle : elle a le choix d'être « vilain petit canard ou cygne », et « si elle se croit belle, alors elle le sera ». Avec Amanda, Maggie-Nina ne travaille pas à intégrer les codes de la féminité, mais à laisser se révéler une féminité posée comme innée, naturelle – ce que le choix d'une actrice glamour vient par ailleurs authentifier. Il est donc assez cohérent que la métamorphose de la jeune femme soit plus achevée et plus conformiste dans le film hollywoodien. L'apprentissage ne concerne de fait que les bonnes manières : ne pas cracher son chewing-gum par terre, savoir manger une caille rôtie sans l'attraper à pleines mains. Même le sourire n'est pas ici montré comme une arme de séduction, mais comme un moyen de contrôler sa colère ou sa peur en lâchant avec désinvolture le sésame de la vie en société, « les petits détails ne m'ont jamais intéressée ».

* *
*

L'étude du remake comme traduction culturelle nécessite une double démarche : d'une part une analyse comparée des deux versions et des transformations que le remake opère par rapport à sa version originale ; d'autre part, la mise en relation de ces points de divergences avec le contexte dans lequel chacun des deux films est réalisé, qui seule peut éclairer sur le sens de ces modifications. Il ne s'agit donc pas de se livrer à une forme de « Jeu des 7 erreurs », où le but est de repérer les variations, minimes, entre un premier dessin et sa copie – un nuage de plus dans le ciel, une boucle à la ceinture ajoutée, un bouton en moins sur un manteau, etc. Si le repérage des différences est un passage obligé, il ne suffit pas pour proposer une interprétation. Il est indispensable, dans cette perspective comparative sans doute plus encore que dans toute autre analyse, de déterminer, à la lumière de l'examen d'une paire « version originale française/remake hollywoodien », une ou des zones où s'expriment ces différences culturelles, aussi bien par des options esthétiques, génériques et narratives que par des choix de contenu. L'identification d'une telle zone fournit un axe de lecture – il y en a évidemment plusieurs possibles, les spécificités culturelles en jeu dans l'un et l'autre film pouvant affecter

18. Ginette VINCENDEAU, « Hijacked », *op. cit.*, p. 25.

différents types de représentations –, et une zone se révèle d'autant plus féconde pour l'analyse qu'elle est en contact direct avec le sujet ou l'un des thèmes principaux du récit, comme on a pu le voir avec la question des identités sexuées dans *Nikita/Point of no Return*.

À titre d'exemple, je présenterai ci-dessous deux couples de films bien différents, *Le jour se lève* (Marcel Carné, 1939)/*The Long Night* (Anatole Litvak, 1947), *Trois hommes et un couffin* (Coline Serreau, 1985)/*Three Men and a Baby* (Leonard Nimoy, 1987), mais il va de soi que les autres analyses qu'on a trouvées en amont dans cet ouvrage ou qu'on lira en aval rendent aussi compte et de la traduction culturelle opérée par le remake hollywoodien et de la méthode d'analyse culturelle des couples « version originale française/remake hollywoodien ». Ces deux paires ne sont donc pas plus ou moins exemplaires que d'autres, même si deux critères m'ont amenée à les retenir : les deux films français ont été réalisés à partir de scénarios originaux, ce qui lève toute ambiguïté sur le statut du remake hollywoodien et évite d'avoir à introduire un texte littéraire ou une pièce en tiers dans la comparaison ; chacun des remakes s'inscrit dans un âge différent du remake, dont j'ai décrit les spécificités dans le chapitre II. *The Long Night* est un remake classique et *Three Men and a Baby* un remake contemporain *mainstream*.

Le jour se lève/The Long Night : *avant-guerre française et après-guerre américaine*

The Long Night fait partie de ces remakes classiques honnis par la critique française de l'après-guerre parce qu'ils copient jusqu'à la lettre les films français dont ils s'inspirent. Le film de Litvak est effectivement très proche de *Le jour se lève*. Il en reprend l'histoire, certaines séquences plan par plan, la structure narrative en flash-back qui avait frappé par son caractère novateur dans le cinéma français de la fin des années 1930, l'essentiel du dialogue, les personnages, de nombreux éléments du décor – jusqu'au manteau noir et blanc porté par Valentin (Jules Berry) et qui se retrouve sur les épaules de Maximilian (Vincent Price). Dans les deux films, un homme, François (Jean Gabin)/Joe (Henry Fonda) vient de commettre un meurtre et s'est barricadé dans sa chambre, au dernier étage d'un immeuble dont la police fait le siège toute la nuit. Pendant cette nuit, il se souvient des événements qui ont conduit au meurtre et que nous voyons grâce à une série de retours en arrière subjectifs. Il a rencontré un jour à l'usine une jeune fille, Françoise (Jacqueline Laurent)/Joe Ann (Barbara Bel Geddes), qui venait livrer des fleurs au directeur et s'était égarée dans l'atelier où il est ouvrier. Il est tombé amoureux d'elle, mais a entretenu parallèlement une liaison avec Clara (Arletty)/Charlene (Ann Dvorak), une artiste de music-hall désabusée. Valentin/Maximilian, un dresseur de chiens, a été l'amant et le protecteur de ces deux femmes et il s'oppose à l'idylle entre François/Joe et Françoise/Joe Ann. Alors que tout semble s'arranger entre les deux jeunes gens, Clara/Charlene, jalouse, dévoile à François/Joe la liaison de la jeune fille avec Valentin/Maximilian. Ce dernier vient trouver et narguer le jeune homme, qui le tue dans un accès de colère avec l'arme que le sinistre personnage avait apportée avec lui. Seule la fin des deux films diffère : dans *Le jour se lève*, François se suicide au petit matin, juste avant que la police ne donne l'assaut ; dans *The Long Night*, Joe Ann parvient à rejoindre Joe, à lui faire entendre raison et à le convaincre de se rendre à la police.

Cette fin heureuse constitue, avec le prologue ajouté au récit et la transformation de la séquence de la serre, la transformation majeure et la plus évidente apportée au film de Carné. Elle change complètement l'orientation du récit : on passe d'une fatalité tragique, d'une crise absolue et sans recours, avec un dernier plan sur le cadavre de François allongé au milieu des vapeurs des gaz lacrymogènes, à une fin optimiste où la relation entre Joe et Joe Ann n'est pas interrompue et où le jeune homme sort de sa mansarde quasiment en héros, ce qui laisse présager, plus tard, une nouvelle vie. Ce dénouement s'explique certes par l'impossibilité de figurer le suicide d'un héros positif, à qui va l'identification du spectateur depuis le début de film et dont la droiture se trouve encore renforcée par l'image de son interprète, Henry Fonda, tout droit sorti de *My Darling Clementine*, réalisé par Ford l'année précédente. Si le discours du film est évidemment sur ce point contraint par des exigences de censure similaires à celles qui modifient la fin des remakes hollywoodiens de *Pépé le Moko* ou de *La Bête humaine*, cette fin heureuse, qui donne une seconde chance au héros, est préparée dès le début du film par un discours résolument optimiste. Le prologue en effet montre l'image d'une société d'après-guerre unie et tournée vers un avenir de prospérité, dans laquelle, comme le remarque Tom Brown, « non seulement l'oppression de classe est “universalisée” en traumatisme de guerre, mais la solidarité de classe est universalisée en solidarité de guerre[19] ». *The Long Night* convertit à la fois la fatalité tragique, le portrait allégorique et populiste d'une société en crise et le discours de classe de *Le jour se lève*, dans un discours de confiance en la société et en la justice, où le fait divers n'apparaît finalement que comme un incident de parcours sur le chemin du retour à la paix et à la prospérité, après la guerre.

Dans *Le jour se lève* François est un ouvrier, dont la vie se résume, exception faite de ses relations avec les trois autres protagonistes du drame, à son travail à l'usine. Joe, qui accomplit les mêmes tâches à l'usine, est doté d'une vie avant le film et hors de l'usine puisqu'il est un vétéran de l'armée américaine qui a servi contre les armées allemandes. Il s'agit donc dans les deux contextes d'une image masculine positive et porteuse d'identification pour leur public, mais la figure de l'ouvrier et le choix de Gabin pour l'interpréter, cohérent avec le cinéma français populiste de l'époque, est remplacée par une figure de *common man*, où la dimension de classe est atténuée par la référence à la participation à la guerre. Dès sa première séquence, *The Long Night* arrime très clairement le récit dans le paysage d'une Amérique d'après-guerre, qui sait sortir forte et victorieuse des crises et des conflits. Contrairement à *Le jour se lève* qui, après quelques plans d'extérieur sur la

19. Tom BROWN, « Les remakes des films français : l'âge classique », *op. cit.*

petite place et l'immeuble, entre directement dans la cage d'escalier de l'immeuble où le spectateur est, comme l'aveugle qui monte les escaliers, témoin d'un drame qui finit de se jouer à huis clos, le remake s'ouvre sur un préambule documentaire, commentée par la voix off d'un narrateur. À une série de plans sur des villes industrielles américaines – Yougstone dans l'Ohio, Bethlehem en Pennsylvanie et Gay dans l'Indiana – où l'activité a l'air de battre son plein, succède un plan sur un panneau indicateur où sont inscrits les noms de trois autres villes du Nord-Est des États-Unis, elles aussi connues pour leurs industries, Pittsburgh, Colombus et Cleveland. Les images offrent donc une localisation géographique précise du théâtre du drame à venir. Elles sont commentées par une voix off soucieuse de placer le récit dans un environnement spécifiquement américain et contemporain, bien loin du contemporain vague du film de Carné, tout en préservant la portée universelle du récit, garantie à l'orée du film par une citation de *Macbeth*, « *The night is long that never finds the day* ». L'histoire, nous dit la voix off, pourrait se passer « n'importe où » puisque c'est l'histoire d'un « Américain ordinaire vivant dans une ville comme celle-ci » (« *an average human being living in an American town such as this* »), « aux confins de l'Ohio et de la Pennsylvanie ». La séquence se poursuit par la présentation de la petite ville, divisée entre une ville basse et une ville haute. Mais cette évocation d'un clivage social entre les deux mondes cède la place à une plongée au cœur des rues, plutôt passantes et animées, de la ville basse et se centre très vite sur un discours de célébration patriotique. On découvre l'Allegheny Square, présenté comme le centre historique de la ville, et qui est aussi le centre géographique du film puisque la fenêtre de Joe donne sur cette place. De plus, cet espace renvoie explicitement au « cœur » de l'Amérique, puisque Allegheny est le nom d'un comté de Pennsylvanie, État qui est le lieu de naissance des États-Unis, et d'une bataille cruciale de la guerre de Sécession. La référence est d'ailleurs en partie explicitée par la voix off dans la description sommaire qu'elle offre de la place : « L'armée y érigea un monument à la mémoire des héros de 1865. Les petits gars se réunissaient dans cet hôtel. Mais ça semble loin. Aussi loin que la dernière guerre mondiale. Mais Frank Dunlap, ex sous-off dans les Marines, connaît chaque recoin de la place et de la maison où il est né et où il loue maintenant une chambre au second. »

La voix off installe donc clairement le film dans une atmosphère patriotique et consensuelle. La Seconde Guerre mondiale, qui n'est tout de même pas si loin (nous sommes en 1947 !), est désormais derrière l'Amérique et finit par rejoindre dans le passé l'époque de la guerre de Sécession, devenue un événement plus fondateur dans l'imaginaire hollywoodien que la guerre d'Indépendance. De plus le premier personnage introduit par le film, Frank, est un vétéran. Cet aveugle, qui reprend l'aveugle de *Le jour se lève*, n'est plus dans *The Long Night* un anonyme. Handicapé qu'on peut supposer de guerre, il prépare l'entrée dans le récit du héros, Joe, lui aussi vétéran, qui se trouve ainsi dès le début du film inscrit dans une collectivité américaine plutôt glorieuse – celle des anciens combattants du conflit mondial –, à l'opposé de François séparé de tout dans sa mansarde.

Pendant toute la suite du film, des références à la guerre viennent s'ajouter aux images et aux dialogues empruntés au film de Carné. Un ensemble de détails, visuels ou sonores, rappelle tout d'abord que Joe a servi son pays pendant la guerre, et la *persona* d'Henry Fonda, qui s'est lui aussi engagé et illustré dans le conflit, vient authentifier cette construction du personnage. Les vestes militaires de Joe sont par exemple bien visibles dans son armoire. Alors que *Le jour se lève* laisse son héros silencieux dans la solitude de sa mansarde, *The Long Night* fait entendre en voix off intérieure les pensées de Joe, sans doute dans un souci de plus grande explicitation et pour créer un plus grand sentiment de proximité avec lui. Inévitablement, le souvenir de la guerre surgit dans le flux de ses pensées lorsqu'il regarde la banderole où est écrit « *Welcome home* » : «Welcome home. Home sweet home. Qu'est-ce que ça change maintenant ? » De même, il évoque les débarquements d'Italie et de Normandie dans la séquence en flash-back où il se rend chez Joe Ann. La foule aussi prend à partie les forces de l'ordre en évoquant la guerre : « Toute une armée pour un seul homme. L'état-major va déclencher l'offensive ? Tant que vous y êtes, trouvez un coin d'asphalte mou et creusez des tranchées. » Valentin/Maximilian, le seul être véritablement mauvais dans les deux films, est inscrit implicitement dans *Le jour se lève* dans un schéma de classes (le bateleur a des airs de bourgeois, « sait causer », aurait même une licence de philosophie selon Clara), alors que le remake l'assimile explicitement à un nazi : on l'appelle « Herr Maximilian » et Joe s'exclame lorsqu'il discute avec lui au bar : « Alors le revoilà avec sa conscience ! Pleurnichant des regrets ! Il est désolé. Nazi, lui ? Jamais. » Le geste meurtrier de Joe semble ainsi justifié, innocenté comme s'il s'agissait en fait de se débarrasser d'un dernier ennemi de guerre.

La séquence où Joe harangue avec rage les badauds assemblés sous ses fenêtres fait encore référence à la guerre et ses propos, quoique placés au même moment dans le récit et dans la même situation dramatique que dans *Le jour se lève*, ont un sens radicalement différent :

> – François, dans *Le jour se lève* : Ah un assassin, c'est intéressant un assassin. J'suis un assassin. Mais oui, j'suis un assassin. Mais les assassins ça court les rues. Y'en a partout. Partout, tout le monde tue. Tout le monde tue un petit peu, seulement on tue en douceur alors ça s'voit pas. C'est comme le sable. C'est en d'dans [*en se frappant la poitrine*], là en d'dans.
>
> – Joe, dans *The Long Night* : Excitant, hein ? Un meurtrier ! Un assassin ! Je croyais en avoir fini avec la tuerie, je n'en avais pas besoin, je haïssais ça ! Peut-être plus que vous ! Eh bien, me voilà ! Vous n'avez jamais vu un assassin avant ? J'en ai vu plein Et plein de morts. Toute sorte de meurtriers. Et plein de façons de mourir. Tout le monde tue un petit peu, tranquillement, et personne ne voit rien.

Dans le dialogue de Prévert, plus métaphorique, la société dans son ensemble tue, tout comme le travail à l'usine, ainsi que l'indique l'allusion au sable. L'explosion de colère de François s'inscrit dans un discours de dénonciation des conditions de travail des ouvriers, constant dans le film : les fleurs que tient Françoise à l'usine se fanent en quelques secondes dans une belle image qui dit la nocivité de l'air qu'on y respire, annonce l'avenir de l'idylle naissante entre les deux jeunes gens et dénonce, métaphoriquement, le mythe de la jeune fille pure ; François commente ironiquement le slogan « le travail c'est la liberté » en ajoutant « et puis c'est la santé » ; les cheminées d'usine qui se détachent sur le ciel ont toujours un aspect inquiétant. Dans *The Long Night*, les meurtres ne sont rapportés qu'à la guerre et au passé du personnage, la société et le travail ne sont absolument plus en cause, alors que Joe fait exactement le même travail que François. Il est évidemment impossible au film hollywoodien de dénoncer, en pleine phase d'activité économique, une industrie qui empoisonnerait ses propres ouvriers, mais cela ne doit pas masquer que le film suit ici, avec cohérence, sa propre ligne, éloignée de celle de Carné : jamais le travail n'y est présenté comme aliénant ou nocif.

À l'univers implacable de l'usine et du quotidien de François, le film français oppose un ailleurs, le monde de la nature, mais tout est fait pour indiquer que cet ailleurs est une illusion. L'idylle entre les deux jeunes gens naît d'une apparition incongrue et quasi surréelle dans le bruit et la poussière de l'atelier : Françoise, vêtue d'une robe à fleurs, un pot d'azalées dans les mains, se tient devant François, enfermé dans une combinaison de travail aux allures de scaphandre, et qui lui trouve un air de « petit arbre ». La romance, présentée dans *Le jour se lève* comme un rêve impossible à l'écart de l'horreur mortifère de l'usine, se développe à partir de deux fantasmes illusoires, une « fixation érotique masculine sur une image de femme-fleur, issue de la tradition romantique et revalorisée par le surréalisme (dont Prévert est proche) », et une apparition « sortie du paradis d'avant l'industrialisation[20] ». La séquence de la serre, qui fonctionne comme une fausse fin heureuse aux péripéties que le couple de jeunes gens a traversées, montre bien le caractère chimérique de l'amour de François et de son aspiration à un ailleurs, naturel et préindustriel. Françoise y déclare à François, agacé par les manigances de Valentin, qu'elle renoncera désormais à le voir, elle lui donne, en gage d'amour, la broche que le montreur de chiens lui a offerte, et l'invite à se rapprocher d'elle au milieu d'une végétation paradisiaque. Mais la mise en scène, extrêmement travaillée, dénonce le caractère artificiel de ce moment d'intimité et d'abandon : la composition des plans et la stylisation des angles de vue limitent la sensualité de la scène, mettent à distance le rapprochement amoureux et soulignent l'irréalité de cette réconciliation. Cette séquence dénonce ainsi comme un fantasme l'obsession de la femme pure et fleur, qui hante François et le poussera plus tard à tuer un Valentin qui persifle la pureté des jeunes filles, en même temps qu'elle désigne comme une illusion la possibilité d'un ailleurs, d'une alternative au monde dur, industriel et malsain du travail à l'usine.

Dans le remake hollywoodien, la séquence de la serre est remplacée par une véritable scène d'explication. Joe et Joe Ann sortent de la verrière, font quelques pas et s'arrêtent devant une affiche « *Peace and Prosperity* » qui se détache sur

20. Noël Burch et Geneviève Sellier, *La Drôle de guerre des sexes du cinéma français, 1930-1956*, *op. cit.*, p. 69.

un arrière-plan d'usines. La séquence se déroule dans un paysage industriel réel et contemporain, et non plus dans un paradis artificiel déréalisé, ce qui est assez logique puisqu'il n'y a aucun besoin dans *The Long Night* d'opposer la romance à une réalité sociale implacable. De plus, les deux personnages sont assis sur des planches et entourés de matériaux de construction, qui symbolisent autant le développement industriel du pays que la construction d'une vie de couple future. Le film donne à cette occasion un peu plus d'autonomie narrative au personnage féminin, puisque Joe Ann raconte son passé avec Maximilian, que l'on voit dans un flash-back à valeur authentifiante d'une dizaine de minutes. Maximilian est montré comme un manipulateur, qui embrasse de force la jeune fille lors de leur première rencontre, se rachète par un cadeau, accumule les mensonges. Mais Joe Ann décrit aussi l'ambiguïté des sentiments que cet homme lui a inspirés : elle a été flattée de l'intérêt que cet homme cultivé éprouvait pour elle, heureuse de se rendre grâce à lui pour la première fois de sa vie à un concert et de recevoir un cadeau de Noël ; elle exprime son dégoût devant ses manigances et ses mensonges – les images nous montrent sa colère lorsque Maximilian l'embrasse – mais elle évoque clairement le trouble dans lequel il l'a jetée, puisqu'elle interprète les frissons qu'elle ressentait à son contact tour à tour comme un signe de peur et comme une attirance physique. Même si la jeune femme omet une partie de la vérité, que Charlene puis Maximilian dévoileront par la suite à Joe – tout comme dans *Le jour se lève* –, c'est à elle que revient le pouvoir de dénoncer l'illusion de pureté virginale à laquelle Joe est accroché. Cet aveu partiel a valeur de rédemption pour l'héroïne – elle retrouve par sa (demi)-franchise une liberté et une ingénuité qui la sort du type négatif de la femme fatale, comme il est de coutume dans les films noirs à fin heureuse ; il prépare le dénouement en faisant de Joe Ann une héroïne forte et honnête qui pourra rejoindre Joe dans sa mansarde et le ramener à la raison ; il affirme que l'amour n'est pas une illusion.

Alors que le film de Carné oppose de manière tragique un ailleurs irréel à la réalité de l'amour et à la dureté de la société, le remake hollywoodien affiche en définitive une foi sans faille en la formation du couple dans une société « réelle » qui n'est jamais présentée comme fondamentalement hostile. L'ailleurs du film de Litvak n'est pas celui d'un rêve qui s'opposerait au désespoir du présent, il appartient au passé : c'est celui de la guerre, utilisée de manière assez ambivalente. Le meurtre commis par Joe devient, au sens plein du terme, une séquelle de la guerre, à laquelle le film relie implicitement la crise que traverse le héros sans toutefois exploiter explicitement le thème du retour à la vie civile du soldat, et les références au conflit servent à la fois à innocenter le héros, à en faire un semblable et à accentuer la vision d'une société unie et d'un homme qui connaît, après des difficultés, un « second départ ».

Il est donc tout à fait logique que la représentation des forces de l'ordre et de la justice soit beaucoup plus positive dans *The Long Night*. Les dialogues entre la police et la population y sont beaucoup plus nombreux et les forces de l'ordre tentent à plusieurs reprises d'établir le contact avec un Joe qui semble moins séparé du reste du monde dans sa chambre que François ; la hauteur de l'immeuble construit par Trauner dans *Le jour se lève* accentuant encore cette impression d'isolement. Les policiers américains discutent, raisonnent, parlementent (même brièvement), déclarent leur intention d'attaquer par les toits alors que les policiers français prennent position sans sommation, ni sans qu'aucun ordre soit lancé. Un inspecteur écourte la conversation avec la concierge qu'il est en train d'interroger en lâchant avec mépris : « Oui, oui, oui. Assez parlé ! Y'a qu'à monter. » Les policiers français sont présentés comme une force répressive, anonyme et brutale, ce qui alimenta d'ailleurs les critiques de droite contre le film de Carné. Ainsi James de Coquet souligne-t-il dans *Le Figaro* du 14 juin 1939 qu'« il est trop facile de piper les suffrages du grand public en lui montrant la police bête et brutale, et le travail assujettissant et malsain ». Un tel reproche envers *The Long Night* est inimaginable tant le film évite la critique sociale et épargne la police. À la foule qui s'inquiète parce que « le shérif a la détente facile » et rappelle qu' « on est en démocratie. Et la présomption d'innocence ? », un policier assure que « l'affaire sera menée dans les règles ». Lorsque le chef de la police essaie de convaincre Joe de se rendre, il lui dit qu'il est accusé de meurtre, mais lui donne l'assurance d'un procès équitable.

Les deux films offrent des représentations opposées de la société, mais ils tiennent toutefois l'un et l'autre un discours parfaitement cohérent : le remake, prenant acte des ruptures et des déstabilisations de la guerre, s'adresse à une Amérique victorieuse. La société n'est pas ici en cause, une deuxième chance est toujours possible dans un monde qui, loin d'être accablé par une fatalité sociale, semble résolument tourné vers la prospérité. Dans le contexte français sombre de la fin des années 1930 et dans un cinéma beaucoup plus sensible aux questions de classe (fussent-elles l'objet de représentations déformées et stéréotypées), le même drame individuel exprime une fatalité sociale et tragique, et l'isolement sans recours dans lequel se trouve François renvoie aussi bien au destin de classe de l'ouvrier qu'à la situation française d'avant-guerre, comme l'analyse Edward Turk.

> Le nom même du personnage, François, confère une situation allégorique au film, et la situation désespérée du personnage peut être lue comme une expression du désespoir auquel les Français succombent en cette année 1939. Résumé par son titre ironique, le cinquième long métrage de Carné est à maints égards l'histoire de la fin tragique d'une époque[21].

Trois hommes et un couffin/Three Men and a Baby : *le nouveau père n'est pas toujours un nouvel homme*

Trois hommes et un couffin et *Three Men and a Baby* sont loin d'être des phénomènes isolés dans les cinémas français et hollywoodien du tournant des années

21. Edward B. TURK, *Marcel Carné et l'âge d'or du cinéma français, 1929-1945*, *op. cit.*, p. 137.

1980 où les pères sont souvent à l'affiche, ce qui entre en résonance avec une série de modifications sociétales qui affectent les rôles parentaux et l'organisation de la famille. Mouvements et revendications féministes, affirmation des femmes comme sujets sociaux, et non plus seulement comme mères ou comme épouses, modification du lien entre sexualité et reproduction due à la légalisation de la contraception et de l'avortement et au développement des techniques de procréation médicalement assistée, augmentation et « banalisation » des divorces, etc. : tous ces phénomènes expriment un changement dans les mentalités et se traduisent par des changements juridiques (par exemple, en France, l'abandon de la notion de puissance paternelle pour celle d'autorité parentale en 1970). Ils amènent aussi à partir des années 1970 une « distanciation par rapport à la désignation des rôles parentaux en fonction des rôles sexuels » et permettent l'émergence d'une « polyculture de la parentalité[22] » qui ébranle le schéma familial traditionnel. La paternité ne semble dès lors plus aller de soi et devient dans les années 1980 un sujet de réflexion et d'étude, comme en témoigne la parution en France du livre d'Yvonne Knibiehler, *Les pères aussi ont une histoire*[23], premier ouvrage de langue française consacré à l'histoire et la sociologie de la paternité, signe d'un intérêt nouveau pour le sujet. Le droit à être père devient également un engagement et un sujet de revendication – les premières associations de pères naissent en France comme aux États-Unis dans les années 1970.

Cette actualité de la question paternelle se reflète dans le cinéma français et hollywoodien, le cinéma américain ouvrant le bal dès 1979 avec *Kramer versus Kramer* de Robert Benton, un immense succès qui obtint l'Oscar du meilleur film, tandis que, dans le courant des années 1980, les films français renouent avec une tradition ancienne de représentation des rapports père-fille. De plus, signe d'un intérêt commun aux deux cinématographies pour la question paternelle, un pourcentage non négligeable des comédies françaises à succès des années 1980-1990 qui ont fait l'objet d'un remake à Hollywood ont pour point commun de traiter de la paternité : *Les Compères/ Fathers' day*, *Les Fugitifs/The Three Fugitives*, *Mon père, ce héros/My Father the Hero*, *Neuf mois/Nine Months*, *Un Indien dans la ville/Jungle 2 Jungle* ainsi que, dans une moindre mesure, *La Totale/True Lies*.

Dans cette galerie de pères français et hollywoodiens, les héros de *Trois hommes et un couffin* et de *Three Men and a Baby* offrent une représentation « hors norme » par au moins trois de ces aspects. Tout d'abord, les films explorent la relation d'hommes à un bébé, donc une relation parent/enfant qui va à l'encontre de la distribution traditionnelle des rôles masculins et féminins dans l'éducation et les soins des enfants. Ici, ce sont les hommes qui « maternent » le nourrisson, la dimension genrée du verbe suffisant à souligner, sinon l'anomalie, du moins l'originalité de cette expérience de la parentalité pour un homme. Ensuite, chez Serreau comme chez Nimoy, la relation père(s)/bébé est exclusive d'une relation mère-enfant, puisque les mères désertent la maternité. Il s'agit enfin d'une

22. Christine CASTELAIN-MEUNIER, *La Place des hommes et les métamorphoses de la famille*, Paris, PUF, sociologie d'aujourd'hui, 2002, p. 136-137.

23. Yvonne KNIBIEHLER, *Les pères aussi ont une histoire*, Paris, Hachette, La Force des Idées, 1987.

paternité collective : Jacques/Jack est le père biologique du bébé ; Pierre/Peter et Michel/Michael, qui découvrent le bébé sur leur paillasson en l'absence de Jacques/Jack, sont d'abord des pères de substitution, puis des « compères ». Rien d'étonnant alors à ce que la fable se déploie dans les deux films dans le registre de la comédie, un genre qui autorise dans notre culture – dans un souci de transgression ou de réitération des normes – la mise en place de situations culturellement invraisemblables ou inversées.

De fait, si les trois personnages masculins découvrent et exercent une paternité qui sort des standards sociaux et culturels, le scénario naturalise cette relative invraisemblance culturelle en la motivant par des ressorts comiques tout à fait classiques et hérités du vaudeville : la rencontre fâcheuse et le quiproquo[24]. La rencontre fâcheuse, qui contraint les personnages du vaudeville à des confrontations non souhaitées ou auxquelles ils ne sont pas préparés, met ici les trois héros en présence d'un être pour eux totalement exotique, un nourrisson. L'arrivée du bébé (Marie/Mary) est montrée dans les films comme un accident imprévisible : chez Serreau, Michel découvre un beau matin le couffin sur le paillasson alors qu'il ouvre la porte pour aller chercher des croissants ; chez Nimoy, Peter trouve le bébé sur le pas de la porte en rentrant de son jogging matinal (ce qui suggère de façon rassurante et morale, dans ce remake produit pour un public familial par Disney, que le nourrisson n'a pas été abandonné très longtemps). Les personnages sont ainsi amenés, malgré eux, à tenir un rôle paternel qui n'est *a priori* pas dans leurs intentions, dans leurs compétences et dans leur emploi[25]. Les scènes d'exposition des deux films ont en effet précédemment montré qu'ils ont une vie de célibataires délurés, bien remplie par de nombreuses aventures féminines et par une activité professionnelle qui suppose même, pour le cas de Jacques/Jack, le « père biologique », une mobilité géographique importante – il est steward dans la version française, acteur dans le remake hollywoodien. L'arrivée du bébé va donc les obliger à assumer un rôle qu'ils n'ont jamais envisagé de tenir et qui va évidemment bouleverser l'organisation bien réglée de leurs vies. Comme il se doit, dans les deux films, une bonne partie de l'intrigue – en gros, le premier tiers du récit – est consacrée à des séquences comiques où les hommes découvrent le bébé. Elles sont destinées à faire rire de leur maladresse, de leur ignorance des besoins du bébé et des soins à apporter. On retrouve là un *topos* lié à l'inversion des rôles sexués.

Dans *Trois hommes et un couffin* et *Three Men and a Baby*, une fois la première étape de l'apprentissage passée, les héros s'attachent au bébé et le quiproquo lié à l'affaire de drogue permet, outre un rebondissement scénaristique, de montrer ce lien nouveau. Jacques/Jack, parti à l'étranger au début du film, a informé avant son départ ses deux colocataires qu'on doit déposer un paquet pour un ami

---

24. Voir à ce sujet Brigitte BRUNET, *Le Théâtre de boulevard*, Paris, Nathan Université, 2004, p. 97-100.

25. Le point de départ du scénario de Coline Serreau n'est ainsi pas très éloigné de celui de *Kramer versus Kramer* : c'est un événement subi et non souhaité, le départ de la mère, qui *oblige* le mari à endosser le rôle de père nourricier.

pendant son absence. Le bébé abandonné par sa mère sur le pas de leur porte n'est évidemment pas le paquet attendu, à savoir de l'héroïne ! La drogue est pourtant aussi arrivée, mais à l'insu de Pierre/Peter et Michel/Michael, trop occupés avec le bébé pour faire attention à ce minuscule paquet, et l'intrigue domestique (l'apprentissage de la vie avec un bébé) se double alors d'une intrigue policière : les trafiquants recherchent la drogue et la police soupçonne les deux hommes d'être des trafiquants. Dans les deux versions, cette intrigue permet de montrer l'attachement des deux hommes au bébé lors d'une séquence où ils découvrent leur appartement mis à sac en leur absence par les trafiquants et un mot de menace agrafé sur le couffin : dans la version française, les accents mélancoliques d'une musique de Schubert (*Quintette en ut majeur*) viennent renforcer l'expression des sentiments nouveaux éprouvés par les personnages (inquiétude, soulagement, bonheur des retrouvailles). Quand Jacques/Jack revient à la maison, il accomplit à son tour le même parcours que ses deux compères : dénégation, acceptation contrainte, apprentissage (accéléré), attachement. D'une certaine façon, les deux films montrent clairement qu'on ne « naît pas père, mais qu'on le devient ». Toutefois ce devenir ne se met pas en place de la même manière, et la paternité et l'accession à la paternité n'ont pas le même sens.

Si les hommes sont contraints de « materner » la petite Marie/Mary, c'est aussi parce qu'aucune femme autour d'eux n'accepte de remplir ce rôle qui, « naturellement », devrait leur incomber, et ne veut s'occuper du bébé. Les héros doivent donc le faire *à la place des femmes*. C'est d'ailleurs ce remplacement des femmes par les hommes qui a choqué les critiques féministes américaines. Tania Modleski notamment considère ces deux récits comme particulièrement misogynes, au même titre que certains mouvements de revendication des droits des pères, dans la mesure où ils excluent les femmes de la relation parent-bébé et font des trois hommes les dépositaires de la totalité des fonctions parentales : père biologique, parrain, père de substitution, père nourricier. Les hommes, en devenant des mères de substitution, accaparent tous les rôles et dépossèdent les femmes de leur rôle de mère, c'est-à-dire d'un de leurs pouvoirs spécifiques[26]. Globalement, la critique féministe s'est même montrée plus sévère sur ce point avec le film de Coline Serreau qu'avec le remake de Nimoy : la dernière séquence du film français, où la mère revient et s'endort, épuisée, dans le lit-cage de la petite fille, est apparue à beaucoup comme particulièrement choquante et régressive ; la scène (absente du remake) où Jacques se travestit en femme enceinte et s'interroge sur l'impossibilité des hommes à donner la vie est perçue comme révélatrice d'un désir masculin d'usurper la fonction procréatrice féminine ; mais il est probable aussi que la personnalité de Coline Serreau, une femme et qui plus est une féministe, a joué pour beaucoup dans cette condamnation au motif qu'en tant que femme justement, *she should have known better*[27]. Toutefois les femmes

26. Tania MODLESKI, *Feminism Without Women*, *op. cit.*, p. 76-89.

27. Voir à ce sujet et concernant le féminisme de Serreau et de ses films, Brigitte ROLLET, *Coline Serreau*, Manchester, Manchester University Press, 1998.

ne désertent la maternité ni de la même manière, ni dans les mêmes proportions, ni dans les mêmes intentions chez Serreau et chez Nimoy.

Le film français exclut plus radicalement les femmes de la relation parent/enfant en présentant des personnages féminins qui soit refusent la fonction maternelle, soit en proposent des versions froides, sans affect, professionnelles. Le mot laissé sur le couffin par Sylvia, la mère du bébé, est un mélange de désinvolture et d'ironie : « Très cher Jacques, voici le fruit de nos amours. Je pars six mois aux États-Unis. Prends en bien soin. C'est une fille, elle s'appelle Marie. Bon courage. Sylvia (tu sais, le grain de beauté à la hanche droite). » La mère biologique abandonne donc son bébé sans chercher à se justifier : on comprend seulement à la fin du film qu'elle poursuit une carrière de mannequin que la présence de la petite fille risquerait de compromettre, mais ce conflit entre sa vie professionnelle et sa maternité est passé sous silence au début du récit : il ne sera évoqué que quand les trois héros auront eux aussi fait l'expérience de la difficulté à concilier leur vie professionnelle et leur vie de père. La mère de Jacques, bien que ravie de découvrir qu'elle a une petite fille, refuse également de s'occuper du bébé : elle préfère prendre du bon temps et partir pour une très longue croisière avec sa copine Marie-Rose. Pas question pour elle, même si son fils est venue chez elle à Nice avec le bébé pour lui demander de l'aide, de modifier ses projets personnels. Quant aux autres femmes qui traversent l'appartement et la vie des trois héros, ce ne sont clairement que des maîtresses, des femmes de passage. Quand la nouvelle petite amie de Jacques se rend compte que celui-ci se lève la nuit et interrompt leurs ébats pour chanter *Au clair de la lune* afin de calmer le bébé (dont il lui a caché l'existence), elle n'est pas le moins du monde attendrie par la scène : elle se rhabille et part car elle n'est « pas venue là pour faire banquette ». Les amis invités par les trois héros ont une réaction analogue lorsque les pleurs du bébé perturbent leur soirée : une fois revenus de la surprise de découvrir l'existence de l'enfant, ils font tous, hommes et femmes confondus, des commentaires agacés, ironiques ou désobligeants avant de quitter précipitamment le dîner. Deux personnages féminins assument toutefois un rôle maternel, la pharmacienne et la nourrice professionnelle, madame Rapons de l'agence *Seconde maman* : mais d'une part, elles sont complètement périphériques dans l'intrigue et n'ont droit qu'à une courte scène, qui suffit à en faire des caricatures ; et d'autre part, elles font preuve d'un technicisme exacerbé qui, de fait, les disqualifie comme mères de substitution possibles. La pharmacienne égraine devant Pierre, puis Michel, avec méthode et patience la liste des différents modèles de couches et de biberons : son professionnalisme peu empathique est d'autant plus manifeste qu'il contraste avec la maladresse et l'inquiétude débordante d'affects des deux personnages masculins. Quant à madame Rapons, incarnée par une Dominique Lavanant qui donne au personnage l'apparence d'une gouvernante compétente, sèche et stricte, elle n'a pas plutôt mis les pieds dans l'appartement que son savoir est mis en doute par Pierre. Leur affrontement verbal révèle la jalousie de Pierre à l'idée que cette femme puisse le supplanter dans son rôle parental, mais il fait avant tout de madame Rapons un personnage psychorigide et ridicule, incapable de sortir de son rôle de « nurse diplômée », des préceptes médicaux « prônés par les plus grands pédiatres », qu'elle a appris et semble appliquer de manière totalement mécanique. Face à elle, non seulement Pierre a l'air d'un « meilleur parent » (il préfère les médecines douces aux calmants, il ne veut pas montrer la petite fille à la nourrice pour ne pas la réveiller…), mais il a tout simplement, même dans sa colère, l'air plus humain, plus sensible.

L'éviction des femmes de la sphère maternelle est systématique chez Coline Serreau, mais elle me semble procéder moins d'une misogynie inconsciente que d'une volonté délibérée de produire une situation fictive afin d'explorer un problème culturel théorique : que se passe-t-il quand il n'y a plus que des hommes pour occuper la fonction maternante ? Cette hypothèse de la construction d'une « utopie du quotidien » est d'autant plus plausible que la situation des trois hommes au début du film – le partage d'un appartement par des trentenaires célibataires – est assez hors norme et culturellement invraisemblable dans la France des années 1980, ce qui n'est par contre pas le cas dans la version américaine, la colocation partagée par des adultes à New York étant une pratique avérée. De plus, l'éviction des femmes est à mettre en rapport avec la volonté de Coline Serreau d'abolir « les rôles hérités », en particulier sexuels, comme elle l'a déjà fait dans *Pourquoi pas* ? (1977), une utopie sociale sur la vie en communauté. Elle rejoint en cela toute une tendance du féminisme français de la première moitié des années 1970 et son propos n'est pas sans résonance avec l'essai d'Élisabeth Badinter, *L'Amour en plus : histoire de l'amour maternel*[28], remettant en cause la notion d'instinct maternel, et qui connut un succès retentissant en France au début des années 1980. Mais *Trois hommes et un couffin* envisage cette abolition des rôles hérités du point de vue des hommes, et non des femmes, rejetées à la périphérie du récit. Le film exprime ainsi à la fois un certain féminisme à la française et des mutations sociales et culturelles récentes concernant la paternité, comme la redistribution des rôles familiaux après 68, le droit à un congé parental sans distinction de sexe, accordé en 1984, c'est-à-dire au moment même de la conception de *Trois hommes et un couffin*. Devenir père et devenir un père maternant c'est donc chez Serreau sortir d'un rôle « social » traditionnel, hérité, ce qui ne va pas sans poser des problèmes et sans remettre en question l'identité masculine.

Dans *Three Men and a Baby*, le désengagement des femmes et leur exclusion de la maternité au profit des pères sont bien moins radicaux et s'articulent de façon complètement différente. Tout d'abord Sylvia, la mère abandonnante, explique son geste dans le petit mot qu'elle laisse avec le bébé : « *Dear Jack, here is our baby. I can't handle this now. I don't know where else to turn. Someday I hope you can both forgive me. Her name is Mary. Sylvia.* » Non seulement c'est en dernier recours qu'elle se tourne vers Jack, mais elle exprime des regrets et des excuses, qu'elle réitérera – à la différence de la Sylvia française – lorsqu'elle viendra reprendre le bébé à la fin du film. Elle n'est pas « une mère indigne », pas plus que la mère de Jack qui refuse de s'occuper de Mary, mais pour des raisons bien différentes

28. Élisabeth Badinter, *L'Amour en plus : histoire de l'amour maternel*, Paris, Flammarion, 1980.

de la grand-mère française. Elle répond présent à l'appel téléphonique de son fils qui lui demande de l'aide et vient le voir tout de suite dans l'appartement, ce qui suggère une proximité totalement absente du film de Coline Serreau. Elle aussi est très heureuse d'avoir une petite fille, mais elle veut forcer son fils à prendre ses responsabilités, à faire face et donc à grandir enfin. Quand Jack se plaint de n'être qu'un raté, elle lui explique que cette petite fille le changera comme son propre père a été changé par sa naissance : « *You were a screw-up, now you're a father.* » Elle refuse certes d'être une mère de substitution pour Mary, mais elle le fait précisément parce qu'elle est déjà une mère, soucieuse de parachever par cette épreuve l'éducation de son grand fils Jack. De plus, les ami(e)s effaré(e)s par la présence du bébé ont disparu du remake. Quant à la petite amie de Peter, Rebecca (ce couple libre mais « stable » est inventé par la version hollywoodienne), elle se montre compréhensive lorsque Peter la laisse la nuit pour chanter une berceuse à Mary, bien qu'elle ait auparavant refusé de s'occuper du bébé au motif qu'être une femme n'implique pas qu'elle sache quoi faire. Elle regarde avec attendrissement Peter chanter et tous deux finissent par se recoucher avec une complicité accrue par cet interlude. Les caricatures de mères froides et professionnelles enfin n'ont pas leur place dans *Three Men and a Baby* : le remake n'invente pas d'équivalent à madame Rapons et la pharmacienne est remplacée par une grosse employée noire de supermarché, elle aussi experte en couches-culottes, mais que le recours au stéréotype de la nounou noire rend familière et rassurante : elle ressemble plus à la Mama de *Gone With the Wind* qu'à la technicienne de la tétine de *Trois hommes et un couffin*.

Dans le remake, les femmes ne se retirent de la maternité que par la force des choses ou pour permettre à la paternité d'advenir. Comme le montrent clairement le personnage de la mère de Jack, le recours au personnage familier de la nounou et le surplus d'intimité que l'existence du bébé semble apporter au couple Peter-Rebecca, devenir père n'entraîne pas comme dans le film français une désorganisation du monde. C'est un apprentissage quasi naturel, que le retrait relatif des femmes facilite. L'événement incongru (l'arrivée du bébé) n'est ici qu'un coup de pouce du destin qui permet aux hommes de grandir, de passer d'une adolescence prolongée à l'âge adulte.

Alors que la découverte et l'exercice d'une paternité maternante s'accompagnent dans le film français d'une remise en cause du rôle masculin hérité, donc de la virilité traditionnelle, dans le remake hollywoodien la paternité, bien qu'elle survienne dans la vie des héros malgré eux, semble se couler dans le moule d'une expérience masculine traditionnelle : même s'il est incongru ou nouveau que des hommes s'occupent d'un nourrisson, cela leur permet de devenir pleinement des hommes, comme leurs pères et après eux. Ainsi, alors que le scénario du film français se sert de la paternité maternante pour « questionner » la masculinité, celui du film hollywoodien élimine progressivement tout antagonisme entre masculinité et paternité et tend de ce fait à annuler le caractère novateur de la relation homme-bébé. Tout se passe comme si *Three Men and a Baby* tenait un double discours sur le sujet : le film affirme bien qu'il est inhabituel pour un homme de s'occuper ainsi d'un nourrisson, mais dans le même temps il rattache cette expérience à une tradition qui se perpétuerait de père en fils et il réduit les effets déstabilisateurs de la découverte de la paternité à la phase d'apprentissage.

La réaction des trois hommes à la séparation d'avec le bébé montre que les conséquences de la découverte de la paternité sur l'identité masculine sont traitées de manière sensiblement différente dans les deux films. Sylvia, la mère de Marie/Mary, vient reprendre l'enfant, assez tardivement dans le récit, à un moment où les trois compères se sont attachés à l'enfant et ont réussi à inventer un nouveau *modus vivendi*. Les trois hommes sont tout d'abord ravis de pouvoir renouer avec leurs habitudes de célibataires, mais leur joie laisse vite la place à un sentiment d'abattement et de vide. Dans le film français, le chagrin causé par le départ du bébé dure plusieurs jours, et pas moins de quinze minutes du film sont consacrées au manque ressenti par les hommes et à leur difficulté à verbaliser leur attachement. Jacques, Pierre et Michel sont déprimés, sujets à des maladies psychosomatiques et des lapsus, incapables d'agir ou de parler de ce qu'ils éprouvent, et les silences prolongés alternent avec les disputes. Jacques montre la profondeur de la « crise ontologique » qu'il traverse quand il demande à Michel : « Je voudrais savoir pourquoi je vis. Tu sais, toi, pourquoi tu vis ? » Le paroxysme de la crise est atteint lorsque Jacques, ivre, se laisse aller à un questionnement sur la sexuation : il soliloque, d'abord seul devant une glace, une bouteille à la main, « enceint » d'un oreiller, puis devant un des policiers impliqué dans l'affaire de drogue et licencié pour faute professionnelle, la fonction de ce personnage étant de permettre l'épanchement de Jacques mais aussi de montrer l'incompréhension de l'homme ordinaire face à ses questions :

> Si j'étais Dieu, je fabriquerais Adam avec la côte d'Ève, pas l'inverse. Comme ça les choses auraient été claires dès le début. On nous aurait pas fait croire que quelqu'un sort de notre côte, parce que rien sort de notre côte à nous, jamais. Tout juste de notre queue, et encore y a tout à faire après. Nous, ce qu'on sait fabriquer, c'est des buildings, des avions, des voitures. C'est utile, remarquez. C'est même pas qu'on a voulu nous le faire croire. Si ça se trouve, c'est nous qu'avons voulu le croire. Non, il faut se rendre à l'évidence, personne ne sort de notre côte.

Cette tirade et ces séquences sont absentes du film hollywoodien où le chagrin des trois compères dure quelques heures... et à peine trois minutes dans le temps filmique. Sylvia vient juste de partir pour l'aéroport avec Mary, les trois hommes sont déprimés et Peter, le personnage qui fait toujours office de décideur dans le groupe, tire très vite la leçon de ce manque : il n'y a qu'à partir à l'aéroport pour récupérer le bébé et la mère pendant qu'il est encore temps. Aussitôt dit, aussitôt fait : tous s'engouffrent dans un taxi. Certes ils arrivent trop tard à l'aéroport, mais tout finira bien et très vite puisque quand ils reviennent à l'appartement (dans le plan suivant), ils y trouvent Sylvia qui est revenue sur sa décision. Cette posture virile – décider et agir – n'est pas atteinte par la paternité, ce qui est conforme à l'ensemble du discours du film. Le traitement de l'intrigue secondaire, l'affaire de drogue, le montre bien : dans les deux récits, il s'agit de se débarrasser de la drogue, des trafiquants et de la suspicion de la police. Mais alors que l'affaire est réglée en vingt-deux minutes chez Coline Serreau, elle n'occupe pas moins de trente-huit minutes dans le film hollywoodien et là encore les héros font preuve d'un irrépressible penchant pour la décision et l'action : comme le dit Peter au trafiquant qui le contacte au téléphone, ils veulent régler les choses à leur manière et fixent les conditions du rendez-vous. Le remake se transforme alors en une véritable comédie d'action où les trois hommes poursuivent et piègent les trafiquants, dans un immeuble en construction où travaille Peter, avant de les remettre (ainsi que la drogue) à la police. Dans le film français, les trois hommes ne coopèrent pas avec la police. Ils se débarrassent de la drogue en la remettant aux trafiquants au nez et à la barbe des policiers qui les suivent : Michel, qui a caché l'héroïne dans une couche-culotte, fait semblant de changer le bébé sur un banc lors d'une promenade au square et dépose le paquet dans une poubelle. Le remake choisit donc, contrairement à la version française, de mettre en scène l'intrigue de drogue en utilisant les ressources d'un spectaculaire assez conventionnel (musique haletante, montage rapide, scènes de poursuite) qui met en valeur les actions des trois hommes. Il est révélateur que le motif de l'homme enceint, utilisé par Coline Serreau pour illustrer la crise existentielle et identitaire que traverse Jacques après le départ du bébé, soit déplacé dans le film hollywoodien au cœur de l'action : pour déjouer la surveillance policière et exécuter leur plan, Jack se travestit en femme enceinte afin de sortir incognito de l'immeuble. Alors que dans *Trois hommes et un couffin* le fantasme de grossesse masculine est utilisé, de façon même un peu dérangeante, pour manifester le trouble du héros, il devient dans *Three Men and a Baby* un travestissement utile, complètement pris dans une séquence d'action, et de ce fait désamorcé de tout pouvoir subversif.

Les deux films s'écartent aussi par la manière dont ils envisagent les conséquences de l'arrivée du bébé sur la vie sociale de leurs héros. Le film français montre bien que la présence de Marie dérange la vie des trois compères : les pères maternants n'ont plus de sexualité, ils se brouillent avec leurs amis, leur vie professionnelle est perturbée par le bébé. Ils doivent mettre au point une organisation drastique de leur temps, Pierre doit se mettre en congé, Jacques doit abandonner les vols pour être steward au sol. Le récit exprime donc toutes les difficultés concrètes liées à la charge d'un enfant en bas âge, en les faisant subir à la fois aux trois hommes pendant qu'ils s'occupent du bébé et à Sylvia au moment où elle choisit de récupérer son bébé : elle doit jongler entre sa vie professionnelle et sa vie de mère et une courte séquence nous montre qu'elle laisse la petite Marie dans le hall d'un immeuble, le temps d'une séance photo. Lorsqu'elle récupère l'enfant, elle change de vêtements, troque ses chaussures à talon pour des chaussures plates : ce changement vestimentaire suggère que l'identité de femme qui travaille ne peut coïncider avec l'identité de mère, tout comme l'identité des trois hommes se voit remise en cause par leur nouvelle fonction paternelle. Le film français ne se contente donc pas de montrer que la paternité entre en conflit avec l'identité et la vie des trois hommes, il montre aussi explicitement les perturbations que crée la parentalité dans la vie et l'identité sociales, et donc aussi implicitement les difficultés que rencontrent les femmesmères « dans la vraie vie » – l'inversion des rôles sexués traditionnels opérée par la fiction permet justement de le souligner.

Au contraire, leurs parèdres américains intègrent parfaitement l'exercice de la paternité à leurs activités professionnelles et érotiques. Une fois la phase d'apprentissage passée et l'affaire de drogue réglée, une séquence de quelques minutes en forme de clip, un montage rapide de plans sur leur vie professionnelle et privée synchronisé sur une chanson entraînante, montre que le bébé trouve naturellement une place dans leur univers. On y voit Jack, l'acteur, jouer la comédie sur une scène : il est d'abord filmé de face, un pistolet à la main (posture virile typique) et quand il se retourne, on découvre qu'il porte, « cachée dans son dos », la petite Mary qui ne le gêne nullement dans sa prestation. Les plans consacrés à Peter, qui est architecte, le montrent au milieu de ses collègues, nullement embarrassés par la présence de l'enfant : de même que tous ont un casque de chantier sur la tête, le bébé porte lui aussi un tel couvre-chef, comme s'il suffisait de fabriquer ou de trouver un casque à la taille de la tête de l'enfant pour qu'il ne dérange pas le paysage professionnel. D'autres plans illustrent les loisirs et la vie privée des trois hommes. Chez eux, ils ont simplement remplacé les bouteilles de leur cave à vin par des biberons qu'ils se lancent et rattrapent comme des balles de base-ball. Au parc où ils se promènent joyeusement avec Mary, la présence de la petite fille attire autour d'eux une nuée de jeunes femmes séduisantes : celui qui porte le bébé, retirant un surplus de virilité de cet « objet exhibé », est même aussitôt assiégé par des dizaines de filles pendant que retentissent les paroles plutôt ambiguës de la chanson : *Little Baby, Let Me Hold You Tight* ! Comme l'a remarqué Anne-Marie Picard dans une étude d'inspiration psychanalytique, l'enfant est chez Nimoy « comme une extension de l'ego masculin (pour ne pas dire de son phallus)[29] ».

La paternité maternante place les personnages de *Trois hommes et un couffin* dans une situation de crise, existentielle, identitaire et sociale, alors que dans *Three Men and a Baby* cette paternité ajoute un attribut supplémentaire à la masculinité des protagonistes, et s'intègre en quelque sorte à la panoplie virile. Le film de Coline Serreau montre longuement cette crise de la masculinité. Même si le film proclame très clairement l'hétérosexualité de ses personnages, il se conclut sur des images non traditionnelles de corps masculins, suggérant, comme le remarque Phil Powrie, une féminisation des corps des héros et un certain homoérotisme[30] : lorsque le bébé et la mère reviennent, sans que les héros soient intervenus d'une quelconque manière pour provoquer ce retour, les trois hommes sont filmés en plans très rapprochés, torse nu (aucun des acteurs n'ayant un corps particulièrement musclé, « viril »), dans la cuisine, se disputant pour tenir chacun à leur tour le bébé, l'embrassant dans les bras de celui qui la tient. La fin du récit reste d'ailleurs ouverte : l'avant-dernier plan montre la mère endormie dans le lit-cage

29. Anne-Marie PICARD, « Travestissement et paternité : la masculinité *remade in the USA* », *op. cit.*, p. 144.

30. Phil POWRIE, *French Cinema in the 1980s: Nostalgia and the Crisis of Masculinity*, New York, Oxford University Press, 1998, p. 147-158.

et le dernier, sur lequel se fige l'image du film au début du générique final, les premiers pas de la petite fille. La musique qui accompagne ces plans est une fois encore celle de Schubert et ses tonalités nostalgiques suggèrent, malgré la joie exprimée au retour de l'enfant, que la mélancolie et le trouble persistent. De plus, aucune solution, aucun nouvel arrangement de vie n'est proposé par le film, dont la fin reste aporétique. Dans le remake hollywoodien au contraire, la crise devient simplement conflit, et ce conflit entre la vie des trois hommes et leur nouvelle paternité est quasiment réglé dès lors qu'ils ont acquis l'expérience des soins à porter à l'enfant. La masculinité traditionnelle reste glorieuse et acquiert même un surplus d'aura par la responsabilité prise par les trois hommes. De manière très cohérente, la fin de *Three Men and a Baby* peut donc proposer une solution : les trois hommes décident que Sylvia habitera chez eux, ils lui aménagent une pièce dans l'appartement et le film se termine sur une famille, certes hors norme, mais avec père et mère. Les fresques murales, qui ornent l'appartement new-yorkais et représentaient au début du film les trois hommes entourés d'une haie d'honneur de jolies filles, sont tout simplement remplacées par une nouvelle peinture : elle représente un quatuor (les trois hommes et la jeune femme) qui pousse de concert un landau. Ce happy end et cette fin de récit, plus close que dans le film français, ne sont possibles que parce que la paternité maternante, pour être une expérience nouvelle et momentanément perturbante, n'en est pas moins réinscriptible dans une identité masculine et un schéma familial traditionnels.

Des Français dans le remake

La mondialisation se traduit, dans la pratique du remake, par une participation française plus importante aux versions qu'Hollywood produit à partir du cinéma national : une participation économique (Voir chapitre II), mais aussi une participation artistique puisque 6 des 45 remakes contemporains emploient des acteurs français : *Breathless* (1983), où Valérie Kaprisky reprend le rôle tenu par Jean Seberg dans *À bout de souffle* ; *My Father the Hero* (1994), d'après *Mon père, ce héros*, avec, dans les deux versions, Gérard Depardieu, tout le reste du casting étant renouvelé ; *Diabolique* (1996), d'après *Les Diaboliques*, où Isabelle Adjani succède à Véra Clouzot ; *Just Visiting* (1999), où Jean Reno et Christian Clavier, les visiteurs du film de Jean-Marie Poiré, promènent à nouveau leurs défroques moyenâgeuses dans les couloirs du temps, mais de l'autre côté de l'Atlantique ; *Unfaithful* (2001), où Olivier Martinez reprend le rôle de l'amant tenu par Maurice Ronet dans *La Femme infidèle* ; *The Good Thief* (2003), d'après *Bob le flambeur*, où plusieurs acteurs français (Tcheky Karyo, Sahid Taghmaoui, Marc Lavoine, Gérard Darmon) entourent un Bob joué par l'Américain Nick Nolte. L'emploi d'acteurs français dans des remakes hollywoodiens de films français n'est toutefois pas nouveau : à l'époque classique, Charles Boyer a par exemple tourné dans trois remakes, *Tovaritch*, *Algiers*, *The Thirteenth Letter*. Mais la différence majeure entre les remakes classiques et les remakes contemporains vient de ce que les premiers emploient, dans des rôles importants, des acteurs français qui ont une véritable carrière hollywoodienne, dont la participation à un remake n'est qu'une péripétie. C'est vrai de Boyer, mais la même remarque pourrait être formulée à propos de Leslie Caron, Louis Jourdan ou Maurice Chevalier si l'on s'accordait à considérer *Gigi* de Minnelli (1958) comme le remake du film de Jacqueline Audry (1951). À l'époque contemporaine au contraire, aucun des acteurs français concernés n'est véritablement intégré à Hollywood, ce qui rend leur emploi dans le remake bien incongru si l'on considère sa logique de production. Il va en effet *a priori* contre la logique de traduction du remake transnational : pourquoi donc employer, dans les versions américaines, américanisées, destinées à un public américain et « mondialisé », des acteurs français ou des stars françaises ? Qu'apportent-ils, que permettent-ils au remake, puisqu'ils n'y figurent pas pour rappeler la version originelle française ?

Les effets de la globalisation

La plupart des acteurs français qui jouent dans ces remakes ont une carrière internationale, voire ont déjà travaillé à Hollywood. Depardieu reprend son personnage de père dans *My Father the Hero*, trois ans après son rôle dans la comédie romantique *Green Card*, écrite spécialement pour lui par Peter Weir, et deux ans après *1492, Christophe Colomb*, superproduction européenne de Ridley Scott. Adjani a déjà travaillé à Hollywood pour *Ishtar* en 1977 et tourné en anglais pour James Ivory dans *Quartet* en 1980. Olivier Martinez se lance après le succès du *Hussard sur le toit* (Jean-Paul Rappeneau, 1994) dans une carrière internationale qui passe par l'Espagne (*La Ciudad de los prodigio* et *Nosotras*), une production paneuropéenne anglo et hispanophone *Semana Santa*, deux films américains *Before Night Falls* et *Bullfighter*. Saïd Taghmaoui et Tcheky Karyo sont tous deux des habitués des seconds rôles dans des films d'action hollywoodiens. Jean Reno, qui entraîne à Hollywood dans son sillage un Christian Clavier inconnu hors des frontières de l'Hexagone, a tourné en 1996 dans *Mission Impossible* et *Godzilla*, et, comme le remarque Dana Polan, il est particulièrement emblématique d'une certaine labilité de l'identité nationale dans une industrie cinématographique globalisée : dans *Le Grand Bleu* (1986), il est Enzo, qu'on suppose français mais qui a un prénom italien ; dans *Léon*, il incarne un Français qui vit aux États-Unis et a pour famille la mafia italienne ; dans *Godzilla*, il campe un agent des services secrets français qui enseigne à ses hommes comment mâcher du chewing-gum et imiter Elvis Presley pour infiltrer l'armée américaine, avant d'apprendre lui-même à « condamner » la politique nucléaire de la France[31]. Pour tous ces acteurs, la

31. Dana POLAN, « Methodological Reflections on the Study of the Émigré Actor », *Screen*, vol. 43, n° 1, 2002, p. 185-186.

participation à un remake hollywoodien est motivée par le désir de naviguer entre la France, l'Europe et Hollywood : du point de vue de l'acteur, et quel que soit le résultat, la participation au remake s'insère dans une stratégie de dépassement des frontières nationales, qui est une tendance de fond chez les stars nationales dans les années 1990. Ces mêmes années voient s'affirmer avec plus de vigueur à Hollywood la volonté de tirer profit de stars étrangères pour toucher, dans sa diversité, un public mondial[32]. Antonio Banderas en est un exemple canonique, et lui aussi a joué dans un remake de film français, *The Original Sin*, qui déplace à Cuba *La Sirène du Mississippi*.

L'emploi d'un acteur français dans un remake hollywoodien de film français s'explique aussi par le fait que plusieurs de ces remakes ne sont pas *stricto sensu* des films hollywoodiens. *Just Visiting* est produit par Gaumont, et ses scénaristes et son réalisateur sont français, ce qui contribue sans doute à expliquer l'échec planétaire du film. Il américanise un minimum l'intrigue française, élimine les jeux avec le langage qui ont fait le succès des *Visiteurs* – le désastre du doublage américain réalisé par Mel Brooks ayant convaincu les producteurs de l'impossibilité de traduire le faux vieux français – et reprend, avec des noms différents, les mêmes évadés du Moyen Âge, devenus anglophones à la faveur de la géographie politique du XIIe siècle : nul doute qu'il pouvait exister de meilleurs équivalents culturels à Geoffroi de Montmirail et Jacquouille la Fripouille que Thibault de Malfète et André le Pâté ! *My Father the Hero* est produit par Katzenberg pour Disney-Touchstone, mais cofinancé par Gérard Depardieu et Jean-Louis Livi, déjà producteurs du film source de Lauzier. *The Good Thief*, réalisé par l'Irlandais Neil Jordan, qui devait initialement être produit par la Warner, est en définitive devenu une production canado-irlando-britanno-franco-américaine – Studio Canal étant le bailleur de fonds français de l'équipe – et ce cosmopolitisme se retrouve largement dans bien des aspects du film, dans sa bande musicale, véritable anthologie de la *world music* contemporaine, et dans le casting qui réunit autour de sa vedette américaine – Nick Nolte, un Bob américain né d'une mère française – une équipe hétéroclite : une actrice ukrainienne, Nutsa Kukhianize, le réalisateur serbe Kusturica, les frères jumeaux Marc et Michael Polish, Ralph Fiennes, et les Français Tcheky Karyo, Gérard Darmon, Saïd Taghmaoui, Marc Lavoine… Les acteurs et personnages français sont des personnages secondaires, noyés dans un ensemble international. L'action est déplacée de Montmartre et Deauville à une Côte d'Azur globalement peu caractérisée – un univers de soleil et de boîtes de nuits –, où tous les personnages parlent anglais, même entre Français, et le parlent mal. La participation des acteurs français à un tel cocktail est ici destinée à faire couleur locale dans un univers ouvertement mondialisé.

Toutefois, dans cet univers marqué par la globalisation des financements et des carrières, tous les acteurs français sont employés, dans ces remakes, pour jouer des rôles de Français, seule la nationalité de Mia/Isabelle Adjani dans *Diabolique* étant laissée dans un flou relatif. Il semblerait donc que ce soit la « francité » du

32. Michael ALLEN, *Contemporary US Cinema*, *op. cit.*, p. 71-74.

personnage dans le remake qui autorise et justifie son interprétation par un acteur français, ce qui a l'avantage de résoudre le problème de l'accent. La confusion dans ces remakes entre la nationalité de la star et celle du personnage, ou du moins entre la non-américanité de l'acteur et celle du personnage, est d'ailleurs assez conforme à l'emploi des acteurs français dans les films hollywoodiens en général[33]. Quelle est donc la valeur de cette extranéité des personnages ? Quel bénéfice y a-t-il, pour le remake, dans son processus de traduction, à maintenir ou inventer un personnage de Français, donc d'étranger, incarné par un acteur français souvent isolé dans un casting américain ?

Des Français dans des rôles de Français

Dans *Breathless* la présence d'un personnage/acteur français se justifie par l'interversion des nationalités des deux protagonistes du film de Godard : puisque l'action se déplace de Marseille et Paris à Las Vegas et Los Angeles, le personnage masculin français devient américain et le personnage féminin américain devient français. Michel Poiccard (Jean-Paul Belmondo) devient Jesse Lujack (Richard Gere) et Patricia Francini (Jean Seberg) devient Monica Poiccard (Valérie Kaprisky), jeune étudiante en architecture. Dans *À bout de Souffle* l'étrangeté de Jean Seberg est inscrite clairement dans son accent, dans ses fautes de français, dans son statut d'image issue d'un film américain (*Bonjour tristesse*, Otto Preminger, 1958), dans le bilinguisme du film : alors que l'étrangeté de l'Américaine vient redoubler l'étrangeté de la femme, créature ainsi doublement indéchiffrable, la francité de Monica/Kaprisky n'apparaît finalement que comme un artifice scénaristique. Non seulement l'actrice, une débutante, n'a pas d'image de Française préalable pour le spectateur, mais elle semble parfaitement bilingue et totalement digérée dans le film par la culture américaine : elle explique que sa vraie vie est ici à Los Angeles ; elle lit Faulkner ; elle apprend à partager amoureusement les goûts de Jesse pour le *Silver Surfer* et Jerry Lee Lewis. De la francité de Monica, ne reste en définitive qu'un stéréotype, celui du pouvoir érotique et glamour de la jeune femme française. Jesse explique qu'il l'a dans la peau parce qu'elle est une « *sexy little frenchy* », et le film confirme très tôt la nature « sexy » de l'héroïne en la montrant, dans un long plan très « davidhamiltonien », torse nu, assise sur un tabouret haut, les cheveux ébouriffés par le vent d'un ventilateur, en train de se passer un glaçon sur le corps pour se rafraîchir.

33. Dans les remakes classiques, Charles Boyer incarne lui aussi des étrangers : un prince russe à Paris dans *Tovaritch*, *Pépé le Moko*, le Canadien docteur Laurent, équivalent de Vorzey dans *The Thirteenth Letter*. Mais Boyer est moins coincé, dans les remakes comme ailleurs, dans une identité nationale spécifique. Il se caractérise par une capacité à dépasser les traits spécifiques de son identité nationale pour incarner des étrangers ou simplement une différence, ce qui est la clef de la réussite à Hollywood pour un acteur étranger. Voir Alastair PHILLIPS, « Réinvention et mascarade. Histoire des acteurs européens dans le cinéma hollywoodien », *Positif*, n° 535, septembre 2005, p. 90-95.

Un même pouvoir érotique est associée à Mia/Isabelle Adjani dans *Diabolique* qui s'ouvre sur une scène où elle se déshabille dans la salle de bains du collège pleine de vapeurs et apparaît assez longtemps nue avant de s'effondrer, tout aussi longuement, victime d'un malaise cardiaque. L'ensemble du film utilise toutefois plus l'image de la star Adjani que son image de Française : *Diabolique* exploite l'image de jeune femme perturbée, exaltée et finalement victime, héritée de *L'Histoire d'Adèle H* qui la fit connaître aux États-Unis et réactivée à la fin des années 1980 par *Camille Claudel*. Le jeu d'Adjani dans le film offre effectivement une sorte de caricature des prestations de la star : larges yeux écarquillés, crises d'angoisse et de suffocation très théâtrales... Même si la transposition du personnage de Christina/Vera Clouzot peut induire par décalque dans le remake un personnage d'étrangère, c'est plus l'étrangeté du personnage, censée être une ancienne nonne dont elle a gardé le mysticisme, que ses traits étrangers spécifiques qui importe dans *Diabolique*. Le film s'en sert pour renforcer la dimension masochiste du personnage et coule sa religiosité exacerbée dans les décors gothiques du collège où croix et statue de la Vierge ne déparent pas. Ces décors donnent au film un aspect intemporel qui est renforcé par les vêtements des deux protagonistes féminines, Mia/Adjani et Nicole/Sharon Stone. Leur marquage « années 1950 » est toutefois plus net dans le cas d'Adjani, les tenues portées par Sharon Stone modernisant par des touches érotiques (les tops « panthère » par exemple) la ligne rigide de la coupe de ses tailleurs. Ici, comme d'ailleurs aussi dans *Breathless*, où le Los Angeles moderne renvoie sans cesse aux années 1960, la francité de l'actrice contribue surtout à déréaliser, à déshistoriciser l'intrigue, en introduisant, ne serait-ce que par le biais de l'accent, un très léger décalage. Le film repose enfin beaucoup sur la rencontre de deux stars, Stone et Adjani, derrière l'opposition, la complémentarité puis la relation lesbienne explicite des deux personnages : une blonde, une brune ; une Américaine, une Française ; une dominatrice, une soumise ; une femme qui « aime le sexe », une femme frigide... Le choc des identités nationales, qui a été utilisé dans la promotion du film en France, est avant tout noyé dans une confrontation de stéréotypes féminins.

Les traits supposés nationaux sont plus directement mobilisés dans le cas des acteurs que dans celui des actrices – la différence entre la débutante Kaprisky et la star Adjani étant sur cette question peu significative. Ce marquage national est tout d'abord audible : alors que Kaprisky et Adjani s'efforcent de gommer le plus possible leur accent français, Reno, Clavier, Martinez, Depardieu conservent un fort accent et s'expriment en français, brièvement mais suffisamment pour rappeler au spectateur la langue maternelle des personnages : dès sa première apparition dans *Unfaithful*, Paul Martel/Olivier Martinez jure en français. De même André/Depardieu, que l'on voit arriver à New York à l'aéroport avec un énorme logo « Air France » en toile de fond, commence par parler français pour dire qu'il a apporté à son ex-femme « du pâté et du camembert », puis entreprend de parler français avec sa fille, Nicky, qu'il n'a pas vue depuis plusieurs années. L'adolescente refuse de parler français, ce qui permet de passer à l'anglais, et de suggérer les difficultés relationnelles entre le père et sa fille.

Dans *Unfaithful*, l'identité française de l'amant, au sein d'un univers diégétique globalement américain, est essentielle à la réinterprétation du film de Chabrol. On se souvient que *La Femme infidèle* raconte comment un homme, un bourgeois plutôt introverti (Michel Bouquet), découvre un jour l'infidélité de son épouse (Stéphane Audran). Le film adopte le point de vue du mari, que l'on voit longuement tourmenté par la jalousie et le soupçon, laissant totalement dans l'ombre l'infidélité de sa femme : même si Stéphane Audran semble s'ennuyer dans la superbe villa de la banlieue Ouest de Paris, le film ne suggère aucune motivation à son aventure avec Maurice Ronet et laisse planer un doute sur l'infidélité : s'agit-il d'une liaison occasionnelle ? d'un coup de foudre ? d'une infidélité parmi d'autres ? L'amant (Maurice Ronet) n'apparaît qu'une dizaine de minutes dans le film : lors d'une courte séquence où il discute après l'amour avec Stéphane Audran, et dans la longue scène centrale où Michel Bouquet vient le rencontrer et le tue accidentellement. La suite du film montre comment, sans que rien ne soit jamais dit entre les deux époux, la femme devine ce qui s'est passé. L'étau se resserre autour du coupable que la police vient arrêter sous les yeux de sa femme et de son fils, toujours aussi impassibles. *Unfaithful* au contraire adopte le point de vue de la femme infidèle, Connie (Diane Lane), sauf au moment des soupçons du mari, qui interviennent très tard dans le récit et de façon assez rapide, et au moment du meurtre. L'intrigue s'attache à montrer comment une femme qui a tout pour être heureuse, se retrouve un jour, parce qu'elle a quarante ans mais aussi par hasard, exposée à la tentation de l'infidélité. Elle y succombe, d'abord avec plaisir, redécouvrant une sensualité oubliée, puis connaît « l'enfer de l'adultère » (*sic*). La fin est différente puisque mari et femme se parlent et s'avouent leurs « fautes » avant de se réconcilier et de prendre un nouveau départ.

Dans un esprit assez proche de celui de *Fatal Attraction* (1987), Lyne adopte le double discours d'offrir à son spectateur de sensuelles scènes érotiques et de développer une fable moralisatrice. Il montre donc les plaisirs mais surtout les dégâts de l'infidélité en prenant bien soin d'innocenter son héroïne. Cette relecture justifie d'étoffer le rôle de l'amant, qu'on retrouve très régulièrement pendant les deux premiers tiers du film tout au long des phases de la liaison, et donne un sens à l'attribution d'une identité française à ce personnage : Connie succombe en fait à un accident imprévu, à une rupture du quotidien, à un exotisme inconnu, et sa liaison est exceptionnelle. C'est en effet à cause d'une tempête, présentée comme totalement anormale à New York, qui fait souffler un vent de folie et de désordre dans les rues de la ville, qu'elle rencontre Paul. Cette anomalie atmosphérique est l'équivalent de l'exotisme de Paul, très marqué dès son apparition par son emploi de la langue française, son accent, son apparence et ses vêtements bohèmes (très différents des polos informes que porte Gere, le mari dans le film), son appartement rempli de livres et d'objets d'art. Ces vêtements et ces accessoires reprennent un stéréotype artistique et dandy fréquemment associé aux personnages et aux acteurs français à Hollywood. Les interviews de Lyne et de Martinez les présentent même comme appartenant effectivement à Martinez, comme s'il s'agissait de bien assurer le spectateur de l'authenticité étrangère du personnage. À l'exotisme français tentateur, s'ajoute aussi, dans la justification de la liaison, la différence d'âge entre les deux personnages : la jeunesse de Paul/ Olivier Martinez réveille par surprise la sensualité endormie de Connie. Le film prête vingt-huit ans au protagoniste masculin, contre quarante à la jeune femme, montre longuement Connie et Paul en train de jouer, et insiste, notamment lors de la scène de confrontation entre le mari et l'amant, sur le contraste entre la mobilité du jeune homme et un Richard Gere vieilli, assez statique et engoncé dans ses polos. On peut au contraire attribuer à peu près le même âge à Maurice Ronet qu'à Michel Bouquet dans la version française et les deux hommes sont aussi empruntés et peu mobiles l'un que l'autre lors de leur rencontre. Olivier Martinez n'est donc pas seulement l'amant français, il est aussi le jeune premier français, tel que *Le Hussard sur le toit* par exemple a pu en exporter l'image.

Gérard Depardieu dans My Father the Hero *: un Français pour l'export*

Dans *My Father the Hero*, la francité du personnage et de l'acteur qui l'interprète permet de manière analogue de rendre l'histoire moralement plus acceptable pour une comédie familiale coproduite par Disney. Le film français et son remake racontent le séjour d'André (Gérard Depardieu) et de sa fille adolescente, Véronique/Nicky, dans le luxueux hôtel d'une île paradisiaque. Les relations entre le père et la fille sont assez tendues car celui-ci projette de demander en mariage sa nouvelle amie, restée à Paris, et elles se compliquent encore quand l'adolescente prétend, pour attirer l'attention de Benjamin/Ben, un jeune homme qui la prend pour une gamine, qu'André est son amant. Évidemment, tout l'hôtel ne tarde pas à être au courant et quand Véronique/Nicky met André dans la confidence, celui-ci accepte d'abord de jouer le jeu, puis d'aider sa fille à conquérir le jeune homme qu'elle convoite. Dans les deux films, tout finit par à peu près rentrer dans l'ordre : l'idylle se noue entre la jeune adolescente et le jeune homme de son cœur ; André parvient enfin à joindre son amie au téléphone et à la demander en mariage. Toutefois alors que le remake se termine dans l'allégresse générale, la fin du film français est plus sombre : le père et la fille, expulsés de leur luxueux palace, sont dans un hôtel assez minable et le film s'achève sur une série de champs contrechamps entre le père à sa fenêtre et Véronique qui s'éloigne sur un canot pour rejoindre son copain : le visage des deux personnages exprime une mélancolie certaine, et démarre en off la chanson du générique de fin chantée par Depardieu : « Ça va… quand même, pourquoi tu me regardes avec ces yeux-là ? J'ten veux pas, je sais qu'tu m'aimes ? Les filles et leur papa, c'est des drôles de fiançailles… » Le film français expose plus longuement l'ambiguïté de la relation père/fille et la maintient en un sens jusqu'au bout, se plaçant ainsi dans une tradition cinématographique française que j'ai mentionnée à plusieurs reprises. Il souligne la complicité entre les deux personnages : André joue assez longuement le jeu « imposé » par sa fille, lui prodigue à de nombreuses reprises des conseils pour flirter, adoptant tour à tour et avec ambiguïté les rôles de père qui s'inquiète de mauvaises fréquentations éventuelles, de frère, de meilleur ami, et évidemment d'amant fictif. Le remake américain au contraire minimise les moments de complicité entre le père et la fille, réduit l'implication d'André dans le mensonge imaginé par sa fille et insiste sur les tensions entre les deux personnages : il les attribue au fait que le père, absent de la vie new-yorkaise de sa progéniture, ne l'a pas vue grandir. Alors que le père du film français a tout à fait conscience de l'âge de sa fille (et donc de son éveil à l'amour et à la sexualité), le père du remake la prend toujours pour une petite fille à laquelle il faut commander un *Shirley Temple* parce que, répète le film, il ne l'a pas vue pendant des années. En un sens, le trajet d'André dans la version américaine consiste à se rapprocher de sa fille, tandis que dans la version française, il serait plutôt d'éradiquer, bien vainement, l'ambiguïté de leur relation et de s'éloigner d'elle. Cette moralisation du récit et ce scénario familial sont complètement servis par le fait qu'André/Depardieu soit français, ce qui justifie et innocente la distance passée, géographique, entre les deux personnages.

My Father the Hero ne repose nullement sur la dualité et les ambiguïtés de la *persona* de la star nationale Depardieu (une *persona* hybride tragique, d'homme en crise, et comique, que l'on retrouve partiellement dans le film français source), mais joue sur l'image internationale de « Depardieu-l'acteur français par excellence ». Les prémices remontent au début des années 1980 avec l'écho rencontré aux États-Unis par *Préparez vos mouchoirs* (Bertrand Blier, 1977), *Le Retour de Martin Guerre* et les films tournés avec Truffaut : en 1984, l'acteur a droit à la une du *Time* avec en gros titre « *One-man New Wave* » qui suffit à installer l'image d'un acteur qui incarnerait à lui tout seul le cinéma français – entendu comme cinéma « artistique ». Comme le rappelle Ginette Vincendeau, durant les années 1980 et le début des années 1990, les rôles tenus par Depardieu dans les *heritage films* français ou européens ont contribué à faire de l'acteur une star globale et l'ont imposé comme « ambassadeur itinérant de la culture française[34] ». *Mon père, ce héros* et *My Father the Hero* jouent même consciemment avec le plus récent et le plus fameux succès international de Depardieu dans le genre patrimonial, *Cyrano de Bergerac* (Jean-Paul Rappeneau, 1990) : André, tapi dans l'ombre, souffle à sa fille les mots par lesquels elle déclare son amour à Benjamin/Ben qui l'écoute du balcon de sa villa. Mais la version américaine allonge notablement la scène et remplace le ton agacé et distancié avec lequel André souffle les répliques à sa fille dans le film français par une minute de poésie romantique qui colle davantage à Depardieu/Cyrano. Et quand Nicky sur la plage lui demande « Mais où es-tu allé chercher tout ça ? » le spectateur n'a pas de mal à répondre, à la place du personnage : « dans *Cyrano* ! Je suis Depardieu. » *My Father the Hero* exploite assez peu les stéréotypes attachés à l'identité française (le goût pour le vin, la nourriture, le sexe, l'art), parce que précisément il y a Depardieu et que

34. Ginette VINCENDEAU, *Stars and Stardom in French Cinema*, Londres/New York, Continuum, 2000, p. 230-233.

son image suffit à « dire » la France et court-circuite, en le rendant inutile et en s'y substituant, tout travail sur la stéréotypie associée. Tout se passe comme s'il condensait et naturalisait les stéréotypes nationaux. En témoigne une des scènes les plus drôles du remake, la Nuit des Talents de l'hôtel, évidemment absente du film source, qui désigne explicitement la francité d'André/Depardieu comme une pure image, comme une construction cinématographique. En réponse à la demande formulée par les vacanciers d'une « chanson typiquement française », André entonne *Thanks Heaven for Little Girls*. Cette chanson renvoie évidemment au goût pour les toutes jeunes filles que lui supposent ses compagnons, mais elle fait aussi référence à *Gigi* de Minnelli et à son interprète, Maurice Chevalier, que Depardieu imite avec entrain. Il ne s'agit plus seulement alors d'identifier André/Depardieu à la quintessence du « Français », mais de l'identifier aussi à l'image hollywoodienne de l'acteur français jouant des rôles de Français à Hollywood.

Les différents rôles, valeurs et stéréotypes incarnés par les acteurs français dans les remakes hollywoodiens sont donc assez conformes au traitement des personnages/acteurs français par le nouvel Hollywood, ce qui apporte en définitive une nouvelle preuve de ce que le remake est bien une opération de traduction en langage hollywoodien. Comme le montre très bien *My Father the Hero*, c'est l'identité nationale de l'acteur telle qu'elle est reconstruite et codée de manière internationale qui est utilisée ou manipulée dans les remakes. Quel que soit le succès rencontré par les films – parfois nul comme dans le cas de *Just Visiting*, parfois honnête et proportionné à son budget, comme pour *My Father the Hero* –, l'emploi d'un acteur français est toujours justifié : par une nécessité de traduction (*Breathless*), par une production « mondialisée » (*The Good Thief*), par l'invention d'un personnage d'étranger qui permet d'innocenter le récit. Par ailleurs, dans le cas de films commerciaux mais non dénués de prétention (*Unfaithful*, *Diabolique*), la présence d'un acteur français joue le rôle de caution artistique, à cause de la valeur ajoutée culturelle fréquemment associée par la critique américaine au cinéma français, bien au-delà des limites du film d'auteur. C'est souvent parce qu'ils avaient une grande ou petite notoriété internationale préalable que les acteurs ont participé à un remake – et le rôle des *heritage films* est loin d'être négligeable pour plusieurs d'entre eux, Adjani, Depardieu et Martinez –, même si pour aucun le remake n'a pu servir de tête de pont ou de propulseur dans une carrière internationale ou plus internationale, pas plus qu'il n'a pu en général jouer ce rôle pour d'autres catégories, producteurs et réalisateurs. En termes de reconnaissance critique dans leur pays d'origine, l'opération est également blanche. Les réactions de la presse française oscillent systématiquement entre deux attitudes : affirmer que l'acteur français ne parvient pas à sauver le film, ou trouver qu'il y est méconnaissable, l'ombre de lui-même et se demander ce qu' « il est venu faire dans cette galère ». Même si la renommée critique de l'acteur ne gagne rien au remake, au moins est-il en général dédouané de sa mauvaise, piètre ou banale prestation, dont la responsabilité est rejetée sur le projet lui-même de remake et sur ses instigateurs hollywoodiens.

Des cas d'école pour une comparaison transatlantique

Comme on a pu le voir avec les exemples ci-dessus, les objets et les procédures de la traduction culturelle opérée par le remake hollywoodien sont évidemment extrêmement variés, autant que les sujets, les histoires et les styles des films faits ou refaits. Chaque paire « film français/remake hollywoodien » donne ainsi l'occasion de mettre en évidence des particularités culturelles qui renseignent sur la spécificité de ces deux représentations cinématographiques. Il est en revanche beaucoup moins aisé de dégager des règles générales de transformation qui rendraient compte des transpositions à l'œuvre dans tous les remakes, et ce pour des raisons évidentes : les films français sources, tout comme leurs remakes hollywoodiens, sont marqués aussi par leur époque, leur genre, leur situation dans le champ cinématographique, leurs créateurs.

L'examen de l'ensemble du corpus des remakes hollywoodiens de films français permet toutefois de repérer quelques différences significatives et assez systématiques, concernant notamment la conduite du récit, la caractérisation des personnages et l'utilisation des stars. Il ne peut évidemment s'agir que de *tendances*, qui mettent en lumière des récurrences esthétiques et idéologiques très générales. Le cinéphile familier du cinéma hollywoodien et du cinéma français ne s'étonnera donc pas de retrouver dans ces tendances des observations qu'il a pu se faire sur ces deux cinémas. Mais les remakes, parce qu'ils développent la même histoire que leur film français source, et à plus forte raison quand ils la développent avec une grande fidélité, limitent ainsi les paramètres extérieurs à la comparaison, comme par exemple les particularismes liés à l'argument. C'est pourquoi ils peuvent devenir, pour l'analyste, des *cas d'école*, particulièrement aptes à révéler des différences entre représentations cinématographiques hollywoodiennes et représentations cinématographiques françaises, et, de ce fait, à éclairer les spécificités de chacune.

Les remakes hollywoodiens ont tendance, toutes époques et tous genres confondus, à conduire de manière plus explicative et plus claire la narration, un trait qui rappelle la caractérisation spécifique du cinéma classique hollywoodien que Bordwell donne en tête de la somme qu'il lui consacre en affirmant que le film hollywoodien est « *excessively obvious*[35] ». Ce trait peut être évalué de manière positive – il permet de conduire plus fermement et efficacement un récit – comme négative – il entraîne des redondances ou des simplifications. Il se manifeste notamment par un plus grand développement de l'exposition dans les remakes. Comme on l'a vu, *The Long Night* ajoute un prologue à *Le jour se lève*. De même, alors que *Les Compères* de Francis Veber commence par les images d'un adolescent qui fait du stop au bord d'une route nationale avec sa petite

35. David BORDWELL, Janet STAIGER et Kristin THOMPSON, *The Classical Hollywood Cinema. Film Style and Mode of Production to 1960*, *op. cit.*, p. 5.

amie, puis se poursuit par une séquence au commissariat où les deux parents déclarent la fugue de leur fils Tristan, *Fathers' Day* explicite immédiatement le lien entre les protagonistes : il déroule son générique sur des photographies d'un jeune garçon, de la naissance à l'adolescence, qu'on voit ensuite rapidement se disputer avec ses parents et quitter le domicile familial. *Trois hommes et un couffin* commence dans une lumière tamisée par une fête d'où les trois protagonistes principaux n'émergent clairement qu'à la fin, et quelques plans suffisent ensuite pour présenter en action les trois hommes et lancer l'intrigue : Jacques part au petit matin prendre ses fonctions de steward en laissant un mot pour indiquer à ses compagnons que sa maîtresse d'un soir est « un bon coup », il croise son collègue qui lui rappelle le service qu'il lui a demandé et téléphone à Pierre pour le prévenir de l'arrivée d'un paquet... et Pierre et Michel trouvent le bébé sur le paillasson dans la séquence suivante, c'est-à-dire cinq minutes après le début du film. Bien que le montage et la musique donnent un rythme plus rapide au remake, quinze minutes et deux séquences d'exposition successives s'écoulent dans *Three Men and a Baby* avant que Peter ne trouve le bébé : le générique nous renseigne longuement sur le statut de célibataires impénitents des trois héros ; puis les personnages principaux sont longuement présentés lors d'une *party*, d'abord par le truchement de la caméra vidéo de Michel qui fait des sortes d'interviews pour immortaliser la soirée, puis par des sous-scènes de la soirée qui précisent pour chacun des trois hommes un des traits importants de son caractère. Enfin, dans *Point of No Return*, le personnage de Maggie se détache beaucoup plus nettement et plus rapidement des autres protagonistes du braquage placé en ouverture, notamment grâce à l'emploi de plusieurs gros plans sur son visage, que ne se détachait Nikita dans la même séquence du film français. Ce développement de l'exposition a parfois pour conséquence de faire surgir plus clairement la ou les stars du film – à peu près tous les remakes hollywoodiens ayant tendance à davantage mettre en avant leur(s) vedette(s) comme on l'a vu par exemple avec le couple *Sommersby/Le Retour de Martin Guerre*. Il peut aussi avoir pour effet de conformer les personnages à des codes moraux, comme dans *The Long Night*, ou encore dans *Three Men and a Baby*, où la présentation des activités érotiques des personnages vient assurer le spectateur de leur hétérosexualité.

La réduction des ambiguïtés des personnages est une caractéristique assez fréquente dans les remakes, qu'on observe aussi bien dans *Human Desire*, dont le héros a définitivement perdu la fêlure de Jacques Lantier, que dans *Sommersby*. Dans ce dernier film, les motivations du héros, pendant ses années d'imposture, sont plus nobles que celles du faux Martin Guerre, dont l'usurpation d'identité n'a rien d'altruiste. À l'inverse, dans *Sommersby*, le méchant, Orin, condense plusieurs des traits négatifs qui étaient répartis entre différents personnages dans *Le Retour de Martin Guerre* : il est l'équivalent de l'oncle avaricieux qui cherche à nuire à son neveu (ici il convoite la femme de Jack, en plus d'être ouvertement raciste), mais le remake lui prête aussi un trait emprunté au véritable, antipathique et brutal Martin : comme lui à son retour de la guerre, il est unijambiste. En caractérisant souvent leurs personnages de manière plus tranchée que dans le film français, les remakes tendent à simplifier les enjeux du récit et les motivations des personnages, mais aussi à moraliser les histoires.

Le goût d'une fin nette, claire, et très souvent heureuse, fait partie des usages qui distinguent souvent, sur un plan narratif, la version américaine de la version française. *Human Desire* et *The Long Night* épargnent le suicide à leur personnage, auquel un futur est promis. Malgré la mort du héros, *Sommersby* se conforme à l'exigence hollywoodienne du *happy end* en célébrant l'amour et le sacrifice utile à la communauté : Laurel, dont la situation à la fin du récit illustre bien l'impossibilité faite aux personnages féminins, notamment dans le mélodrame hollywoodien, à allier pouvoir et amour, a sacrifié son bonheur par amour pour Jack, mais elle reste libre et maîtresse de ses biens, ce qui n'est pas le cas de Bertrande dans *Le Retour de Martin Guerre*. *My Father the Hero* élimine toute mélancolie de son épilogue et *Three Men and a Baby* se termine sur la constitution d'une « famille élargie », alors que le film français ne donne pas d'indication sur l'avenir des trois hommes, de la petite fille et de leur mère. Dans *Nikita* l'héroïne disparaît, sans qu'on sache ce qui lui est arrivé ou va lui arriver, Marco et Bob se bornant à constater qu'elle va leur manquer, tandis que dans *Point of No return*, la discussion des deux hommes est suivie par un épilogue : la jeune femme, bien vivante, est dans la rue et s'éloigne – vers un autre avenir ? – pendant que Bob, qui l'a aperçue, appelle ses supérieurs pour clore son dossier et de ce fait lui sauver la vie. Même la mort de Jesse, l'équivalent américain de Michel Poiccard dans *Breathless*, n'est que virtuelle puisque l'image se gèle au moment où il ramasse le revolver et se retourne vers la police. Restant actif jusqu'aux dernières secondes du film, il s'écarte du modèle romantique européen du jeune héros victime d'une nécessité tragique qui prévalait dans *À bout de souffle*[36]. De manière plus subtile, le même phénomène est observable dans *Intersection* dont le héros, victime d'un accident de voiture, meurt à la fin du récit comme dans *Les Choses de la vie*. Une même métaphore, celle de la noyade, est mobilisée dans les deux films pour figurer la mort ; mais, alors que Michel Piccoli se laisse couler dans la mer, les paroles qu'il prononce devenant de plus en plus inaudibles, Richard Gere garde un corps tonique et actif pour mourir, en plongeant assez vigoureusement vers les profondeurs.

Dans les remakes classiques qui proposent des fins divergentes et heureuses, celles-ci sont liées à une caractérisation plus nettement positive du héros, masculin notamment, auquel le spectateur est incité à s'identifier. Ce qui autorise à donner une seconde chance au personnage (*The Long Night*, *Human Desire*) ou au couple (*Unfaithful*). Faute d'une deuxième chance finale, le héros peut connaître dans la mort une rédemption, qui rend le récit plus édifiant tout en compensant la fin dramatique par une note d'optimisme : sa vie prend rétrospectivement un sens et sa mort devient un sacrifice, comme le montrent *Sommersby* ou encore *The Road to Glory* (*La Route de la gloire*, Howard Hawks, 1935), remake des *Croix de*

36. Geneviève SELLIER, *La Nouvelle Vague. Un cinéma masculin singulier*, Paris, CNRS Éditions, collection « Cinéma & Audiovisuel », 2005, p. 89-91.

bois (Raymond Bernard, 1933). Ces deux derniers films, qui dépeignent l'horreur des tranchées de la Grande Guerre, font du sacrifice l'élément fondateur de la victoire, mais le sacrifice final du commandant acquiert dans le remake une valeur individuelle et rédemptrice qu'il n'a pas dans la version française. *The Road to Glory* fait des officiers les figures centrales du récit, qui mettait en avant, dans le film français comme le roman de Roland Dorgelès dont il s'inspire, la troupe comme héros collectif, et il présente ce sacrifice comme un rachat : le commandant, dont le film a précédemment décrit la part d'ombre (l'alcoolisme, une dureté envers ses hommes), devenu aveugle, se porte volontaire pour installer une ligne de téléphone qui permettra de guider les tirs d'artillerie et meurt dans l'opération. Comme l'a montré Monique Carcaud-Macaire, il n'est pas, comme chez Raymond Bernard, la victime émissaire envoyée par une communauté, mais le médiateur d'un sacrifice qu'il a choisi et qui le rachète personnellement de ses fautes passées et du sacrifice qu'il a voulu faire de ses hommes[37].

Enfin, les déterminations de classe ou sociales interviennent de manière plus importante et surtout plus directe dans la construction des récits français que dans leurs remakes. Non que ceux-ci ne puissent manifester un intérêt sociologique pour leurs personnages et leur intrigue : le décor de *The Long Night*, plus réaliste et moins poétique que celui de *Le jour se lève*, en témoigne, tout comme, pour prendre un exemple plus contemporain, la satire des nouveaux riches dans *Down and Out in Beverly Hills*. Ce film accumule autour de Dave Whitman, le sauveur du Boudu américain, un self-made man qui a fait fortune dans l'industrie du cintre, et de sa famille les preuves matérielles trop ostentatoires de la réussite sociale (maison luxueuse, débauche de téléviseurs, appareils électriques et gadgets) et les signes visibles des angoisses de riches (agitation permanente, névroses de toutes sortes, gourous). Mais dans les remakes, les questions sociales ont tendance à rester à la périphérie de l'intrigue elle-même et, plus précisément, à ne pas jouer de rôle dans les conflits, grands ou petits, qui alimentent la dramaturgie. Comme on l'a vu, *The Long Night* réduit considérablement le rôle des déterminations de classe dans le drame et dans l'affrontement entre Joe et Maximilian. De même, l'arrivée du bébé de *Three Men and a Baby* n'entraîne aucune complication dans la vie sociale des héros. La relégation au second plan des questions de classe et du déterminisme du milieu est également nette dans *Scarlet Street* et *Human Desire*, les deux remakes hollywoodiens qui refont en film noir leur film français source.

37. Monique CARCAUD-MACAIRE, « *Les Croix de bois* comme trace et invention discursive. La problématique de l'appropriation de la mémoire par la représentation littéraire et filmique », *Les Cahiers de la cinémathèque*, n° 69, « Verdun et les batailles de 14-18 », Perpignan, Institut Jean Vigo, novembre 1998, p. 23-31.

Chapitre V

TRANSFERTS GÉNÉRIQUES

Le travail de réorientation culturelle que les remakes opèrent en traduisant en langage hollywoodien leurs films français sources affecte simultanément les contenus et les modes de représentation. Cette acclimatation est facilitée par la prégnance des genres dans l'ancien et le nouvel Hollywood, où l'existence et la reconnaissance de formules esthétiques et idéologiques stables sont favorisées par l'organisation économique des studios, par la volonté des producteurs de disposer d'un langage commun dans lequel présenter leurs films à leur public, par le désir d'encadrement idéologique et par un projet esthétique qui vise à proposer des variations d'une même forme de « récit spectaculaire ». Les conventions génériques, en modelant les mondes fictionnels des films, inscrivent ces derniers dans un paysage connu. Le genre, qui est outil d'uniformisation et constructeur de repères, tout particulièrement dans le cinéma hollywoodien, est également de ce fait un puissant agent d'intégration de récits filmiques exogènes : des déterminations génériques nouvelles viennent guider la réécriture du film français, le mettre en conformité avec une forme et une vision du monde hollywoodiennes, l'intégrer à un horizon d'attente commun aux spectateurs américains ou aux spectateurs « mondialisés » familiers du cinéma hollywoodien. La traduction culturelle suppose aussi une transposition dans un cadre énonciatif, idéologique et discursif acceptable, donc au sein d'un régime générique différent qui délimite ce cadre et dans lequel le remake se coule et se déforme.

Les genres hollywoodiens, des vecteurs d'intégration

Genres et remakes partagent, dans l'ancien et le nouvel Hollywood, une même fonction. Tous deux sont en effet des outils qui aident à combiner la logique normative et la logique d'innovation et relèvent d'une stratégie de production et d'une technique de création qui associent répétition et variation. Le genre, comme le remake, permet de normaliser la production, tant sur un plan esthétique qu'idéologique, tout en intégrant au standard des éléments extérieurs, ce qui contribue à l'existence et au renouvellement d'un panorama de genres, variés et relativement stables. Dans le cas du film noir par exemple, cette stratégie, qui amène à l'émergence de ce qui sera reconnu ensuite comme un nouveau genre, ajoute aux standards des films criminels des éléments extérieurs de multiple nature : certains sont empruntés à d'autres supports médiatiques (un nouveau type de fiction policière littéraire, le roman *hard boiled*), d'autres à des styles et des techniques cinématographiques étrangers – comme par exemple de nouveaux traitements de la lumière, inspirés des éclairages expressionnistes, souvent importés à Hollywood par les émigrés allemands et que l'épouvante, « le film de monstre », a commencé à acclimater dans le cinéma hollywoodien dans les années 1930. Le genre est donc une pratique qui, comme le remake, est susceptible de permettre à Hollywood d'intégrer les marges dans la norme, d'utiliser, en le digérant et en le transformant, ce qui lui est au sens propre étranger... ou qui l'est devenu par son inactualité : ainsi les Japonais qu'affronte en 1945 le héros d'*Objective Burma*, un film de guerre, deviennent-ils en 1951, une fois le conflit passé, les Indiens hostiles auxquels le même Walsh oppose dans les marécages de Floride le héros de *Distant Drums*, un western.

Cet exemple montre bien que, si remake et genre travaillent à Hollywood dans un même objectif, ils n'y occupent pas la même place et n'y fonctionnent pas sur le même plan. Le genre, parce qu'il est capable de donner une forme, un style, une syntaxe et une sémantique reconnaissables à une intrigue, parce qu'il constitue un « idiome hollywoodien[1] », *encapsule* le remake, qui n'est qu'une technique. Le genre participe donc activement à la traduction du film français en langage hollywoodien et contribue à rendre recevable la nouvelle version du film en la recomposant dans un ensemble de règles, de conventions et de contraintes familier.

Ainsi *Lucky Partners* (*Double Chance*, Lewis Milestone, 1940) transforme *Bonne chance* (Sacha Guitry, 1935) en comédie romantique hollywoodienne. Dans le film français un peintre bohème d'une cinquantaine d'années, Claude (Sacha Guitry), souhaite « bonne chance » à une jeune lingère, Marie (Jacqueline Delubac) qu'il croise dans la rue. La jeune femme découvre que Claude lui porte bonheur et elle décide donc d'acheter un billet de loterie. Le billet est gagnant et Marie tient à partager la somme (200 000 francs) avec Claude. Cette entrée en matière, très rapide dans le film, permet aussi de voir que les deux personnages sont attirés l'un par l'autre, même si, à la suite d'un quiproquo et pour céder aux demandes de sa mère, Marie s'est entre-temps fiancée à un piètre Prosper qu'elle doit épouser le mois prochain à son retour du régiment. Claude refuse de garder pour lui sa part du gain et propose assez immoralement à la jeune femme qu'ils la dépensent ensemble dans un grand voyage « en frère et sœur » avant son mariage. La suite du film est consacrée à ce voyage, où l'on voit grandir l'attirance entre les deux personnages et leurs vains efforts pour y résister : ne pouvant épouser Marie et pour être sûr de ne pas succomber à la tentation, Claude va jusqu'à adresser une lettre à la mairie de son village natal pour la reconnaître comme sa fille. Ils finissent par passer la dernière nuit du voyage ensemble, mais tout s'arrange dans

1. Jean-Pierre ESQUENAZI, *Hitchcock et l'aventure de* Vertigo. *L'Invention à Hollywood*, Paris, CNRS Éditions, 2001, p. 92-95.

la dernière scène : le maire du village n'avait pas enregistré la lettre, Prosper, qui n'est présent dans le film que par de courts inserts, a trouvé une autre fiancée près de sa garnison, et Claude épouse Marie.

De cette intrigue, fortement liée au couple réel Guitry/Delubac, mais aisément transposable en *romance*, le remake retire, pour des raisons évidentes de censure, les éléments les plus scabreux : David (Ronald Colman) et Jean Newton (Ginger Rogers) font toujours chambre à part et se contentent d'un baiser et, comme la différence d'âge dans le couple n'est pas un enjeu du récit – la reconnaissance en paternité est évidemment supprimée –, David ne risque donc pas de se retrouver « père et grand-père » en même temps, contrairement au film français qui une fois de plus développe un rapport père/fille-amante. Le remake conserve le même *meet cute* initial et suit globalement la même ligne en la moralisant. Le passage du libertinage boulevardier du film français à la plus sage romance hollywoodienne peut toutefois aussi s'interpréter en termes culturels : le remake réoriente le récit pour le conformer à la syntaxe et au sémantisme de la comédie romantique[2]. Alors que *Bonne chance* fait la part belle à Claude/Guitry, transforme Delubac en icône gracieuse et souriante qu'on ne voit jamais agir, *Lucky Partners* rééquilibre les rôles, optant pour une alternance régulière entre « elle » et « lui » emblématique d'un genre dont l'intrigue consiste à présenter puis réduire par le « miracle de l'amour » les oppositions et les conflits entre les deux protagonistes, entre les deux sexes. Chacun des deux partenaires doit ainsi renoncer à quelque chose pour pouvoir admettre l'amour qu'il ressent pour l'autre et s'y abandonner à la fin du film. L'abandon par Jean de son fiancé et de la vie, terne mais assurée, qu'elle avait imaginée est dans le remake contrebalancé par un changement chez David, alors que Claude/Guitry restait tel qu'en lui-même. David doit accepter d'affronter une accusation d'immoralité que son travail de peintre lui a value – à tort, indique bien le film. Fidèle à une stratégie de suspense comique et érotique, le remake, qui est presque deux fois plus long que le film français, invente et développe toute une série de contretemps et de péripéties : de longs rebondissements autour du ticket gagnant, dans lesquels intervient Frederick, le fiancé de Jean ; l'intrusion de ce même fiancé dans le voyage en frère et sœur ; une affaire assez alambiquée de vol qui débouche sur un procès. Alors que le Prosper français est quasiment inexistant, le fiancé américain apparaît d'un bout à l'autre du récit, se montrant tour à tour intéressé par la somme gagnée et jaloux de David. Le remake développe son rôle pour en faire un *wrong partner* typique, ridicule, mais assez consistant pour être un agent efficace de retardement du dénouement amoureux. *Lucky Partners* ajoute aussi des personnages de « sages », qui viennent traditionnellement dans la comédie romantique attester que les protagonistes du récit sont faits l'un pour l'autre : à l'hôtel où ils séjournent, David et Jean sont abordés par un couple de clients, très âgés mais toujours très amoureux, qui ont choisi les deux héros entre tous les autres couples pour leur transmettre le secret d'un amour éternel.

2. Voir à ce sujet Steve NEALE, « The *Big* Romance or *Something Wild*? », *Screen*, vol. 33, n° 3, automne 1992, p. 284-299.

Le travail intégrateur du genre se poursuit bien au-delà des limites du classicisme hollywoodien. Il est même visible dans un remake comme *Oscar*, réalisé par John Landis en 1991, qui affiche, comme c'est souvent le cas dans le cinéma hollywoodien contemporain, un second degré dans la relation qu'il entretient avec les codifications génériques. Le film français *Oscar*, adapté en 1967 par Édouard Molinaro d'une comédie de boulevard à succès écrite par Claude Magnier, voit son intrigue vaudevillesque dédoublée dans son remake hollywoodien (rebaptisé pour sa sortie en France *L'embrouille est dans le sac*), où Sylvester Stallone, en quête d'une reconversion dans la comédie semblable à celle de Schwarzenegger, remplace Louis de Funès. L'histoire, qui est déplacée dans les années 1930, raconte dans le même ordre les mêmes événements qu'*Oscar*. Un récit parallèle apparaît toutefois : le héros, Angelo Provolone, n'est plus un riche promoteur immobilier contre lequel le destin s'acharne pendant une rocambolesque journée, mais un gangster qui dans la première séquence du film a promis à son père mourant de devenir honnête. Les mauvais coups du sort et le ballet des valises (tantôt vides, tantôt pleines) ne sont plus le prétexte aux explosions gestuelles qui ont fait le succès de de Funès, mais provoquent chez Angelo un désir difficilement répressible de reprendre une arme en main. Le suspense est ainsi partiellement déplacé : le héros repenti résistera-t-il à la tentation ? Les policiers qui surveillent sa maison arriveront-ils à le prendre en flagrant délit de blanchiment d'argent sale ? La mécanique comique du boulevard français, parasitée par quelques scènes d'action, est détournée en version parodique d'un film de gangster. L'ajout de cette intrigue parallèle relève donc de l'acclimatation générique, mais elle permet aussi, sur un plan narratif, de dégager la comédie des codes et des conventions spécifiques au boulevard français pour l'inscrire dans un modèle scénaristique plus habituel à la comédie hollywoodienne contemporaine : elle substitue en partie au modèle dramatique du rebondissement et du quiproquo une écriture comique fondée sur l'articulation d'une intrigue principale et d'une intrigue secondaire[3].

L'immense majorité des remakes hollywoodiens opèrent un recadrage générique de leur film source en accentuant ce qui dans le film français se rapproche d'une formule connue et en gommant ce qui y est irréductible. Ils infléchissent le genre du film français originel, sans le modifier radicalement : les comédies sont traduites en comédies, et les drames en drames ; le *thriller Nikita* devient le *thriller Point of No Return* ; *La Jetée* perd son caractère expérimental en devenant *Twelve Monkeys*, mais ce dernier est toujours un film de science-fiction. *The Mirror Has Two Faces* (*Leçons de séduction*, Barbra Streisand, 1996) constitue une véritable exception. Le film français source, *Le miroir a deux faces* (André Cayatte, France, 1959) est un drame au réalisme noir, où Marie-Jo, jouée par une Michèle Morgan enlaidie pour les besoins du film, décide de subir une opération de chirurgie esthétique contre l'avis de Pierre (Bourvil), son mari, un Français moyen parti-

3. Le plus grand développement de l'intrigue de drogue dans *Three Men and a Baby*, que la critique française du remake, pourtant très négative, a repérée comme plus réussie que chez Coline Serreau, témoigne aussi de la pertinence de ce trait scénaristique.

culièrement mesquin, qui l'a épousée, suite à une annonce passée à l'insu de la jeune femme « incasable » par sa propre famille, en raison de sa disgrâce – les femmes laides sont dociles et obéissantes ! Cette métamorphose, que n'accepte pas Pierre, fait de Marie-Jo une nouvelle femme, qui reprend le travail qu'elle avait abandonné en se mariant, sort de sa cuisine, de ses lessives et du champ de vision d'une acariâtre belle-mère, aussi ignoble que son fils, et commence une liaison avec un ancien amour de jeunesse. De cette histoire de libération féminine bien ambiguë, puisque le film est raconté en flash-back par le mari et que la métamorphose de Marie-Jo aboutit surtout à la désagrégation de sa famille et à un meurtre, Barbra Streisand tire une comédie romantique, qui lui sert de film-véhicule. Dans le remake, Rose (Barbra Streisand) est une universitaire de renom, célibataire endurcie au physique difficile mais grande romantique, qui rencontre Gregory (Jeff Bridges), mathématicien célèbre, couvert de conquêtes. Il épouse Rose, par le même procédé que dans le film français, pour échapper à une grave « addiction sexuelle » – on ne désire pas une femme laide ! Ils deviennent les meilleurs amis du monde et semblent intellectuellement faits l'un pour l'autre. L'argument de la comédie romantique consiste alors à les transformer en amants, ce qui passe, pour Rose, par une acceptation de sa féminité qui suffit à la métamorphoser, pour Jeff par une acceptation de la nouvelle Rose. Malgré la nature exceptionnelle pour un remake transnational de cette transformation générique radicale, qu'explique sans doute la distance temporelle entre les deux films, on notera que Streisand choisit de replacer l'histoire dans un genre qui lui permet de tenir un rôle vedette en parfait accord avec sa *persona* et qui est une des formules génériques en vogue dans les années 1990, depuis que les succès de *When Harry Met Sally* et *Pretty Woman* ont revitalisé la comédie romantique.

La parenté générique entre les films français et leurs remakes mérite de ce fait d'être interrogée : elle suggère que si certains films français sont refaits à Hollywood, ce n'est pas parce qu'ils sont radicalement différents, mais parce qu'ils proposent une différence intégrable et réductible, que le recadrage générique viendrait alors lisser. La traduction en langage hollywoodien affirmerait ainsi à la fois une continuité entre les deux univers cinématographiques et des spécificités intraduisibles. Le remake hollywoodien de film français se retrouve donc au cœur d'une tension entre l'international et le national, entre l'universel occidental et le local.

Remakes franco-hollywoodiens et film noir

Depuis les années 1990, des travaux importants[4] ont mis l'accent sur les origines et les ramifications européennes du film noir américain. Revenant en

4. Voir par exemple Ian CAMERON, *The Movie Book of Film Noir*, New York, Continuum Books, 1992 ; *Iris*, n° 21, « *European Precursors of Film Noir*/Précurseurs européens du film noir », 1996.

particulier sur un clivage installé depuis le *Panorama du film noir américain* de Borde et Chaumeton (1955) qui réservait le vocable « film noir » aux seuls films noirs américains, ils ont rappelé la genèse française de ce terme. Celui-ci est en effet d'abord appliqué au cinéma français par la critique française, majoritairement dans la presse de droite et d'extrême droite, mais aussi dans les magazines populaires, pour condamner l'atmosphère sombre, fataliste et démoralisatrice d'une série de films, qui correspondent plus ou moins au réalisme poétique, au premier rang desquels *Quai des Brumes*, *La Bête humaine*, *L'Étrange M. Victor*, *Le jour se lève*, *La Tradition de minuit*. Et c'est encore dans la critique française qui découvre *Double Indemnity*, *The Lost Weekend* et *Murder, My Sweet*, que le terme réapparaît après-guerre pour désigner un nouveau type d'aventure criminelle américaine dont l'atmosphère noire justifie le qualificatif. Comme le montre le titre de l'article de Jean-Pierre Chartier, paru dans La Revue du cinéma de novembre 1946, « Les Américains aussi font des films "noirs" », le film noir hollywoodien est alors directement référé au "noir" français d'avant-guerre que la critique perçoit comme moins sinistre que son cousin américain (« l'amour y passait comme le mirage d'un monde meilleur, une revendication sociale implicite ouvrait la porte à l'espoir »). Ce n'est qu'à partir des années 1950 que la dénomination générique s'institutionnalise et se « nationalise » pour désigner la seule série de films criminels hollywoodiens (de 1941 à 1958) :

> *Pépé le Moko*, *Quai des brumes*, *La Bête humaine* n'annonçaient-ils pas le film noir américain ? Nous ne le pensons pas. D'abord l'onirisme et l'insolite font complètement défaut dans ces films des années 1936-1938. Dès le début, l'action est située dans un milieu social bien défini. Pas trace non plus de violence gratuite, si ce n'est parfois dans les dialogues de Prévert qui, ne l'oublions pas, participait au mouvement surréaliste jusqu'en 1930 : Jean Gabin tue, mais c'est un criminel sentimental, un brave homme qui voit rouge. Drame passionnel et fatalité, il n'y a rien de plus dans ces meurtres de cours d'assises. Peut-être le personnage de *Quai des brumes* incarné par Michel Simon, ce refoulé sexuel amateur d'orgue, fait-il exception. Enfin l'érotisme est rare, et la figure plus complexe de Simone Simon dans *La Bête humaine* ne suffira pas à marquer profondément le réalisme français[5].

En rappelant le destin onomastique du genre et son identification originelle par la critique française, les analyses récentes mettent l'accent sur l'aspect transnational du genre : il existe une forme « noire », dont un des thèmes est une vision sombre, pathologique, d'une masculinité en crise, mais qui s'exprime (en Allemagne, en France, aux États-Unis) dans des contextes différents et y connaît des déclinaisons spécifiques. Le roman noir de James Cain *The Postman Always Rings Twice* suscite ainsi autant d'intérêt en France, où il est adapté par Pierre Chenal en 1939, qu'à Hollywood où Tay Garnett le porte à l'écran en 1946. Cette

5. Raymond BORDE et Étienne CHAUMETON, *Panorama du film noir américain*, Paris, Éditions d'aujourd'hui, 1976 [1955], p. 27-28.

dimension transnationale du genre s'explique par les profonds brassages de styles et de techniques liés à l'émigration du personnel cinématographique à Hollywood bien sûr, mais aussi dans la France des années 1930.

Dans ce contexte, favorable à l'émergence de films noirs français dans les années 1930 et au développement du film noir hollywoodien dans les décennies suivantes, on pourrait s'attendre à ce que les films noirs français soient refaits à Hollywood sous forme de films noirs américains. Or il n'y a pas de conversion mécanique entre les films noirs français d'avant-guerre et leurs remakes. Ainsi *Le jour se lève* n'est pas acclimaté en film noir à Hollywood. Certes, en conservant la structure en flash-back qui transforme le récit en intrigue de prédestination, *The Long Night* maintient un choix narratif devenu entre-temps assez emblématique du genre, et l'esthétique onirique du film noir hollywoodien se retrouve dans l'avant-dernière séquence, inventée par le remake, où Joe Ann essaie de convaincre Joe, en proie à un tourbillon hallucinatoire de souvenirs, de se rendre. Mais ce changement témoigne plutôt d'une diffusion de l'esthétique noire dans les drames et mélodrames hollywoodiens de la fin des années 1940.

Pièges/Lured : *de Maurice Chevalier à Georges Sanders, de Freud à Baudelaire*

Le cas de *Pièges/Lured* est plus complexe. Dans *Pièges* (Robert Siodmak, 1939), une jeune taxi-girl, Adrienne (Marie Déa), vient signaler la disparition d'une de ses amies à la police, qui décide de l'engager pour qu'elle serve d'appât, afin d'aider à résoudre une affaire de disparitions de jeunes femmes en série. Le film, inspiré par l'affaire Weidmann, un tueur en série allemand arrêté en France en 1937 et guillotiné en 1939, suit l'enquête de la jeune femme à travers une série de sketches, où Adrienne se retrouve dans des situations parfois rocambolesques, parfois périlleuses. Pendant l'enquête, elle rencontre Robert Fleury (Maurice Chevalier), le patron d'une boîte de nuit dont elle tombe amoureuse et qui sera, à tort, accusé des disparitions avant d'être disculpé. *Pièges* se présente comme un film à épisodes dont l'extrême hybridité est due autant à la mode du film à sketches dans le cinéma français de la fin des années 1930 qu'au caractère très international du film, que la presse française d'extrême droite n'a pas manqué de dénoncer : l'équipe comprend, outre Siodmak et Erich von Stroheim (dans le rôle de Pears, le couturier fou), le chef opérateur américain Ted Pahle, le décorateur d'origine russe Georges Wakhevich, les scénaristes Ernst Neubach (Neuville au générique) d'origine allemande et Jacques Companeez d'origine russe, une pléiade d'acteurs français (Maurice Chevalier, Marie Déa, Pierre Renoir, Jacques Varennes, etc.). *Pièges* présente de très nombreuses ruptures de ton, alternant des scènes très noires avec des scènes de comédie. L'enchaînement entre les différents épisodes de l'enquête est parfois un peu abrupt, et la présence de deux chansons, interprétées par Maurice Chevalier, « faiblement justifiées sur un plan narratif », est surtout « surdéterminée par Maurice Chevalier[6] ». Pour schématiser, le film alterne des scènes diurnes, à l'atmosphère comique ou légère (la fête du Cordon Bleu et une soirée dans un cabaret mondain, où Maurice Chevalier pousse la chansonnette, une journée d'emplettes dans le Paris du luxe) avec des scènes nocturnes, à l'éclairage fortement contrasté, où Adrienne se trouve confrontée à des hommes inquiétants et perturbés. Cette atmosphère noire, rendue dans un style extrêmement gothique, apparaît dès le générique où une lampe de poche éclaire les noms sur un mur dans un décor urbain, anonyme et nocturne. On la retrouve lorsqu'Adrienne, qui a donné rendez-vous la nuit au couturier Pears, son premier suspect, est surveillée de loin, puis emmenée en voiture par un homme inconnu. Il l'oblige à monter chez lui et dans les escaliers se fait menaçant, lui révélant qu'il connaît sa véritable identité : par son montage, ses cadrages obliques, son éclairage qui agrandit les ombres des deux personnages, puis rejette l'un ou l'autre dans l'obscurité, cette montée expressionniste dans les escaliers annonce littéralement les motifs et les compositions visuelles propres aux scènes menaçantes du film noir hollywoodien. Toutefois, cette scène angoissante se termine sur une pirouette comique : l'inconnu n'était autre que l'inspecteur Batol (Temerson, une des figures excentriques du cinéma français des années 1930), chargé de protéger Adrienne pendant son enquête, et qui « s'amusait » à lui faire peur pour lui montrer le danger de sa mission et l'assurer de la nécessité de rester en contact avec lui. Enfin, à partir du moment où Fleury est à tort arrêté, le véritable coupable des meurtres, Brémontière (Pierre Renoir), l'associé de Fleury qu'on croyait dévoué, est toujours filmé dans un style « noir » qui atteint son paroxysme dans la séquence où Adrienne le démasque.

Pièges navigue ainsi constamment entre plusieurs genres, comme c'est souvent le cas dans les films français réalisés par les émigrés allemands dans les années 1930, mais aussi entre deux styles, entre deux mondes. Ce dédoublement, visible dans le traitement stylistique des espaces et dans la caractérisation des personnages, fait basculer sans cesse le film d'un univers léger à un univers sombre ; d'un Paris lumineux, à la topographie précise, à un Paris obscur, déconstruit en motifs symboliques d'ombre et de menace[7] ; d'un Maurice Chevalier, à la fois séducteur et gouailleur, qui ne parvient pas, lorsqu'il est accusé à tort, à devenir un héros tragique, à une galerie de figures masculines pathologiques. Le film oscille ainsi constamment entre la représentation d'un monde ordinaire, c'est-à-dire normal, rationnel, ou conforme aux conventions génériques du cinéma français, à un monde de pulsions mortifères et inconscientes, peuplé par un couturier fou qui met le feu à ses créations, un majordome sado-masochiste, un homme d'affaires psychopathe. Le commissaire Ténier, figure patriarcale bienveillante qui a engagé Adrienne, a ainsi pour pendant l'inspecteur Batol, qui, avant de se révéler chargé de la protection de la jeune femme, commence par lui faire croire qu'il est le

6. Ginette VINCENDEAU, « "Avez-vous lu Freud ?" : Maurice Chevalier dans *Pièges* de Siodmak », *Iris*, n° 21, *op. cit.*, p. 91.

7. Alastair PHILLIPS, *City of Darkness, City of Light. Émigré Filmmakers in Paris, 1929-1939*, Amsterdam, Amsterdam University Press, 2004, p. 164-167.

tueur recherché. Alors que le premier est explicitement présenté comme un bon enquêteur et un père de famille tranquille, le deuxième se révèle plutôt inefficace et est montré comme un vieux garçon qui vit avec une mère autoritaire. Fleury et Brémontière, associés en affaires et inséparables jusqu'à l'arrestation de Fleury, fonctionnent clairement comme des doubles : l'un est séducteur, volage et homme de spectacle ; l'autre est chaste (et pour cause, puisque c'est le tueur qui supprime les femmes séduisantes dont il ne supporte pas la vue), introverti et s'occupe de la comptabilité. Plus Fleury est accablé après son arrestation et perd de sa superbe, plus Brémontière prend de l'assurance. La personnalité de Brémontière lui-même est fortement clivée : celui que l'on croyait pragmatique et rationnel se révèle dans les séquences noires de la fin du film un psychopathe intéressé par la psychanalyse, au point de narguer ouvertement le commissaire qui le soupçonne d'être le véritable coupable en lui lançant un « Avez-vous lu Freud ? » assez exotique dans le cinéma français des années 1930. Ginette Vincendeau souligne la parenté entre ces figures d'hommes en crise, ce dédoublement des identités et les thèmes du film noir hollywoodien. Malgré des différences qu'elle relie essentiellement au rôle et à l'image de Chevalier, elle rapproche l'enquête policière et sexuelle de *Pièges* des enquêtes du film noir dont l'objet est un personnage masculin[8], qui aboutissent à une mise en crise du protagoniste masculin, à la personnalité souvent double, et à une mise en crise de la narration qui progresse alors, comme dans *Pièges*, par sauts et par déplacements[9].

Avec *Lured* (1947) Douglas Sirk déplace l'intrigue de *Pièges* dans le Londres du début du siècle et confie le rôle de Maurice Chevalier à l'acteur anglais Georges Sanders, installant ainsi le récit dans une tradition gothique, acclimatée de longue date à Hollywood, et qui permet au style visuel du film noir dans les années 1940 de se parer du costume d'époque, du brouillard et des rues pavées et humides de l'Angleterre de la reine Victoria. L'histoire est plus unifiée, recentrée autour de l'enquête criminelle et de l'histoire d'amour, elles-mêmes plus solidement imbriquées que dans *Pièges*. Sirk opère un recalibrage générique qui uniformise le ton et le registre du récit et produit un resserrement et une clarification de l'intrigue. Comme il le confie dans ses entretiens avec Jon Hallyday, « les Américains veulent une position tranchée et définitive, pour ou contre. Mais les nuances qui tiennent compte des deux et qui font sourire le public européen sont totalement incompréhensibles pour les Américains[10] ». La substitution de Georges Sanders à Maurice Chevalier dans le rôle de Robert (Fleming ici) facilite la suppression des deux chansons, l'une d'amour, « Mon amour », l'autre comique « Il pleurait comme une madeleine », interprétées par Chevalier dans *Pièges*, et la *persona* de dandy anglais de Sanders est utilement mise à profit : elle donne une touche européenne au récit, elle permet de faire peser plus efficacement et

8. Ginette VINCENDEAU, « "Avez-vous lu Freud ?" : Maurice Chevalier dans *Pièges* de Robert Siodmak », *op. cit.*, p. 92-93.

9. Frank KRUTNIK, *In a Lonely Street: Film Noir, Genre, Masculinity*, Londres et New York, Routledge, 1991.

10. Jon HALLIDAY, *Conversations avec Douglas Sirk*, Paris, Cahiers du cinéma, 1971, p. 102.

plus tôt dans le film les soupçons sur Fleming, elle justifie l'élimination de tous les éléments comiques construits autour de et par Chevalier, tout en conservant la romance. *Lured* supprime par exemple, pour des raisons qui tiennent autant à une volonté d'affinage générique qu'à des contraintes de censure, un épisode sulfureux où Adrienne, qui s'est fait engager comme bonne, repousse les avances d'un majordome autoritaire venu dans sa chambre exiger qu'elle couche avec lui et renverse la relation de domination en le transformant en serviteur aux ordres de sa maîtresse. Le remake élimine aussi, en adoptant une atmosphère plus noire, tout ce qui ne relève pas de la logique du film criminel.

L'arrestation du chef de la traite des blanches, une fausse piste dans l'intrigue criminelle, est exemplaire du recalibrage générique opéré par le remake. Dans *Pièges*, la scène se passe lors d'une fête récompensant le meilleur cordon bleu, dont le traitement est intégralement comique : à cause du concours lui-même et des réactions des participantes, et parce que Robert Fleury y arrive déguisé en chauffeur et interprète un « Il pleurait comme une madeleine » qui suscite l'hilarité générale. Adrienne se trouve à la fête en compagnie d'un dénommé Oglou, qui est en fait impliqué dans la traite des blanches, et qui essaie de la séduire en se faisant passer pour un riche Grec. Comme il déguise bien mal un fort accent du Midi en accent grec et que Robert Fleury, qui s'est imposé à leur table, s'amuse à le démasquer et à rire à ses dépens, le registre reste celui de la farce jusqu'à l'intervention, assez impromptue, de la police qui arrête Oglou. La scène de l'arrestation est considérablement modifiée dans *Lured* : la séquence commence dans la maison où la jeune femme – qui s'appelle Sandra (Lucille Ball) dans le remake – se fait passer pour bonne. Loin d'être ridicule, le trafiquant de femmes, Moryani, est ici d'emblée inquiétant : il se substitue au majordome pour donner des ordres à toute la maisonnée et comprend vite que Sandra n'est pas la bonne qu'elle prétend être. Effrayée et soucieuse de dénoncer l'homme, elle sort de la maison dans la nuit pour téléphoner à Scotland Yard, suivie de Moriyani. Elle n'échappe à la mort que grâce à l'intervention, plutôt musclée, de Robert Fleming qui la sauve de ses griffes. La séquence n'a plus qu'à se terminer sur une touche romantique, alors que dans *Pièges* elle se termine par une gifle qu'Adrienne applique à un Robert Fleury : celui-ci, malgré sa perspicacité, apparaît plus comme un coureur que comme un sauveur.

Alors que la présence de Maurice Chevalier provoque dans *Pièges* un décalage, Georges Sanders et son personnage contribuent à unifier le remake hollywoodien. Dans le film français, Robert Fleury n'intervient que vers la vingt-cinquième minute du film, après le début de l'enquête d'Adrienne : il retrouve par hasard son associé – par ailleurs, l'assassin – qui a donné rendez-vous à la jeune femme à un concert classique. L'entrée en scène de Fleury bouleverse ses plans et une intrigue amoureuse se noue entre Adrienne et Fleury qui détourne le film des enjeux de l'enquête et de son atmosphère noire. Dans le remake, Fleming entre dans la vie de Sandra avant même son recrutement par la police, en la personne d'un agent en quête de nouvelles danseuses pour les cabarets Fleming. Sa première apparition à l'écran le définit comme séducteur et comme un personnage potentiellement trouble : à la seule voix de Sandra au téléphone, il délaisse sans vergogne la jeune femme qui était dans ses bras et prétend être son secrétaire. Alors que dans *Pièges* Chevalier joue des rôles par ses chansons dans un espace « théâtral », assez séparé du cadre du récit principal, Fleming/Sanders joue sur son identité dans le récit lui-même. Il est même le premier à le faire, puisque Sandra n'est pas encore devenue une indicatrice de la police quand elle lui téléphone. Son personnage est ainsi mieux relié à la trame criminelle : il pourrait bien être le coupable, ce que le spectateur ne peut croire une minute pour Fleury/Chevalier. Par la suite, comme on l'a vu avec son intervention au moment de l'arrestation du chef de la traite des blanches, il participe plus directement à l'enquête.

Pièges, considéré par tous les commentateurs comme « le plus américain des films français de Siodmak[11] », est donc un film hybride, jugé parfois décousu. Par certains de ces choix esthétiques, par sa galerie de personnages masculins dysfonctionnels, par sa mise en place dans certaines séquences d'une iconographie d'un Paris inquiétant et nocturne, il préfigure bien plus le film noir hollywoodien qu'il n'est représentatif du réalisme noir français de l'époque – c'est ici l'inconscient, plus que le destin, qui anime les personnages. Mais en même temps, il offre une série de scènes comiques ou légères filmées dans une esthétique totalement différente, des scènes où le spectateur reconnaît les conventions (plutôt réalistes) du film à énigme français et celles du film musical des années 1930, ainsi que, dans leur emploi habituel, des vedettes et seconds rôles familiers du cinéma français de l'époque. *Lured*, qui clôt, après *Summer Storm* et *A Scandal in Paris*, la « trilogie européenne » réalisée par Sirk à Hollywood, rend l'intrigue plus conforme au canon du film noir gothique, dont il utilise de façon constante le style visuel, en supprimant le mélange des genres de la version française. Pourtant, la représentation d'une masculinité en crise, un des éléments fortement identifiants du film noir, qui se trouvait dans le film français source, est très atténuée dans *Lured*. Bien qu'accusé à tort et emprisonné, Fleming ne perd jamais une assurance toute masculine et sociale : alors que Fleury, une fois libéré de sa prison, est ruiné et a appris l'humilité, Fleming conserve son arrogance et ses cabarets. Si le remake conserve le couturier fou, joué cette fois par un Boris Karloff qui relie le personnage à la veine du film d'épouvante, la fausse agression d'Adrienne par l'inspecteur Batol a disparu de *Lured*, tout comme le majordome sado-masochiste. Même Julian Wilde (Cedrick Hardwicke), l'équivalent du Brémontière français, est un psychopathe beaucoup moins pulsionnel : non seulement sa tentative finale de meurtre sur Sandra est filmée de manière moins ouvertement gothique, mais l'exploration « psychanalytique » du personnage est moins marquée. Julian ne lit pas Freud, mais Baudelaire.

Du naturalisme au film noir

Alors que le cas *Pièges/Lured*, tout en témoignant du recadrage générique hollywoodien, brouille quelque peu les cartes du partage film noir américain/film

11. Hervé Dumont, *Siodmak, le maître du film noir*, Lausanne, L'Âge d'Homme, 1981, p. 123.

noir français, *Scarlet Street* et *Human Desire*, les deux remakes réalisés par Fritz Lang à partir des deux films de Jean Renoir, *La Chienne* et *La Bête humaine*, affirment nettement la différence entre les deux formes du film noir. Dans les deux cas, la formule hollywoodienne du film noir est particulièrement efficace pour substituer au déterminisme du milieu la fatalité toute intérieure du désir, aux dénotations et déterminations sociales un conflit psychique, aux présupposés du naturalisme ceux d'une exploration psychanalytique *remade in Hollywood*.

Bien que *La Chienne*, réalisé par Renoir en 1931, soit antérieur à la série de films français désignés comme « noirs », le film s'inscrit dans une même veine de réalisme noir et dans une tradition naturaliste, plus spécifique à Renoir. Son personnage masculin frustré, en proie à des désirs contrariés et inassouvis, soumis à une fatalité sociale, son éclairage, redevable à Sparkuhl, et ses décors qui construisent dans les séquences montmartroises nocturnes une poésie visuelle de la nuit urbaine le rapprochent des films ultérieurs de la décennie, même si le statut social de son protagoniste principal, un petit-bourgeois, et l'ambivalence de son destin le distinguent des héros du réalisme poétique. La genèse du remake est particulièrement intéressante en ce qu'elle suggère qu'il faut attendre l'élaboration esthétique et idéologique du film noir pour que le film français puisse effectivement se refaire à Hollywood. Le projet d'un remake de *La Chienne*, qui n'a pas fait l'objet d'une exploitation commerciale en salles sur le sol américain et ne sera projetée au MOMA qu'en février 1954, en version originale non sous-titrée, est dans l'air du temps depuis la sortie du film sur les écrans français en 1931, malgré son échec public. La Paramount a pris immédiatement une option sur les droits et en 1937 Lubitsch essaie à plusieurs reprises et sans succès, en faisant appel à différents scénaristes, d'en tirer un scénario moralement acceptable par les studios hollywoodiens[12]. Le projet est enterré et ne se concrétise pas davantage lorsque Jean Renoir, émigré à Hollywood, suggère fin 1941 à Dudley Nichols, qui a écrit le scénario de *Swamp Water* (*L'Étang tragique*, Renoir, 1941) et écrira deux ans plus tard celui de *This Land is Mine* (*Vivre libre*, Renoir, 1943), de travailler pour lui à un remake du film. C'est ce même Nichols qui trois ans plus tard écrira le scénario de *Scarlet Street* pour Fritz Lang, avec lequel il a déjà collaboré pour *Man Hunt* (1941). Huit ans après les premières tentatives, la réussite de Lang, qui connaît le film de Renoir, s'explique en partie par des raisons liées à la conjoncture hollywoodienne : le goût du public pour des films criminels, l'assouplissement relatif du Code de production dans l'immédiate après-guerre et l'existence de compagnies de production semi-indépendantes – comme Diana Productions pour laquelle *Scarlet Street* est le premier projet mené à bien par Lang – rendent possible la réalisation du film[13]. À cela il convient d'ajouter les choix scénaristiques opérés par Lang : il décide de transplanter l'histoire dans un univers américain, de la couper de ses référents européens et déplace le récit

12. Matthew BERNSTEIN, « A Tale of Three Cities : The Banning of *Scarlet Street* », *Cinema Journal*, vol. 35, n° 1, Fall 1995, p. 27-52.

13. Janice MORGAN, « Scarlet Streets : Noir Realism from Berlin to Paris to Hollywood », *Iris*, n° 21, *op. cit.*, p. 42-43.

de Montmartre à Greenwich Village ; de plus, les modifications qu'il opère, en particulier dans l'épilogue du film, contribuent à rendre le film « moralement plus acceptable ».

L'intrigue et sa progression restent globalement les mêmes dans les deux films : un caissier, petit employé renfermé et peintre amateur, malheureux en ménage, opprimé par une épouse avare et acariâtre, rencontre par hasard, une nuit dans la rue, une jeune femme, que son amant et souteneur est en train de frapper. Il vole à son secours, la revoit, l'installe à ses frais dans un appartement. Pour faire face aux besoins d'argent toujours grandissants de son amant et souteneur, la jeune femme, inspirée par ce dernier, se met à vendre, en les signant (du pseudonyme de Clara Wood dans les versions françaises, de son propre nom dans le film de Lang), les toiles non signées que le caissier amoureux a entreposées dans son appartement car son épouse déteste ses activités artistiques. Ni la découverte de ce détournement (les toiles exposées devenant vite célèbres), ni l'attitude de la jeune femme, ni ses besoins financiers toujours plus grands n'ébranlent la crédulité aveugle du petit employé, qui abandonne son honnêteté de caissier exemplaire pour puiser de l'argent dans la caisse dont il a la responsabilité. Jusqu'au jour où, providentiellement libéré de son épouse, dont le premier mari qu'on croyait mort réapparaît, il quitte le domicile conjugal pour s'installer avec la jeune femme. Il la surprend au lit avec son amant et, lorsqu'elle lui avoue, non sans cruauté, ne pas l'aimer et être attirée par son seul argent, pris d'une rage subite, il la tue et laisse condamner à sa place son amant, que tout semble accuser. Renvoyé de sa place de caissier pour vol, on le retrouve, quelques années après ces événements, dans la rue, devenu clochard.

Le changement de titre affiche clairement le changement de perspective. En abandonnant pour « *Scarlet Street* » la métaphore naturaliste (explicitée chez Renoir par Legrand qui dit à Lulu avant le meurtre qu'elle n'est qu'une « chienne qui caresse celui qui la bat et celui qui la nourrit »), Lang souligne l'importance du lieu (la rue), de la passion et de la mort violente (la couleur rouge) et le choix de l'adjectif « *scarlet* » (écarlate) renvoie à l'Apocalypse de saint Jean :

> Et je vis une femme assise sur une bête écarlate, couverte de noms blasphématoires, et qui avait sept têtes et dix cornes. La femme, vêtue de pourpre et d'écarlate, étincelait d'or, de pierres précieuses et de perles. Elle tenait dans sa main une coupe d'or pleine d'abominations : les souillures de sa prostitution.
> Sur son front un nom était écrit, mystérieux :
> Babylone, la grande, mère des prostitués et des abominations de la terre.
> (XVII, 3-5, « La grande prostituée et la bête écarlate »)

Cette référence biblique explicite ce que le texte du film cache, puisque, conformément aux recommandations du Code Hays, la jeune femme, Kitty, n'est jamais clairement désignée comme une prostituée. Mais elle place aussi d'emblée le récit et les mésaventures de son héros sous le signe de la faute et de la culpabilité.

La définition et le système des personnages de *Scarlet Street* témoignent également d'un désengagement du récit des déterminations et des contradictions sociales au profit de l'exploration d'un conflit psychique. Alors que chez Renoir les noms des personnages (Legrand, Lulu et Dédé) sont des marqueurs de leur identité sociale, les protagonistes du récit de Lang ont tous des surnoms qui renvoient moins à leur statut qu'à leur psychologie. Christopher Cross, abrégé en « Chris Cross », devient « Criss-Cross », sobriquet dont le ridicule est souligné par Kitty lors de leur rencontre et qui inscrit, dans le nom même du personnage, l'idée qu'il est traversé par des tensions internes contradictoires. De même, Katherine March, est régulièrement appelée « Kitty » par Cross et « Lazylegs » (littéralement, « jambes paresseuses ») par Johnny, tandis que ce dernier, Johnny Prince pour l'état civil, voit son patronyme prolongé par la jeune femme en « Charming ». Dès le prologue de *La Chienne*, qui n'a pas d'équivalent dans *Scarlet Street*, Guignol présente les personnages principaux comme des types universels qui ne s'incarnent et ne s'expriment, dans l'esprit du naturalisme, qu'à travers le prisme d'un milieu donné :

> Lui, c'est un brave type, timide, pas tout jeune et extraordinairement naïf. Il s'est fait une culture intellectuelle et sentimentale au-dessus du milieu où il évolue, de telle sorte que dans ce milieu, il a exactement l'air d'un imbécile. Elle, c'est une petite femme qui a son charme et sa vulgarité. Elle est toujours sincère ; elle ment tout le temps. L'autre, c'est le môme Dédé et rien de plus.

Les images en surimpression complètent son propos : après Michel Simon (Legrand, « lui »), Janie Marèse (Lulu, « elle ») et Georges Flamant (Dédé, « l'autre ») campent des stéréotypes sociaux populaires (la prostituée, le voyou), immédiatement identifiables, que confirmeront leur registre de langue, argotique, et leur diction dès qu'ils prendront la parole dans le film. Alors que Lulu est, de manière particulièrement misogyne, réduite au rôle de garce un peu idiote, Kitty (Joan Bennett) est une véritable femme fatale bien plus sophistiquée et habile, capable de bien jouer la comédie : quand Lulu se fait passer pour l'auteur des toiles peintes par Legrand et qu'elle est admise dans le cercle du marchand de tableaux, elle reste une prostituée soumise que les hommes se repassent ; quand Kitty s'attribue les toiles de Criss-Cross (Edward G. Robinson), elle sait redire d'un air inspiré les propos que celui-ci lui a tenus pour lui expliquer ce qu'il ressentait en peignant.

Dans *La Chienne*, la première séquence du récit proprement dit, la soirée entre les employés qui fêtent la décoration de leur patron, souligne l'inadaptation sociale de Legrand. Il se tient en retrait, assis en bout de table ; un travelling qui passe en revue tous les convives et montre l'hilarité générale suscitée par une plaisanterie de corps de garde s'arrête sur son visage, silencieux et gêné ; il est à plusieurs reprises la cible des railleries de ses collègues et quand ceux-ci décident de continuer la soirée ailleurs, il décline leur invitation ; la raison de son refus (« l'illusion de l'amour peut parfois se poursuivre au-delà de la vision d'une chambre crasseuse, mais il y a toujours le réveil ») reste incompréhensible pour ses collègues (« Oh ben moi, j'vais pas chercher si loin »). À l'inverse, Christopher Cross n'est un personnage ni marginal ni en décalage par rapport à son milieu, comme le montre le début de *Scarlet Street*. La soirée entre collègues s'écarte sensiblement de la même scène chez Renoir. Les employés ne sont pas réunis pour célébrer la décoration de leur patron, mais pour rendre hommage aux vingt-cinq ans de bons et loyaux services de Christopher Cross, auquel son patron remet une montre en or en témoignage de son amitié. Si Cross est assis au bout de la table, ce n'est pas sur un de ses côtés comme chez Renoir, mais à une place d'honneur, en face du patron. Ses collègues le congratulent, l'un d'eux partira même avec lui. Cross est donc socialement parfaitement intégré et ce n'est pas « une culture sentimentale au-dessus de son milieu » qui le jettera dans l'aventure avec Kitty, mais le réveil et l'appel d'un désir, secret, dont la libération et la frustration perpétuelle le poussent à transgresser, jusqu'au meurtre, les interdits et la loi. Comme bien d'autres héros du film noir hollywoodien et de façon ici particulièrement explicite, Cross est un homme socialement ordinaire, mais un homme à l'identité masculine problématique. La dévirilisation du personnage est par exemple manifeste dans les séquences au domicile conjugal : il fait la vaisselle accoutré d'un tablier de femme pendant que son épouse, tout aussi acariâtre que chez Renoir, le houspille. La soirée entre collègues sert clairement chez Lang de déclencheur du désir et met en place une première série de transgressions… qui ne pourront, dans la logique du genre, qu'entraîner le héros sur la pente du désir, forcément criminel et forcément puni. Cross ouvre la boîte de Pandore en buvant plus que de coutume (il confie à son collègue et ami être « un peu saoul ») et en acceptant, lui qui n'a jamais fumé, un cigare de son patron. Au moment où celui-ci lui donne du feu et lui demande « s'il n'est pas superstitieux » (les « premières fois » entrebâillant apparemment toujours la porte à la Fatalité), la caméra saisit en gros plan la main de Cross, qui croise les doigts derrière son dos pour détourner le mauvais sort. Geste bien inutile si l'on en juge par la spirale infernale dans lequel le personnage va se trouver pris après cette première « transgression » ! En effet, la découverte par Cross que le patron s'éclipse de la soirée parce qu'il a rendez-vous avec une dame qui n'est pas son épouse réveille ensuite chez lui des désirs oubliés. Contrairement aux autres convives qui se ruent vers la fenêtre pour apercevoir la conquête du patron, Cross reste dans la salle et la simple évocation de la relation adultère par ses compagnons suffit à déclencher le fantasme : dans la rue, il revient dans la conversation avec son ami sur cet événement et lui confie se demander « ce que ça fait d'être aimé par une jeune femme ». On peut donc interpréter la rencontre avec Kitty, qui suit immédiatement, comme un passage à l'acte de Cross, né du désir de faire comme son patron, c'est-à-dire d'imiter une figure masculine puissante.

C'est donc très logiquement que la suite du remake se centre sur l'itinéraire du personnage et supprime certains passages de *La Chienne*, hérités de la structure polyphonique du roman de Georges de la Fouchardière et de sa transposition théâtrale par André Mouezy-Éon[14]. Ces segments, puissants vecteurs d'ironie, sont l'occasion pour Renoir d'opérer un « portrait réaliste » de Lulu et de Dédé,

14. Voir à ce sujet Jean-Louis LEUTRAT, *La Chienne*, Crisnée, Yellow Now, 1994, p. 115-118.

mais ils peuvent aussi apparaître comme des digressions dans la conduite de l'intrigue. La partie de cartes au café où Dédé explique à son ami Gustave la nouvelle situation de Lulu est donc par exemple sans équivalent dans *Scarlet Street*, qui privilégie le mécanisme implacable de la crise intérieure paroxystique et insurmontable que traverse Criss-Cross.

Bien que les épilogues s'attachent dans les deux films à montrer la déchéance de Legrand/Christopher Cross et qu'ils soulignent avec la même ironie l'écart entre la renommée et le prix des toiles signées par Lulu-Clara Wood/Katherine March et la clochardisation de leur véritable auteur, leur tonalité et leur leçon sont radicalement différentes. La séquence finale de *La Chienne* se déroule dans une rue ensoleillée où Legrand, devenu clochard à la barbe hirsute, retrouve Alexis Godart, l'ancien mari de sa femme Adèle, lui aussi à la rue. Les deux hommes discutent brièvement, s'informent mutuellement de ce qui leur est arrivé et leur dialogue est entrecoupé des bruits de la circulation automobile. Leur promenade les amène devant une galerie d'art devant laquelle ils s'arrêtent. La caméra s'éloigne légèrement avant de les quitter pour opérer un mouvement panoramique vers la droite sur une porte d'entrée d'où sort une toile peinte par Legrand (un autoportrait) qu'un chauffeur emporte dans une voiture. Le plan suivant montre à nouveau les deux hommes qui se précipitent pour ouvrir la portière de la voiture dans l'espoir de ramasser quelque menue monnaie. Lui succède une vue de la voiture qui s'éloigne, emportant avec elle le tableau, toujours bien visible à l'arrière du véhicule. Le dernier plan du film enfin revient sur les deux clochards qui se relèvent après avoir ramassé l'argent qui leur a été jeté. Legrand conclut « Aaah, l'juteux, vingt balles ! Quel gueul'ton qu'on va se payer ! La vie est belle ! » et les deux compères s'éloignent dans la rue, tandis que le rideau du théâtre de Guignol retombe sur l'écran. Legrand ne semble donc pas rongé par le remords et la mise en scène souligne combien sa vie passée lui est indifférente – il ne regarde jamais le tableau qui s'en va.

Le Christopher Cross de *Scarlet Street* devient au contraire un homme seul, une âme en peine. Pour suggérer cette damnation éternelle, Lang dédouble la fin de son récit. Avant l'épilogue (qui se déroule, comme chez Renoir, quelques années après le crime), il donne une conclusion aux malheurs de Christopher Cross qui suffirait en elle-même à mettre un point final au récit : après l'exécution de Johnny, Cross sombre dans la folie. Il entre dans sa chambre d'hôtel en sifflant « Melancholy Baby » et lorsqu'il éteint pour se coucher, il entend, dans une pénombre hachée par le clignotement de l'enseigne lumineuse de l'hôtel, les voix réverbérées de Kitty et de Johnny qui se moquent de lui, lui répètent sans fin les dernières paroles de la jeune femme qui avaient provoqué sa rage meurtrière : elle ne l'aime pas, il est vieux et laid, elle aime Johnny, ils sont tous deux réunis maintenant… Cross essaie de se pendre mais il est secouru par les propriétaires de l'hôtel, alertés par le bruit. L'impuissance du personnage, patente pendant tout le récit, est portée à son comble : il n'arrive même pas à se délivrer, de l'emprise de Kitty et de sa frustration autant que de ses fautes, par le suicide. À cette « première fin » succède l'épilogue proprement dit qui en prolonge et amplifie l'atmosphère « noire ». Cross, devenu clochard, chassé d'un banc public par des agents de police qui voient en lui un fou qui s'accuse sans cesse d'un meurtre qu'il n'a pas commis, erre dans une rue froide et nocturne de Noël, indifférent à la foule des passants qui l'entourent. Le personnage s'arrête tout à coup, comme pétrifié, et son expression jusqu'alors lasse et vide laisse la place à un regard qui exprime un mélange de terreur et de fascination. Au même moment, la caméra qui l'avait accompagné s'arrête elle aussi et la musique de Noël qui baignait la séquence depuis son début s'efface devant des accords violents et réverbérés qui dramatisent le plan et indiquent au spectateur que quelque chose de terrible est apparu au personnage dans le hors-champ. Le plan suivant, qui épouse le point de vue subjectif de Cross, révèle qu'il s'agit du portrait de Kitty peint par Cross et ironiquement intitulé « autoportrait », vu à travers la vitrine d'une galerie. Le portrait, porté par deux hommes, traverse l'écran de droite à gauche et un travelling resserre le cadre sur le visage peint. Au moment où il passe dans l'axe (qui est donc aussi l'axe de vision de Cross), l'image de Kitty s'immobilise un court instant et occupe tout l'écran, semblant regarder son spectateur autant qu'elle est vue par lui[15]. Lang revient ensuite sur un gros plan de Cross qui continue à suivre du regard le mouvement latéral du portrait. Suit un court intermède sur les acheteurs du tableau (présents aussi chez Renoir au moment où Legrand et Godart se précipitent vers la voiture) dont l'ironie satirique fait retomber la tension. Le dernier plan du film montre Cross qui s'éloigne d'un pas lent dans la rue : les passants qui l'entourent disparaissent du champ par un jeu de surimpressions tandis que les voix réverbérées de Kitty et Johnny reprennent leur duo. La déchéance de Cross est donc une déchéance moins sociale que morale et psychique. Le personnage n'est pas libre comme chez Renoir d'un passé qui disparaît (son portrait qui part dans l'automobile) mais prisonnier d'une *vision* (le portrait de Kitty). De plus, Lang substitue aux sons réalistes de *La Chienne*, qui inscrivaient Legrand dans un espace et un milieu social, un traitement irréaliste, à forte valeur symbolique, qui met l'accent sur l'isolement et sur les conflits intérieurs du personnage. Alors que la séquence finale revêt chez Renoir un fort aspect documentaire, largement redevable à la technique de tournage adoptée (en décors réels, caméra sur l'épaule et avec une prise de son directe), elle prend chez Lang une dimension tragique et onirique[16].

Scarlet Street refond donc complètement *La Chienne* dans les conventions génériques du film noir, du *criminal-adventure thriller* noir, à tel point que le film ressemble davantage, comme l'ont remarqué tous les commentateurs, au film précédent de Lang, *The Woman in the Window* (1944) qu'à son film français

15. À ce sujet et sur les implications en termes d'identité sexuelle de cette relation en miroir, voir Tom GUNNING, *The Films of Fritz Lang: Allegories of Vision and Modernity*, Londres, BFI Publishing, 2001 [2000], p. 311.

16. La même remarque pourrait être formulée à propos des deux scènes de meurtre. Dans *La Chienne*, la caméra va et vient du pied de l'immeuble à l'appartement de Lulu et les bruits de la rue (la chanson d'un chanteur de rue, le klaxon de l'automobile de Dédé) enserrent l'espace du meurtre, alors que dans *Scarlet Street*, l'espace visuel et sonore est restreint à l'appartement de Kitty et aux interactions entre les deux personnages. Voir à ce sujet, Tricia WELSCH, « Sound Strategies : Lang's Rearticulation of Renoir », *in* Jennifer FORREST et Leonard R. KOOS, *Dead Ringers*, *op. cit.*, p. 127-149.

source. La proximité entre les deux films est accentuée par l'emploi des mêmes acteurs (Edward G. Robinson, Joan Bennett et Dan Duryea) dans des rôles assez similaires (l'homme d'âge mûr soudainement entraîné dans une aventure érotique avec une jeune femme, la femme fatale, le jeune homme qui tire profit de la faiblesse de ceux qui l'entourent, maître-chanteur dans *The Woman in the Window*, gigolo dans *Scarlet Street*). Cette ressemblance peut évidemment être interprétée en termes auteuristes : Lang trouve dans le scénario de *La Chienne* l'occasion de produire un repentir de son précédent film, vivement critiqué pour son épilogue burlesque, et de continuer à explorer les thématiques qui lui sont chères (le désir et la culpabilité ; la transgression et le châtiment). Mais elle suggère aussi tout le pouvoir du recalibrage générique à l'œuvre dans la technique du remake.

Neuf ans après *Scarlet Street, Human Desire* (1954) opère une réduction du déterminisme du milieu et un effacement du réalisme social tout à fait comparables. Le remake abandonne la peinture de la vie professionnelle du héros, des structures et du monde ouvrier des chemins de fer, qui occupe dans *La Bête humaine* une place importante et conforme aux préoccupations idéologiques de Renoir en 1938. Dans le film français, le meurtre de Séverine est commis par un Lantier (Jean Gabin) sur lequel pèse, conformément au roman de Zola et en accord avec l'image de Gabin à la fin des années 1930, une fatalité tragique. Dans *Human Desire*, ce meurtre est transformé en crime passionnel, commis cette fois par le mari, à laquelle sa femme Vicki (Gloria Grahame) vient de rappeler son impuissance. Le héros, Jeff Warren (Glenn Ford), n'est coupable que de s'être laissé momentanément entraîner, à son retour de la guerre de Corée, par une femme fatale, qui le pousse à faire un faux témoignage et entend profiter de lui pour se débarrasser d'un mari brutal. La relation de Jacques Lantier et Pecqueux (Carette) est aussi déplacée dans *Human Desire* de la sphère professionnelle à la sphère privée. Alec Simmons (Edgar Buchanan) est ainsi surtout là pour offrir au remake et au héros une alternative réelle à la liaison trouble et coupable avec la femme fatale : une famille unie et sa fille, la sentimentale et douce Ellen, qui est l'exact opposé de la sulfureuse Vicki. Dans ce nouveau contexte hollywoodien, les travellings ferroviaires ne sont plus des moments de poésie du rail, mais deviennent des motifs propres au film noir, les plans larges sur les voies contrastant avec l'enfermement des compartiments, les passages dans les tunnels symbolisant les forces obscures du désir.

Le film noir change de camp

À partir des années 1960, la tendance s'inverse : quand ils prennent pour base des films français qui cultivent la référence au film noir, les remakes hollywoodiens les transposent en délaissant les conventions génériques du film noir. *La Fête à Henriette* (Julien Duvivier, 1952) ou *À bout de Souffle*, sans être des films noirs, sont des films génériquement marqués et la connaissance du genre noir est nécessaire à leur compréhension. Ces deux œuvres, dont le rapprochement peut paraître incongru, attestent, de manière différente, la reconnaissance du genre « film noir » en France et son fonctionnement comme référence : la conscience du genre, dès lors que des cinéastes produisent des films génériquement marqués qui ne sont pas pour autant des films de genre, entraîne une déperdition de son pouvoir d'immersion. On peut toutefois se demander de quel noir (français ? américain ?) il s'agit chez Duvivier, un ancien émigré à Hollywood. Dans *La Fête à Henriette*, deux scénaristes en mal d'inspiration élaborent le scénario d'un film, dont ils créent et retouchent sous nos yeux les images, le casting, les personnages, le décor, la musique. Les deux scénaristes sont en conflit permanent et leur « film » se modifie au gré des choix de l'un ou de l'autre : l'un, le scénariste noir (Henri Crémieux) est doté d'une imagination particulièrement transgressive et n'imagine que meurtres, trahisons, et violences ; l'autre, le scénariste rose (Louis Seigner), fait prévaloir sans cesse la vraisemblance et la motivation de l'intrigue et préfère les histoires qui sentent bon « l'amour, les cornets de frites et l'acétylène ». La présence de deux scénaristes, explicitement désignés comme rose et noir, et le sujet de leur film (la journée du 14 Juillet d'une jeune Henriette) renvoient à une tradition française et à une division générique française d'avant-guerre, cinématographique (films noirs/« de gangsters »/ films roses) et théâtrale (les pièces roses et noires selon Giraudoux). Toutefois, les cadrages, les éclairages et les péripéties des fragments « noirs » font clairement référence, et de façon parodique, au film noir hollywoodien. Cette hésitation, entre francité « rose » et américanité « noire », et entre film noir hollywoodien et film noir français, est à l'image du flottement du vocable noir au tout début des années 1950, encore référé au film français d'avant-guerre, mais déjà solidement lié au cinéma américain, et témoigne de la dimension transnationale du genre. En 1964, dans le remake hollywoodien de *La Fête à Henriette, Paris When It Sizzles* (*Deux têtes folles*, Richard Quine), les deux scénaristes sont remplacés par un couple, formé d'un scénariste (William Holden) et de sa secrétaire (Audrey Hepburn), qui écrivent leur scénario à quatre mains en s'imaginant dans les situations qu'ils inventent. Alors que le film de Duvivier oppose deux styles, noir et rose, et manifeste la toute-puissance des scénaristes dans la Qualité Française, le remake hollywoodien met à l'honneur ses deux acteurs auxquels il donne la possibilité d'accomplir une performance en endossant les rôles les plus variés, de se couler dans un vaste panorama de genres hollywoodiens, convoqués le temps d'un épisode. De même au début des années 1980, *Breathless*, malgré une citation de *Gun Crazy* (*Le Démon des armes*, Joseph H. Lewis, États-Unis, 1950), abandonne la référence au film noir hollywoodien qui traverse *À bout de souffle* pour reconfigurer *À bout de souffle* dans le paysage générique du *road-movie*, du film d'action, du film rétro (très à la mode au tournant des années 1980) et du film d'amour, dans un geste d'hybridité post-moderne : les modèles masculins que cite, imite et mime son héros Jesse – le *Silver Surfer*, un super héros de *comics*, et Jerry Lee Lewis, la bouillonnante et sulfureuse star du rock – ont relégué Humphrey Bogart aux oubliettes. Le transfert générique, qui permet l'intégration par le remake de ces films français, se fait désormais dans un régime générique où la place du film noir n'est plus dominante, ni tout simplement la même.

Il faut enfin noter que ce reflux du noir dans les remakes hollywoodiens de films français est parfois interprété comme une déperdition d'identité dans le cinéma américain contemporain. Plusieurs critiques américains regrettent par exemple que *Diabolique* ne soit pas une transformation en film noir des *Diaboliques* et que scénaristes et réalisateurs aient oublié leur patrimoine générique au profit d'une hybridité post-moderne. En attribuant en partie le ratage du film à l'oubli du genre « film noir » au profit de formes plus neuves et plus clinquantes (une touche de fantastique dans la scène d'ouverture ; une tonalité de *buddy film* au féminin), la critique reconnaît un peu du film noir dans le film de Clouzot (ce qui n'est pas étonnant), mais fait surtout du film noir un moment idéal et un genre national, culturellement identifiant du cinéma américain.

Les comédies populaires/*mainstream*

Parmi les remakes *mainstream* contemporains, les comédies occupent une place de choix. Cette propension hollywoodienne à refaire des comédies françaises n'est guère étonnante puisqu'il s'agit d'un genre dont l'importance dans la production populaire française et les bons scores au box-office national sont avérés. Il est donc logique que la politique d'achat de droits de remake des studios, qui les porte vers des films qui ont déjà connu du succès, les amènent à refaire des comédies. De plus, les comédies populaires françaises, comme d'ailleurs leurs homologues des autres pays européens, s'exportent en général assez mal. Le genre est susceptible de fédérer un public national, mais condamné à s'inscrire dans un espace culturel spécifique par ses thèmes, le typage sociologique et/ou régional de ses personnages, ses acteurs et ses têtes d'affiche, ses dialogues et ses effets, fortement liés dans le cinéma français à une tradition du théâtre de boulevard, revitalisée depuis le début des années 1980 par les influences et les transfuges du café-théâtre. Refaire, sans décalage de temps notable, une comédie française n'est donc pas pour Hollywood un pari économiquement absurde puisque le marché international est loin d'être couvert par le film français source et pourra, éventuellement, être arrosé par une version américaine qui apparaîtra comme un inédit.

Toutefois, les remakes effectivement réalisés montrent que le choix d'Hollywood se porte plutôt sur des films dans lesquels les motifs et les ressorts du comique relèvent principalement d'un mode comique transnational, assez aisément adaptable au contexte hollywoodien, plutôt que sur des formes de comédies fortement ancrées dans le contexte culturel et sociologique français. Sont ainsi majoritairement refaites à Hollywood : des comédies dont la formule spécifique, le sous-genre visible dans la détermination secondaire qui précise la dénomination générique du film, existe aussi outre-Atlantique – la comédie familiale (*Trois hommes et un couffin/Three Men and a Baby, Mon père, ce héros/My Father the Hero, Neuf mois/Nine Months*) la comédie d'espionnage (*Le Grand Blond avec une chaussure noire/The Man with One Red Shoe, La Totale/True Lies*), la comédie romantique (*Cousin, cousine/Cousins*) ; et des comédies fondées essentiellement sur une situation, sur un ressort comique, comme par exemple les films de Francis Veber, fondés sur l'opposition entre deux personnages masculins contrastés. De tels remakes permettent donc d'évaluer de manière assez précise ce qui s'insère dans un mode comique international et ce qui y résiste, et donc de souligner qu'il existe bien aussi des genres de la comédie, culturellement et nationalement distincts.

Un éléphant, ça trompe énormément/The Woman in Red : *deux histoires d'homme(s)*

Le couple *Un éléphant, ça trompe énormément* (Yves Robert, 1976)/*The Woman in Red* (*La Fille en rouge*, Gene Wilder, 1985) offre un exemple intéressant qui illustre à la fois une continuité comique entre cinéma hollywoodien et cinéma français et un recalibrage générique par le remake. Les deux films racontent l'histoire d'un homme marié, Étienne (Jean Rochefort)/ Teddy (Gene Wilder), fasciné par la vue d'une jeune femme inconnue, Charlotte (Annie Duperey/Kelly Le Brock), toute de rouge vêtue, dont la robe s'envole sensuellement sous le souffle d'une bouche d'aération. Il met tout en œuvre pour la retrouver, y parvient et finit par en faire sa maîtresse lorsque le mari de Charlotte arrive à l'improviste et contraint Étienne/Teddy à s'exiler en robe de chambre sur le balcon. La structure en analepse du film français (c'est du balcon de sa maîtresse que le héros fait le récit de son aventure amoureuse), reprise par le remake, est une idée de Jean-Loup Dabadie, le scénariste, mais le sujet du film viendrait d'un souvenir de jeunesse du réalisateur Yves Robert : à dix-huit ans il se serait fabriqué l'image d'une femme idéale, une image qu'il associait « à *Rhapsody in Blue*, le passage le plus romantique, le plus “film hollywoodien” ». Il aurait par la suite rencontré le sosie de la fille de ses rêves sans oser l'aborder[17]. Le scénario découlerait donc d'une fantaisie américaine et il est facile de reconnaître, derrière l'image de Charlotte dont la robe légère s'envole et dévoile ses jambes nues, un des plus célèbres clichés hollywoodiens : Marilyn Monroe dans *The Seven Year Itch*. Le film d'Yves Robert s'inspire donc d'une imagerie hollywoodienne connue et développe une intrigue familière aux *romantic/sex comedies* hollywoodiennes, ce qui contribue à expliquer son relatif succès aux États-Unis et le désir de Victor Drai, producteur d'origine française installé à Hollywood, d'en tirer un remake. Mais cette comédie de l'adultère est prétexte chez Yves Robert à une série de portraits d'hommes, qui représentent à la fois des types sociaux et des types masculins. Étienne, un bourgeois, haut fonctionnaire, qui s'ennuie et décide de tromper sa femme,

17. Christian-Marc BOSSÉNO et Yannick DÉHÉE (dir.), *Dictionnaire du cinéma populaire français des origines à nos jours*, Paris, Nouveau monde Éditions, 2004, p. 768.

est en effet entouré de trois compères, qu'il retrouve lors de parties de tennis : Bouly (Victor Lanoux) représente l'homme du peuple et le macho cavaleur que le départ de sa femme plonge dans le désarroi ; Simon (Guy Bedos), un médecin hypocondriaque et plutôt « coincé », est un pied-noir très proche de sa mère (Marthe Villalonga) avec laquelle il se comporte en petit garçon ; Claude (Claude Brasseur) joue un loueur de voiture homosexuel, toujours tiré à quatre épingles, et qui n'arrive pas à avouer son orientation sexuelle à ses amis. *Un éléphant, ça trompe énormément* est donc aussi un film sur une bande de copains et il délaisse dans de nombreuses séquences l'intrigue principale pour se concentrer sur le sort de l'un ou l'autre de ces quatre hommes ou sur les interactions entre les quatre amis. Au contraire, *The Woman in Red* se recentre sur le personnage de Teddy et son aventure adultère : les autres hommes y deviennent des comparses dont le portrait est moins travaillé, et les séquences digressives qui leur sont consacrées sont raccourcies, voire supprimées.

Cette focalisation sur l'aventure amoureuse, manifeste dans le changement de titre, est très nette dès les premières séquences du film. Le remake, comme le film français, commence par l'apparition de la femme à la robe rouge dans le parking de l'immeuble où travaille Étienne/Teddy et le début de la rêverie et de la fixation érotique du personnage sur cette image. Les deux films enchaînent ensuite sur une partie de tennis à laquelle se livre les quatre copains, qui permet de tracer les grands traits de leurs psychologies, de leurs relations aux femmes et de leurs manières d'habiter le masculin. Alors qu'ils sont dans les vestiaires, un coup de téléphone avertit Bouly/Joe (Joseph Bologna) que sa femme, qui a trouvé une photographie compromettante, a quitté avec ses enfants le domicile conjugal, comme le constatent les quatre hommes lorsqu'ils arrivent sur place. Mais les séquences au club de tennis et chez Joe durent deux fois moins longtemps dans le remake. Joe se contente d'exprimer de la colère devant le départ de sa femme alors que Bouly s'effondre en pleurs et est réconforté par ses trois compagnons qui soulignent la contradiction de sa réaction : comme il s'est toujours plaint de sa femme et de ses enfants, il ne devrait pas prendre aussi mal leur départ. Par la suite aussi, on suit plus longuement les péripéties conjugales de Bouly que celles de Joe. Ces dernières sont uniquement au service de l'efficacité narrative du remake. Elles fonctionnent en contrepoint avec l'aventure de Teddy, le mari d'habitude fidèle qui est tenté par une aventure, et ce d'autant plus que les deux autres compères sont quasiment privés de toute histoire propre. De plus, l'apparition de la femme en rouge et le début de l'aventure d'Étienne font l'objet chez Yves Robert d'une séquence de prégénérique, selon un usage assez fréquent dans le cinéma français de l'époque. Le générique commence ensuite, avec la partie de tennis, ce qui a pour effet d'accentuer la disjonction des deux épisodes. Dans le remake au contraire, il accompagne l'image de Teddy sur le balcon et ne vient pas perturber l'articulation entre son aventure et la partie de tennis avec ses amis. *The Woman in Red* opère donc un recalibrage générique qui rend l'intrigue plus conforme à une formule hollywoodienne connue. Ce faisant, il transforme le récit français en une narration plus resserrée et plus coutumière au cinéma hollywoodien qui évite, comme on l'a déjà noté dans le chapitre IV, l'éparpillement et la digression au profit d'une intrigue plus structurée, linéaire ou avec une articulation nette *plot/subplot*. Alors que le film d'Yves Robert repose sur l'emploi plus équitable d'un groupe d'acteurs familiers du public français de l'époque, son remake met davantage en valeur son acteur vedette. Il instaure une hiérarchie des rôles et des interprètes de la même manière que le fait deux ans plus tard *Three Men and a Baby*, qui détache du trio inventé par Coline Serreau la figure de Peter/Tom Selleck. La réorientation générique fait enfin bien ressurgir, par contraste, la spécificité du film français source : à l'occasion de l'aventure amoureuse, il explore le masculin et les relations entre hommes, ce qui n'est pas l'objet du remake. Il est ainsi en phase avec un thème récurrent du cinéma français populaire des années 1970, la crise (masculine) de la quarantaine, que l'on retrouve par exemple dans *Vincent, François, Paul et les autres* de Sautet, autre succès hexagonal de la décennie. De manière plus générale, cette attention portée au masculin, à travers une déclinaison de ses figures, est manifestement un des sujets de prédilection des comédies populaires françaises dont témoignent encore, à une date plus récente, *Le Cœur des hommes* ou *Brice de Nice*.

La Totale/True Lies : *de la comédie d'action à l'action comedy*

En refaisant *La Totale*, une comédie d'action française réalisée par Claude Zidi en 1991, *True Lies* (James Cameron, 1994) redistribue l'action et le comique, qui sont les deux traits du genre, dans un nouvel équilibre plus conforme à la formule hollywoodienne. L'intrigue des deux films se développe sur un même scénario où le jeu sur la double identité permet de lier, par les quiproquos, les confusions et les rebondissements qu'il entraîne, l'aventure d'espionnage et l'aventure conjugale. François (Thierry Lhermitte)/Harry (Arnold Schwarzenegger) passe auprès des siens pour un paisible employé alors qu'il est en réalité un espion. Le cloisonnement de cette double vie, qui se partage depuis de nombreuses années entre une vie familiale routinière et une vie professionnelle faite de missions secrètes et périlleuses, vole en éclats lorsque le héros découvre que sa femme, Hélène (Miou-Miou)/Helen (Jamie Lee Curtis), qui ignore tout de ses activités d'agent secret et rêve d'une existence plus excitante, entretient une relation avec un autre homme, Simon (Michel Boujenah/Bill Paxton). Avec la complicité de son coéquipier Albert (Eddy Mitchell/Tom Arnold), il détourne à des fins privées tous les moyens logistiques à sa disposition pour suivre sa femme et entraver cette liaison naissante. Il découvre que Simon n'est qu'un loueur de voitures plutôt minable qui se fait passer pour un espion afin de conquérir des femmes en mal d'aventure. Informé grâce à des écoutes téléphoniques que la romance est en passe de se concrétiser en liaison, François/Harry fait irruption, masqué et avec toute une équipe du contre-espionnage armée jusqu'aux dents, dans la caravane où Simon s'apprête à séduire Hélène/Helen. À la suite de cette opération et toujours *incognito*, il embarque sa femme dans une salle d'interrogatoire et, caché avec son coéquipier derrière un miroir sans tain, il lui fait croire que

Simon est un dangereux terroriste et qu'elle est désormais impliquée dans une affaire d'État. De manière assez perverse, puisqu'il s'agit pour lui à la fois de la punir de sa relation avec Simon et de lui faire goûter lui-même l'aventure qu'elle affirme avoir recherchée auprès du faux espion, il l'oblige, pour que l'affaire reste secrète, à accepter de rendre quelques services au contre-espionnage. Quelques jours plus tard, Hélène/Helen doit remplir sa première « mission » : se faire passer pour une call-girl et rejoindre un individu dans la chambre d'un hôtel de luxe. Évidemment, l'homme qu'elle doit rejoindre n'est autre que François/Harry, mais l'aventure prend un tout autre chemin quand de véritables terroristes arabes, ceux contre lesquels François/Harry lutte comme espion depuis le début du film, surgissent dans la chambre d'hôtel. Mari et femme se retrouvent alors plongés ensemble dans un combat contre les terroristes, où ils doivent sauver à la fois leur vie et leur pays puisque les terroristes menacent de faire sauter une bombe surpuissante (plusieurs dans le film américain).

Il n'est pas étonnant que le cinéma hollywoodien, qui connaît au début des années 1990 un remodelage du film d'action, se soit intéressé à un tel scénario qui offre la possibilité de renouveler les performances viriles et musclées en humanisant les féroces guerriers indépendants du début des années 1980 et en féminisant un genre assez exclusivement masculin. Les films d'action de la décennie précédente mettaient l'accent sur les exploits, les corps spectaculaires et les souffrances héroïques de figures masculines solitaires dont Rambo ou Rocky peuvent être les archétypes. Ils subissent à partir de la fin des années 1980 deux changements complémentaires. Le premier concerne le registre du film : l'action, tout en restant spectaculaire, est traitée au second degré, soit de manière parodique, soit en ponctuant les hauts faits du héros de fragments de comédies. Cette insertion d'un ton comique dans le film d'action, qui définit la nouvelle formule de l'*action comedy*, est facilitée par l'ajout d'un partenaire au héros, qui, souvent en retrait dans l'action proprement dite, lui sert de faire-valoir. Ce comparse permet, parce qu'il est en décalage ou par ses commentaires légers ou cyniques, de démystifier et d'humaniser la figure héroïque masculine centrale. Ce déplacement de l'action solitaire à un partenariat de copains, qui rend possible comme dans tout *buddy film* un traitement comique, est lié à un deuxième changement qui s'opère dans le film d'action et qui concerne le héros lui-même. Non seulement celui-ci n'est plus un solitaire parce qu'il travaille désormais en équipe, mais sa nature de mâle dur à cuir et musclé devient plus complexe : le héros se socialise, sans doute parce que s'éloigne la figure du vétéran amer et déstructuré de la guerre du Viêt-nam, il devient aussi un mari, un père de famille, sensible et aimant, il cesse d'être une simple machine à tuer, même pour la bonne cause, pour jouer les protecteurs[18]. *Terminator 2 : Judgement Day*, réalisé en 1991, est un des premiers films qui portent la marque de ces modifications : reprogrammé

18. Susan JEFFORDS, « The Big Switch : Hollywood Masculinity in the Nineties », *in* Jim COLLINS, Hilary RADNER et Ava PREACHER COLLINS, *Film Theory Goes to the Movies*, *op. cit.*, p. 196-208 ; Yvonne TASKER, *Working Girls. Gender and Sexuality in Popular Cinema*, Londres/New York, Routledge, 1998, p. 72-73.

avant que le récit ne commence, le Terminator (Schwarzenegger) n'est plus une machine perfectionnée chargée d'éliminer la mère du futur sauveur de l'humanité, mais un robot désireux d'apprendre ce qu'est l'humanité et envoyé pour protéger le jeune garçon de la menace d'un autre Terminator plus moderne. Les deux changements qui dessinent à l'orée des années 1990 les contours de l'*action comedy* permettent notamment de lier à l'intrigue d'action une intrigue familiale ou amoureuse et de donner aux personnages féminins un rôle plus consistant et moins périphérique dans le récit : leur relation plus forte avec le héros justifie leur participation plus active à l'intrigue – elles ne sont plus nécessairement des victimes ou des enjeux de la lutte – et le ton parodique ou comique permet de leur faire une place qui ne menace pas la position centrale du héros masculin dans le récit.

La Totale est donc une source idéale pour une *action comedy* hollywoodienne, puisque son scénario est construit sur la double identité du protagoniste masculin principal, espion hors pair et mari ordinaire, et que le film substitue progressivement au traditionnel tandem masculin formé par François et son coéquipier Albert, qui est au cœur de l'action pendant toute la première moitié du film, le couple François/Hélène, hétérosexuel et conjugal, plongé dans l'action antiterroriste à la fin du film. D'après James Cameron, c'est Schwarzenegger lui-même qui a eu l'idée, après avoir vu le film français, qu'un remake en soit tourné, car le rôle d'un insignifiant père de famille doublé d'un super espion pouvait lui permettre de gérer la modification de son image, qui suit celle du film d'action auquel elle est attachée. Le passage de Thierry Lhermitte à Arnold Schwarzenegger, c'est-à-dire d'un acteur français de comédie, au physique suffisamment avenant pour jouer les jeunes premiers et camper un espion à peu près crédible, à un acteur hollywoodien de film d'action, est cohérent avec le recalibrage générique qu'opère le remake et très révélateur des différences entre comédies d'action française et américaine, qui s'expriment dès les premières séquences.

Après un générique qui parodie celui de la série télévisée *Mission : impossible*, *La Totale* s'ouvre sur un travelling latéral sur une table recouverte de composants électroniques, qui passe ensuite derrière un homme, le revolver en bandoulière, occupé à souder des pièces en sifflotant. Ce premier plan ancre le film dans l'univers technologique de l'espionnage, mais non dans un mode d'action, et la dérision, déjà sensible dans le sifflotement, est manifeste lorsque le plan s'élargit ensuite sur l'homme en train de souder, Eddy Mitchell, et son compagnon de bureau qui lui fait face, Thierry Lhermitte. Le spectateur découvre donc deux acteurs familiers, *a priori* totalement étrangers à la sphère héroïque – Lhermitte étant même quasi exclusivement associé à la comédie depuis ses succès au début des années 1980 avec la troupe du Splendid. Le téléphone sonne dans le bureau et le « c'est toi chérie » que prononce Lhermitte en décrochant ne laisse planer aucun doute sur l'identité de son correspondant. Commence alors une conversation entre les deux hommes sur leurs vies conjugales respectives : Thierry Lhermitte explique que sa femme va encore lui faire la surprise d'un dîner au restaurant pour leur anniversaire de mariage, ce qu'Eddy Mitchell commente par un proverbe (« Le bonheur, c'est le somnifère de l'amour ») avant d'évoquer sa propre situation : il dort dans le garage, avec sa bouteille de whisky, depuis que sa femme occupe avec son amant la chambre conjugale. Le film met donc en place dès ses premiers plans une situation de comédie, fondée sur le contraste entre deux partenaires professionnels masculins, pose les premières pierres d'un comique verbal fait de bons mots, cyniques et/ou misogynes, dont Eddy Mitchell (Albert) sera porteur pendant toute la suite du film, et installe fermement le thème conjugal. Celui-ci est repris immédiatement dans la séquence suivante, où la femme de François, ses enfants, sa belle-mère et de vieux amis sont en train de mettre la dernière touche à une petite fête qu'ils ont préparée en secret à l'occasion de son anniversaire. Le récit est d'abord placé sous les auspices de la comédie, l'action n'intervenant que dans un second temps et comme une interruption dans le cours normal des événements : François arrivera en retard à la fête, le temps d'accomplir une mission dont le film montre en moins de trois minutes les préparatifs et l'exécution.

Dès le début de *True Lies* au contraire, l'action passe au premier plan, soutenue par une musique pleine de suspense. Le film commence dans un petit château d'une Suisse germanophone enneigée, où des gardes armés patrouillent avec des chiens et contrôlent de luxueuses voitures qui amènent les hôtes d'une réception. Après un plan sous les eaux d'un des bassins du château où un homme revêtu d'un scaphandre nage le long d'une grille, la caméra revient à la surface : filmé en gros plan, un poing armé d'un coutelas vient briser la glace qui recouvre la surface. Apparaît ensuite le masque du scaphandrier, doté d'un impressionnant appareillage technologique. Toujours en gros plan, l'homme enlève son masque et le spectateur découvre le visage d'Arnold Schwarzenegger. Il sort de l'eau, quitte sa combinaison de plongée sous laquelle il porte un smoking impeccable. Commence alors une très longue scène d'action (plus de treize minutes) : le héros se glisse à l'intérieur du château, s'infiltre dans la réception en adressant quelques mots en français au personnel, en arabe aux invités, monte à l'étage pour pirater les données d'un ordinateur qu'il transmet à son coéquipier Albert, redescend et prend le temps de danser un tango avec l'organisatrice de la réception, la sulfureuse Juno Skinner (Tia Carrere), parvient à sortir du château en maîtrisant sans aucune difficulté gardes et molosses et en déclanchant une gigantesque explosion, échappe enfin aux hommes qui le poursuivent dans les forêts enneigées. *True Lies* se construit donc autour de l'image de la star Schwarzenegger et cette longue scène d'action travaille visiblement cette image, au point qu'on peut considérer avec Lucy Mazdon que le film est moins un remake de *La Totale* qu'un remake de Schwarzenegger[19]. Sous le costume de Terminator, auquel les premiers plans font une allusion manifeste, se cache une panoplie de James Bond, d'espion élégant et plein d'humour : Harry séduit le temps d'un tango une réplique de James Bond's girl et s'enfuit dans la neige dans une séquence qui multiplie les clins d'œil à *Goldfinger*. Ce prologue, dont la forme même rappelle les prologues de la série des *James Bond*, permet ensuite, une fois la mission finie, d'intégrer plus en douceur

19. Lucy Mazdon, *Encore Hollywood, op. cit.*, p. 135-138.

Schwarzenegger dans le registre hybride de la comédie d'action. À ce titre, le film fonctionne comme un film-véhicule pour la star Schwarzenegger : il prolonge le travail d'humanisation de la *persona* de Schwarzenegger, déjà engagé avec *Twins* (1988), *Kindergarten Cop* (1990), *Terminator 2* (1992) et *Last Action Hero* (1993). Il coïncide avec la volonté de l'acteur de se faire une image plus « américaine » : la médiation par l'anglo-saxon James Bond instaure une distance parodique avec les prestations musclées du premier Schwarzenegger, celui de *Conan le barbare*, et permet au héros de glisser plus naturellement d'une Suisse germanophone, où il ne prononce pas un seul mot d'allemand, à sa vie d'Américain ordinaire et de père de famille dans une paisible banlieue résidentielle américaine.

La suite du remake confirme son recentrage dans le genre du film d'action, fût-il parodique, comme le montre son organisation en trois actes d'une durée équivalente – une quarantaine de minutes. Le premier acte, qui inclut le prologue, est essentiellement consacré aux missions de Harry, en lutte contre des trafiquants d'armes et terroristes, et à l'équipe qu'il forme avec Albert. Il fait la part belle à de spectaculaires séquences d'action mises en scène dans le même esprit que l'épisode suisse, et la vie familiale ordinaire n'apparaît qu'en contrepoint. Ces très brèves séquences laissent juste le temps au spectateur de découvrir un mari qui rentre tard à la maison, quand sa femme est déjà endormie, et ne communique ni avec sa fille ni avec son épouse. Le film français au contraire ne passe pas moins de vingt-cinq minutes à tresser les deux fils de la double vie en alternant les séquences consacrées aux missions d'espionnage de François et celles consacrées à sa vie familiale, avant que l'organisation de la double vie ne se fissure. Cette structure alternée permet à *La Totale* d'offrir un portrait plus consistant d'Hélène, de montrer son ennui, son goût pour les romans d'espionnage, sa déception de voir son mari mener une vie tranquille de fonctionnaire au Telecom alors que ses amis de jeunesse font tous de brillantes carrières dans le privé, et elle situe le film français dans une tradition comique de satire sociale et de comédie de mœurs. *La Totale* joue sur l'opposition convenue fonctionnaire/cadre du secteur privé et est scandé par des repas familiaux rituels où suinte l'ennui d'une vie petite-bourgeoise trop bien réglée. Alors que Harry-Schwarzenegger, dont la vie sociale est limitée aux maigres interactions qu'il a avec son épouse et sa fille, donne l'impression de quitter momentanément son identité réelle d'espion pour tenir, assez mal, le rôle de mari et père, François-Lhermitte apparaît plus comme un homme ordinaire, entouré d'amis et d'une famille qu'il néglige pour se déguiser en espion. Le statut de héros de film d'action, qui n'est jamais dénié à Harry, est ainsi traité avec ironie dès le début de *La Totale* par le biais d'une mise en abîme de l'espionnage au domicile conjugal : les invités de la fête surprise d'anniversaire attendent François dans l'obscurité, son fils guette son arrivée en voiture avec des jumelles, et quand François rentre enfin chez lui et découvre un domicile plongé dans l'ombre et le silence, il s'arme d'une inoffensive raquette de tennis pour pénétrer dans son salon… où l'attendent en fait tous ses amis.

La découverte fortuite par Harry de l'aventure extraconjugale d'Helen, la surveillance qu'il exerce alors et son intervention pour couper court à cette romance naissante occupe le deuxième acte de *True Lies*. Le remake suit très fidèlement pendant tout cet épisode le scénario, le séquençage et la chronométrie de son film français source, à une différence près. Dans *La Totale* en effet, François commence par découvrir, en testant avec son coéquipier Albert un nouveau modèle de caméra, que son fils vole de l'argent et sèche les cours pour faire du rap avec ses copains dans un hangar. Il se met alors à le surveiller, le suit et fait irruption pendant une des répétitions. Le fils rebelle, réalisant que son père n'est pas le petit fonctionnaire tranquille qu'il méprise, mais un homme qui sait se battre et manier avec dextérité le pistolet, accepte désormais une autorité qu'il lui déniait auparavant et rentre dans le droit chemin. Cet épisode, qui occupe une dizaine de minutes dans *La Totale*, disparaît du remake : Harry y surprend pourtant sa fille en train de voler de l'argent, mais ce larcin, qui ne sert qu'à souligner le dysfonctionnement familial, reste sans conséquence puisqu'il est immédiatement effacé par la découverte de l'aventure extraconjugale d'Helen. Harry n'a pas à intervenir pour régler la crise d'adolescence de sa fille. C'est dans le registre de l'action héroïque que la relation père/fille sera restaurée à la fin du récit : la jeune fille, qui a été enlevée par les terroristes (alors que les enfants du film français sont totalement absents de l'affaire d'espionnage), fait preuve d'un courage exemplaire en volant la clef qui commande le détonateur d'une bombe. En digne fille de son père, elle échappe à ses ravisseurs en prenant la fuite sur une grue suspendue au-dessus du vide. Harry arrive alors aux commandes d'un avion de chasse pour la sauver *in extremis* de la chute. Lorsque tout est rentré dans l'ordre, c'est une jeune fille magiquement métamorphosée par les vertus de cette scène d'action, sage et féminine (et non plus une ado mal dans sa peau et un peu masculine) qu'on retrouve au domicile familial.

Le troisième acte de *True Lies* est entièrement dévolu à un chapelet de scènes d'action où Harry, Helen et, dans une moindre mesure, sa fille déjouent les plans des terroristes, alors que cet épisode n'occupe que vingt minutes dans le film français. Bien que subsistent quelques éléments visuels du film français (comme le pistolet mitrailleur qu'Helen laisse tomber dans les escaliers et qui tue, au hasard de ses rebonds, tous les terroristes présents dans la pièce), le remake invente des scènes à gros budget et à grand spectacle, truffées d'explosions, de cascades en voiture, d'acrobaties aériennes époustouflantes et invraisemblables, dans le pur style des *action comedies* hollywoodiennes, qui remplacent les exploits beaucoup moins spectaculaires des héros français : ceux-ci parviennent par exemple à échapper à leurs ravisseurs grâce à leur sagacité et à des méthodes artisanales, en bricolant l'électricité de leur geôle afin d'électrocuter leurs gardiens. Contrairement à *True Lies, La Totale* ne traite pas de manière parodique les exploits de ses personnages, qui restent vraisemblables. L'ironie s'affirme après la scène d'action puisque François et Hélène, qui croient se trouver dans un pays du Moyen-Orient, découvrent après leur fuite qu'ils étaient en fait retenus prisonniers à Barbès : de même que le film ancrait à son début l'espionnage dans la comédie et affirmait un primat de l'espace ordinaire et domestique, ce retournement de situation referme l'espace de l'action sur un espace familier.

True Lies inverse donc la hiérarchie de la comédie et de l'action que *La Totale* établit clairement en faveur de la première et les deux films sont en ce sens révélateurs de deux manières différentes de combiner comique et action dans le genre. *La Totale* insère dans une syntaxe propre à la comédie des éléments sémantiques du film d'action et prolonge en cela une tradition cinématographique française, qui remonte aux années 1960 avec des comédies d'action comme *L'Homme de Rio* ou la série des *Fantomas* d'Hunebelle, un filon que Claude Zidi a déjà réexploité avec succès quelques années auparavant avec *Les Ripoux* (1984) et *Ripoux contre Ripoux* (1990). À l'inverse, *True Lies*, et plus généralement l'*action comedy* néo-hollywoodienne, insère des éléments sémantiques de la comédie dans une syntaxe de film d'action. La comparaison des épilogues des deux récits confirme cette réorientation générique. François/Harry et Hélène/Helen sont désormais tous deux des espions qui travaillent en équipe. Dans *La Totale*, leur mission, qui a lieu le jour de leur anniversaire de mariage, consiste à se fondre parmi les clients d'un cabaret parisien pour arrêter le terroriste Carlos. Ils doivent pour cela se faire passer pour un couple de « beaufs » de province, « monté » à Paris pour fêter leur anniversaire de mariage. L'analogie entre la vie « réelle » des héros et celle de leur couverture permet une remise en cause ironique du couple et de l'institution matrimoniale, qui prolonge la dimension satirique de *La Totale*. Dans *True Lies*, mari et femme remplissent une mission analogue, mais ils sont devenus un couple parfaitement glamour : Harry porte un smoking tout à fait semblable à celui qu'il arborait dans le prologue du film, Helen est habillée avec la même robe noire que celle que portait Juno Skinner, la James Bond's girl – et méchante trafiquante – du prologue, et tous deux dansent le même tango que celui du début du film. Tout se passe donc comme si *True Lies* n'avait abouti qu'à remplacer la méchante et sulfureuse Juno Skinner par l'épouse, et à intégrer Helen – mal coiffée, mal habillée, les épaules en dedans, la démarche maladroite au début du film ; sûre d'elle et sexy à la fin – dans l'univers de fantaisie du film d'action hollywoodien. Alors qu'Hélène est juste un peu décoincée dans le film français mais continue de donner une image de femme ordinaire, dans le remake Helen devient à la fois une icône du genre et la star Jamie Lee Curtis. Cette véritable métamorphose commence par ailleurs à s'opérer plus tôt dans le film américain lorsque, se croyant espionne, Helen doit jouer la call-girl dans une chambre d'hôtel : tandis que dans la même situation Hélène se contente, pour faire illusion, de tourner sa robe, de repositionner sa ceinture, de détacher ses cheveux, puis de s'allonger sur le lit, la jeune femme abandonne son apparence d'épouse sage et terne en transformant sa robe en minijupe moulante, en se fabriquant un décolleté plus que pigeonnant, en utilisant l'eau d'un vase pour plaquer ses cheveux en arrière. Redevenue Jamie Lee Curtis, elle se lance ensuite dans un numéro torride de strip-tease, sous les yeux de Harry.

Le cas Francis Veber

Francis Veber, figure emblématique de la comédie française populaire à succès, est aussi le scénariste et réalisateur français dont les films sont les plus refaits par

Hollywood. Quatre de ceux qu'il a réalisés, *Le Jouet, La Chèvre, Les Compères et Les Fugitifs*, ont à ce jour fait l'objet d'une remake hollywoodien, ainsi que trois films dont il est le scénariste (*L'Emmerdeur, Le Grand Blond avec une chaussure noire* et *La Cage aux folles*). Cette propension à fabriquer des remakes à partir de films ou de scénarios de Veber provient bien sûr du succès hexagonal qu'ont rencontré ses comédies. À cette condition, nécessaire mais non suffisante, on peut ajouter la démarche du réalisateur, qui part travailler aux États-Unis à la fin des années 1980 où il est engagé comme metteur en scène et comme consultant par Disney, soucieux de s'attacher les services d'un maître désormais éprouvé de la comédie. Sa collaboration avec Disney l'amène à tourner lui-même le remake des *Fugitifs*, qui réalisa un bon score au box-office américain. Ce succès est suivi en 1990 par l'échec cinglant d'une première réalisation hollywoodienne originale, *Welcome to Buzzsaw*. Comme beaucoup d'autres Français émigrés à Hollywood, Francis Veber a du mal à s'adapter au travail des studios : Disney refuse un grand nombre des projets qu'il soumet et lui-même refuse de tourner plusieurs films que lui propose le studio, ne se sentant pas à l'aise avec un texte dont il n'est pas l'auteur[20]. Les relations entre le réalisateur français et Disney ne sont pas au beau fixe au point que Veber, qui a coécrit avec Charlie Peters le scénario de *My Father the Hero*, adapté de celui de Gérard Lauzier, renonce à tourner le remake en 1994. Mais on peut aussi se demander si l'intérêt d'Hollywood pour les films scénarisés par Veber ne provient pas aussi de la structure des histoires qu'il raconte. Comme il l'explique lui-même :

> Mes films sont des *high concept movies*, c'est-à-dire qu'ils ont un sujet de départ que les Américains considèrent comme un concept intéressant. Ce qui ne les intéresse pas, par exemple, c'est de refaire *Un homme et une femme*, parce qu'il n'y a pas vraiment de sujet. Son succès tient au charme du scénario, à l'élégance du tournage, au talent des acteurs. Mais quand vous avez un sujet qui se raconte en trois mots, comme par exemple un tueur et un suicidaire dans la même chambre d'hôtel (*L'Emmerdeur*), là vous tenez un *high concept*. Si vous dites « un enfant achète un homme » (*Le Jouet*), ou bien « pour retrouver un malchanceux, il faut prendre un malchanceux » (*La Chèvre*), ils peuvent se le raconter. De même, *Le Dîner de cons*, c'est-à-dire un con qui est invité et qui devient le seul soutien du type qui l'a invité parce que ce dernier est immobilisé, est aussi, pour eux, un *high concept*. Ce sont des postulats un peu artificiels, mais des postulats forts et originaux. (*Synopsis* n° 11, janvier-février 2001)

À cela on peut ajouter que les scénarios de Veber sont systématiquement construits sur un duo improbable de protagonistes masculins contrastés (un braqueur et un dépressif ; un détective cynique et un rêveur malchanceux ; un grand bourgeois sûr de sa supériorité sociale et intellectuelle et un Français moyen, etc.). Quel que soit le typage social de chacun des partenaires de ces tandems, c'est moins à partir de l'identité de chacun que des interactions psychologiques

20. Jean-Michel FRODON, « La difficile expérience d'un cinéaste français à Hollywood », *Le Monde*, 23 août 1995.

entre les deux personnages socialement distincts que se développe la mécanique comique. La traduction de ces intrigues à Hollywood est donc facilitée par le caractère structurel de ce ressort dramatique qui autorise des variations locales particulières : les personnages, plus définis par leurs déterminations sociales dans les versions françaises, sont simplement dans les versions hollywoodiennes plus isolés et détachés de leur contexte sociologique sans que cela altère le fonctionnement du couple comique.

La convergence des comédies de Veber avec le style et la technique scénaristique hollywoodienne est bien réelle, mais cela n'empêche pas les remakes de ses films de différer en plusieurs points de leurs versions originales. La distribution joue un rôle majeur dans ces transformations. *La Chèvre* (1981), *Les Compères* (1983) et *Les Fugitifs* (1986) reposent sur une même recette : la rencontre, la confrontation puis l'amitié, le temps d'une aventure, d'un Auguste et d'un Clown Blanc, d'un homme à la virilité traditionnelle (fort, énergique, rationnel, bourru, plein d'esprit d'initiative) à un homme plus « féminin » (fluet, rêveur, irrationnel, dépressif, sentimental). Seule l'aventure prétexte introduit une variation entre ces trois films qui constituent une véritable *série comique*, puisque les deux rôles principaux y sont tenus par le même couple d'acteurs : Gérard Depardieu (Campana dans *La Chèvre*, Lucas dans les deux autres films) et Pierre Richard (Perrin dans le premier film, Pignon ensuite). C'est donc aussi l'association des deux acteurs, qui sont tous deux des vedettes dans les années 1980 et dont le public français est parfaitement familier, qui unifie la trilogie, et justifie économiquement la reprise d'une formule qui marche. Or les remakes font appel à des couples d'acteurs différents, ce qui limite l'effet sériel : *The Three Fugitives* (Francis Veber, 1989) emploient Nick Nolte dans le rôle tenu par Gérard Depardieu, et Martin Short dans celui tenu par Pierre Richard ; *Pure Luck* (Nadia Tass, 1991), le remake de *La Chèvre*, conserve Martin Short mais remplace Nick Nolte par Danny Glover ; *Fathers' Day* (Ivan Reitman, 1997) renouvelle totalement le casting en confiant les rôles à Billy Crystal et à Robin Williams. Ces changements d'interprètes, liés aux fluctuations des statuts de chacun dans le box-office comique hollywoodien, ne se contentent pas d'entraîner une disparité entre les remakes, qui n'existe pas dans la série française. Ils transforment profondément à l'intérieur des films la nature du contraste entre les deux héros. Alors que les deux protagonistes français sont toujours deux hommes blancs, la présence de l'acteur afro-américain Danny Clover introduit une différence ethnique dans le couple comique, qui se superpose à la différence de tempérament et d'investissement de la masculinité. Si, dans *The Three Fugitives*, Nick Nolte semble un équivalent américain assez ressemblant à Gérard Depardieu, le remplacement de Pierre Richard par Martin Short s'accompagne d'un rajeunissement notable du personnage : alors que Pignon (Richard), auquel *Les Fugitifs* prête quarante-cinq ans, a l'air un peu plus âgé que Lucas (Depardieu), Perry (Short) n'a que trente-deux ans.

La différence d'âge entre Perry et Lucas modifie complètement la relation entre les deux héros et montre combien le remake, pourtant scénarisé et réalisé par le même Veber, diffère dans sa construction du tandem comique masculin à partir d'une intrigue aux airs de copie conforme. Dans les deux films, Lucas, un ancien braqueur qui vient juste de sortir de prison et qui est décidé à mener désormais une vie honnête, est pris en otage dans une banque par Pignon/Perry, un homme aussi dépressif que maladroit que le désespoir a poussé au hold-up. Naturellement la police soupçonne Lucas d'être l'instigateur du braquage et les deux hommes prennent la fuite. Pignon/Perry dépose Lucas, qu'il a accidentellement blessé à la jambe, chez un ami vétérinaire qui l'opère pendant qu'il va chercher sa fille à la sortie de l'institution où elle est scolarisée. L'enfant, qui est muette depuis la mort de sa mère, sympathise immédiatement avec Lucas, au point même de recommencer à parler, et celui-ci la prend malgré lui en affection. Après plusieurs péripéties, la cavale de Lucas prend fin, puisque Pignon/Perry accepte, contre des faux papiers que Lucas lui fournit, de témoigner par écrit auprès de la police de l'innocence de son compagnon. Les malheurs de Pignon/Perry ne sont en revanche pas finis puisque la petite fille est alors récupérée par la police et placée sous bonne garde dans un orphelinat, où les autorités espèrent que son père commettra l'erreur de venir la chercher. Lucas, qui s'est rangé, vient rendre visite à l'enfant qui se laisse dépérir, retrouve Pignon/Perry qui rôde près de l'orphelinat, et les deux hommes unissent leurs forces pour enlever l'enfant. Commence alors une seconde cavale, où les héros, déguisés en famille ordinaire (Lucas en père, Pignon/Perry travesti en mère, et la petite fille transformée en fils) gagnent la frontière pour passer en Italie dans *Les Fugitifs*, au Canada dans son remake.

La jeunesse de Perry ajoute un trait au personnage du maladroit dépressif, l'immaturité, et transforme la relation entre les deux héros en une relation père/fils. Perry confie l'argent dérobé à la banque à Lucas avant d'aller chercher les faux papiers comme si celui-ci était son tuteur ; il se recroqueville et pleure comme un enfant après que sa fille est emmenée à l'orphelinat ; dans l'appartement qu'ils occupent clandestinement pendant leur deuxième cavale, affaibli par son errance et les émotions, il est nourri à la cuillère comme un bébé par Lucas (Pignon au contraire lui arrache la cuillère des mains pour manger) ; lors de la fuite en voiture finale, c'est lui qui a mal au cœur en voiture et vomit, et non sa fille comme dans le films français, etc. Cette infantilisation de Perry, encore plus maladroit, plus victime de chutes et de gags dans le remake que dans le film français, et l'attitude paternelle que Lucas adopte à son égard atténuent la relation homoérotique entre les deux personnages et modifient la portée du travestissement final. Dans *Les Fugitifs*, les héros arrivent à pied à la frontière italienne et Pignon porte toujours ses vêtements féminins, alors que le travestissement n'est plus du tout nécessaire. Lucas annonce à ses deux compagnons que leurs routes vont maintenant se séparer car il ne peut pas rester avec eux toute sa vie et a une foule de choses à faire. Pignon et la petite fille échangent un sourire entendu, en « mère » et fille certaines que Lucas va changer d'avis. Ce qui se produit effectivement puisque celui-ci se ravise, affirmant qu'il va encore rester « quelques jours seulement », histoire de veiller à ce que Pignon ne « fasse pas trop de conneries ». « Mère » et fille échangent un nouveau sourire complice et prononcent un même « bien sûr… » plein de sous-entendus. Lucas passe alors son bras dans celui de Pignon et le film se termine sur l'image travestie d'une famille hétérosexuelle qui marche, au son d'une musique romantique, vers une nouvelle vie. Dans *The Three Fugitives*, le travestissement de Perry n'est que transitoire et le film travaille à désamorcer la suggestion homosexuelle : sitôt la frontière canadienne atteinte, Perry retire sa robe et sa perruque et demande à sa fille de l'appeler à nouveau papa. Il sort ensuite de la voiture pour se rendre dans une banque où il se trouve pris en otage. Cette pirouette finale justifie que Lucas reste avec la petite fille (il n'est donc plus ici question de ménage à trois) et elle place Perry, à la fin du récit, dans la position qu'occupait Lucas au début du récit. Cette fin divergente, qui est la seule grosse modification introduite par le remake, contribue à inscrire la relation Lucas/Perry dans un schéma d'apprentissage et d'initiation.

L'éviction finale de l'homoérotisme, assez analogue à celle qu'opère la fin de *Three Men and a Baby*, est une fois de plus en phase avec le souci hollywoodien d'une fin nette, morale, et acceptable pour le public familial. Ce souci, particulièrement sensible dans les remakes dans lesquels Disney est impliqué, se retrouve aussi dans l'ensemble des comédies françaises contemporaines refaites à Hollywood. Ainsi, bien que *The Birdcage* (Mike Nichols, 1996) et *La Cage aux folles* (Édouard Molinaro, 1978) partagent une même intrigue, des personnages homosexuels aussi stéréotypés (Albin et Renato/ Albert et Armand) et une même misogynie (le travesti du couple est campé sur le modèle de la femme hystérique), le remake s'achève sur l'image d'un couple hétérosexuel alors que le film français reste centré sur le quotidien du couple vedette homosexuel. Dans les deux cas, le récit se termine par un mariage, dans une église, le fils de Renato/Armand étant parvenu à faire accepter par sa belle famille puritaine son mariage avec leur fille. Dans *La Cage aux folles*, les quelques plans sur la cérémonie permettent de voir la différence entre les invités « des deux côtés », et un insert sur les gestes du prêtre qui célèbre la messe de mariage, appuyé par un regard entendu échangé entre Albin et Renato, suggère que l'homme d'église aussi est homosexuel. Le film s'achève avec l'arrivée de la mère biologique du jeune marié qui plonge Albin dans des récriminations sans fin. L'image se fige sur le couple Albin/Renato, chacun jouant la partition que le film lui a prêtée depuis son début : Albin se répand dans un flot de plaintes hystériques, qui continuent pendant le début du générique final, et Renato lève les yeux au ciel. *The Birdcage* présente une cérémonie œcuménique, à tous les sens du terme, célébrée par un rabbin et un prêtre (le remake ayant ajouté à la différence homosexuelle une différence religieuse), où toutes les « mères » – celle de la mariée, la mère biologique du marié, et Albert, qui a élevé le jeune homme – essuient successivement une larme devant le bonheur des chers enfants. Le remake remplace la chute du film français – certes homophobe, mais qui laisse le couple homosexuel au centre de l'image – par un plan du baiser qu'échangent les jeunes mariés, personnages secondaires dans le récit.

La comparaison des *Fugitifs* et de *The Three Fugitives* révèle deux autres transformations, que l'on retrouve fréquemment dans la transposition des films français dans l'espace hollywoodien et qui témoignent d'une véritable réorientation générique de la comédie : l'atténuation du contexte social et sa moindre importance dans la caractérisation des personnages ; le développement des scènes d'action comique, qui met au premier plan un comique physique ou burlesque. Ainsi, la tentative de hold-up est directement rapportée dans le film français à la crise économique : Pignon est désespéré et n'a plus d'argent parce que l'entreprise dans laquelle il travaillait a fait faillite et qu'il est au chômage depuis trois ans. Chez son parèdre américain, seule l'incapacité psychique à faire face à la disparition de sa femme et aux problèmes de sa petite fille est à l'origine de son geste : à cause d'une dépression à la suite du décès de son épouse, il n'a pu continuer à assurer son travail. De même, lorsque la petite fille est placée à l'orphelinat, *Les Fugitifs* s'attarde sur la situation sociale des deux héros, dont les chemins se sont momentanément séparés. Plusieurs plans montrent la clochardisation de Pignon, son errance sur un marché où des commerçants viennent en aide à celui qu'ils identifient comme chômeur, un court épisode absent du remake. Au même moment, Lucas, qui a trouvé un travail de serrurier, habite une très modeste chambre de bonne. Il confie, à un policier qui est venu lui rendre visite, que son emploi n'est qu'un interim car il n'a pu trouver de place fixe et qu'il commence à comprendre, en découvrant ce qu'est une vie de citoyen ordinaire, pourquoi Pignon a tenté de faire un hold-up. Cet aveu disparaît du remake américain, où le métier de serrurier permet de vivre confortablement, puisque Lucas habite dans un petit appartement qui n'a rien de misérable. L'arrière-plan social du film français, qui affecte le comportement des héros et explique le bon accueil critique des *Fugitifs* par une partie de la critique hexagonale qui y voit « le vrai tableau de la France en crise des années 1980 » (*Le Nouvel Observateur*, 19/12/1986), est effacé de *The Three Fugitives*, tout comme la satire sociale, même convenue, est éliminée de *True Lies*, et tout comme les conséquences sociales de l'arrivée du bébé sont gommées dans *Three Men and a Baby*.

Comme d'autres remakes américains de comédies, *The Three Fugitives* compense la réduction de la dimension sociologique par une expansion des scènes d'action : qu'il s'agisse de vraies scènes d'action compatibles avec la comédie, comme les poursuites et les cascades – dont j'ai déjà noté avec *True Lies* l'inflation dans le sous-genre de la comédie d'action –, ou de scènes burlesques. Par exemple, alors que Pignon récupère sa petite fille à la sortie de l'école avant l'arrivée de la police, Perry est surpris dans la même situation par les policiers, ce qui lance une courte course-poursuite. Le hold-up initial connaît également dans *The Three Fugitives* une nette surenchère burlesque, le remake pimentant le récit d'un long chapelet de gags qui ne figurent pas dans *Les Fugitifs* : alors que Pignon comme Perry menacent le personnel et les clients de la banque en tirant une balle dans le plafond, Perry est le seul à recevoir d'abondantes poussières de plâtre sur la tête ; un nain tombe de sa chaise ; la grenade de Perry manque d'exploser dans la banque ; dans sa précipitation, un policier casse le gyrophare de son véhicule, etc.

S'il est bien réel, dans le cas des comédies populaires contemporaines comme dans celui du film noir classique, que les ressemblances, les influences communes, les schémas narratifs analogues facilitent la traduction des films français en films hollywoodiens, la comparaison, concernant ces deux ensembles génériques, fait dans chaque cas ressortir des différences où s'expriment, dans les contours de formules génériques spécifiques à chaque cinématographie, des identités culturelles et cinématographiques distinctes. Dans le cas du film noir, la comparaison des films français et de leur remake rend visible des filiations françaises, et plus généralement européennes, du genre, mais elle souligne aussi un fonctionnement différent du « noir » dans les deux univers. Dans celui des comédies contemporaines, la comparaison, que j'ai volontairement menée à partir de cas que leur forme et/ou leurs auteurs semblaient inscrire dans un espace comique, sinon universel, du moins international, met plutôt en lumière des différences entre comédies françaises et comédies néo-hollywoodiennes. Les formules génériques spécifiques aux comédies hollywoodiennes contemporaines corrigent les films français, aussi bien sur un plan thématique que formel, notamment en réduisant ce qu'on peut désigner, sans nuance péjorative ni méliorative, comme une tendance à la dispersion dans les films français sources : dispersion dans le casting, que le remake réduit en mettant en valeur la ou, éventuellement, les stars du film ; dispersion dans le ton et le registre, qui se manifeste par une hybridité générique que le remake réduit, souvent en donnant le primat à l'action ; dispersion enfin dans la conclusion du film, puisque les films français referment souvent de façon moins normative la parenthèse comique, maintiennent une plus grande ambiguïté et restent en partie dans l'inversion ou la subversion comique. Ginette Vincendeau voit dans cette plus grande ambiguïté des films français populaires contemporains par rapport à leurs remakes la même différence, que celle, souvent soulignée pour les œuvres classiques, qui sépare les films d'auteurs européens, maîtres de l'ambiguïté, des films classiques hollywoodiens où les rôles sont clairement distribués et les parcours interprétatifs nettement balisés[21]. Cette hypothèse me paraît tout à fait juste dans le cas des comédies, en rappelant toutefois que l'ambiguïté n'est pas nécessairement l'indice absolu d'un discours plus progressiste ou d'une qualité « artistique » supérieure.

21. Ginette VINCENDEAU, « Hijacked », *op. cit.*, p. 25.

CONCLUSION

Dans son ouvrage sur l'imaginaire national, l'anthropologue Benedict Anderson définit la nation comme une « communauté politique imaginaire, et imaginée comme intrinsèquement limitée et souveraine » et précise que les différentes nations « se distinguent non par leur fausseté ou leur authenticité, mais par le style dans lequel elles sont imaginées[1] ». L'important, ce n'est donc pas ce qui est vrai ou faux dans ces conceptions communes, mais ce sont les modalités particulières de la représentation de ces *communautés imaginées*. Pour Anderson, c'est la convergence du capitalisme et de l'industrie de l'imprimerie qui a rendu historiquement possible l'émergence de telles communautés : en faisant circuler des représentations collectives de « l'être ensemble », vécues comme spécifiques – puisque pour Anderson aucune nation, quelles que soient la forme et la virulence de son nationalisme, ne s'imagine coextensive à l'humanité tout entière –, ils ont permis à des ensembles d'individus de se rattacher à autrui, de développer une conscience collective nationale, de se représenter comme membres d'une communauté. La communauté nationale, toujours imaginée, a donc constamment besoin de réaffirmer son identité à l'aide d'objets symboliques, de représentations visuelles, de discours partagés, auxquels participent les films, qui prolongent le travail de diffusion entrepris quelques centaines d'années plus tôt par l'imprimerie naissante. De plus, la reconnaissance d'une communauté imaginée et la réaffirmation de son style est toujours différentielle, chacune pouvant élire, à une période donnée, un « Autre par excellence » qui lui sert de repoussoir, de contre modèle ou de rival : contacts, conflits, transferts et échanges sont donc à la fois des phénomènes particulièrement pertinents pour saisir le style des nations imaginées et la perception qu'elles ont d'elles-mêmes, et des situations clefs dans lesquelles l'affirmation identitaire est susceptible de se manifester de manière exacerbée. L'identité nationale d'un film est ainsi toujours attribuée en regard de ses différences thématiques, stylistiques, narratives ou esthétiques, plus ou moins objectives, avec d'autres expressions perçues comme nationales ou internationales, au premier rang desquelles le cinéma hollywoodien. Cinématographies et publics nationaux (en France mais aussi, de manière différente, dans les pays européens) entretiennent en effet un rapport ambivalent avec le

1. Benedict ANDERSON, *L'Imaginaire national. Réflexions sur l'origine et l'essor du nationalisme*, Paris, La Découverte, 1996 [1983], p. 19-20.

géant hollywoodien – à défaut d'être, *stricto sensu*, américain –, fait de rejet, de méfiance, de fascination, d'imitation et d'emprunts : comme le remarque Ib Bondejberg dans un article sur les interactions entre le film musical danois et la comédie musicale hollywoodienne, « suivant le contexte, on peut considérer la forme internationale comme une "altérité menaçante", ce qui aide à définir la spécificité nationale, ou bien une "altérité idéale", ce qui tend à faire disparaître la dimension artistique de la production populaire nationale[2] ».

C'est bien comme une figure de l'altérité menaçante que fonctionnent, pour la critique nationale, les remakes hollywoodiens de films français. En un sens, les critiques qui se plaignent du pillage de la production française et de l'inutilité qu'il y a à copier à Hollywood les films français auraient au contraire motif à se réjouir de l'existence de tels remakes : la sortie d'un remake hollywoodien permet en effet à la communauté critique nationale de trouver au cinéma français une cohérence et une unité (imaginaires), qui transcendent les clivages usuels entre films d'auteur et cinéma populaire, en opposition au cinéma hollywoodien, parfois bon faiseur, mais avant tout mercantile. Les remakes hollywoodiens de films français sont donc paradoxalement une aubaine pour le cinéma français. Celui-ci est en effet l'une des cibles traditionnelles du topos critique sur la médiocrité de l'esprit français, que la déliquescence politique nationale au tournant du XXIe siècle ne fait que conforter[3] ; il peine à se construire une identité positive face au cinéma américain et la critique parvient au mieux à le concevoir comme un « biotope » où « de nombreuses espèces rivales et complémentaires s'affrontent, se dérobent et s'ignorent, mais dont la coprésence contribue à la pérennité de l'ensemble[4] » ; la France se voit auréolée des titres prestigieux de « nation cinématographique », de « patrie de la cinéphilie mondiale », mais elle reste une nation « qui n'aura pas trouvé comment se projeter dans le siècle à la mesure de l'outil qu'elle avait inventé[5] ». Dans un effet de contrepoint saisissant, les remakes permettent de stigmatiser, à peu de frais, le cinéma hollywoodien et de réhabiliter un cinéma français auquel ils contribuent à donner une identité « oppositionnelle ». Si l'exception culturelle, souvent synonyme dans les faits d'exception française, avait besoin d'un témoin à charge dans sa lutte contre l'impérialisme hollywoodien, nul doute que le remake hollywoodien de film français serait un candidat idéal. Grâce aux remakes, le cinéma français *en tant que tel et dans son ensemble* gagne une émotion, une créativité, une inventivité que la critique en général lui dénie.

2. Ib BONDEJBERG, « Singing and Dancing in Copenhagen. Hollywood et la construction du film musical danois », *in* Jean-Pierre BERTIN-MAGHIT (dir.), *Les Cinémas européens des années cinquante*, *op. cit.*, p. 200.

3. Voir Jacqueline NACACHE, « Nouvelle Vague et jeune cinéma. Des "opérateurs génériques" à la genrification du cinéma français », *in* Raphaëlle MOINE (dir.), *Le Cinéma français face aux genres*, Paris, AFRHC, 2005, p. 57-66.

4. Jean-Michel FRODON, « États du cinéma français », *Cahiers du cinéma*, n° 593, septembre 2004.

5. Jean-Michel FRODON, *La Projection nationale. Cinéma et nation*, Paris, Odile Jacob, 1998, p. 157.

Si la production des remakes, leur distribution en France et l'échange asymétrique qu'ils soulignent entre les deux cinématographies créent une de ces situations clefs propices à l'affirmation ou à la consolidation d'une identité cinématographique française, commune et en grande partie fantasmatique, la comparaison attentive des versions originales françaises et de leurs remakes hollywoodiens se révèle aussi utile pour repérer des styles de récit et des modalités de représentation différents, qui, même pour les films les plus ressemblants à leur version originale, affectent la signification des œuvres et mettent effectivement en exergue la spécificité des constructions culturelles et cinématographiques de part et d'autre de l'Atlantique. Pour peu que l'on sorte de la dénonciation caricaturale, le remake réaffirme l'existence d'univers de référence, de modes de production, de conventions esthétiques, de logiques culturelles propres aux films français d'une part, aux films hollywoodiens de l'autre, qui ont tous deux leur cohérence interne. La traduction culturelle que les remakes opèrent résulte de déterminations économiques, idéologiques et esthétiques, étroitement liées les unes aux autres, qui expriment toujours un état du système hollywoodien, tout comme les mêmes déterminations informent dans le contexte français les récits filmiques sources. On retrouve donc ici encore, au centre de la problématique du remake, la question des identités culturelles et nationales que les remakes servent alors à évaluer, et non plus à construire par rejet. En témoignant par les différences entre les deux versions que les films sont bien des constructions culturelles, ancrées dans un contexte de production qui leur donne forme et sens, les remakes rendent visibles des modes de représentation et de récit et des enjeux socioculturels spécifiques à chacune des deux cinématographies, dont ils contribuent en ce sens à affirmer le « style », pour reprendre le terme de Benedict Anderson.

Bien que les couples « version originale française/remake hollywoodien » constituent des cas d'école pour appréhender les différences entre les deux cinématographies en présence, l'étude des remakes n'amène pas à adopter une vision bipolaire où cinéma hollywoodien et cinéma français seraient confrontés dans un face-à-face entre deux entités totalement disjointes et séparées par un océan infranchissable. Certains films français sont en effet traduits en langage hollywoodien, comme nous l'avons notamment vu dans le chapitre V, parce qu'ils proposent une différence intégrable : la réorientation culturelle, idéologique et esthétique des récits français se fait alors à partir d'un fond commun aux deux cinématographies. Plus ponctuellement, des producteurs, des réalisateurs ou des acteurs français sont associés à la réalisation de certains remakes, même s'ils en tirent rarement un bénéfice réel. Cette présence française dans le remake, que j'ai évoquée à plusieurs reprises, motivée par le choix de l'exil pendant la Seconde Guerre mondiale, par une installation définitive à Hollywood ou par un désir de reconnaissance internationale, établit de fait une continuité entre cinéma français et cinéma hollywoodien. Elle montre que la technique du remake transnational est parfaitement compatible avec cette autre stratégie de réappropriation, qui consiste à faire venir travailler dans les studios hollywoodiens les talents ou les vedettes des autres cinémas nationaux.

L'engagement de stars françaises dans des remakes hollywoodiens repose toujours sur une notoriété internationale préalable et utilise l'identité nationale de l'acteur telle qu'elle est reconstruite et codée de manière internationale, comme on l'a vu dans le chapitre IV avec le cas Depardieu dans *My Father the Hero*. Cela montre que les remakes hollywoodiens de films français s'inscrivent dans un espace cinématographique où les échanges et les transferts sont mondialisés. Si les remakes hollywoodiens de films français nous parlent bien et d'Hollywood et du cinéma français, réduire la question du remake à une confrontation France/Hollywood relèverait donc d'un ethnocentrisme assez comparable au complexe d'Astérix dont la critique hexagonale fait preuve dans sa dénonciation du phénomène. *La Cage aux folles* par exemple est déjà un film international – il s'agit d'une coproduction franco-italienne dont le couple vedette (Michel Serreau/Ugo Tognazzi) atteste l'équilibre – avant d'être refait à Hollywood en *Birdcage*. Alors que, dans la pièce française originelle de Jean Poiret, Jean Gabin fait office de modèle de virilité que le travesti essaie en vain d'imiter, le film franco-italien préfère imposer à son personnage une imitation de John Wayne : la référence à une icône masculine plus universelle parce qu'américaine est susceptible de parler aux deux publics français et italien, et une trentaine d'années plus tard le remake hollywoodien n'a nul besoin de lui trouver un équivalent culturel. De manière plus significative, les remakes classiques, et notamment ceux qui transforment en films noirs hollywoodiens d'après-guerre des films noirs français d'avant-guerre, témoignent, comme on l'a vu, de transferts de styles, de thèmes et de personnel cinématographique qui traversent l'ensemble des cinémas européens et hollywoodien. Ainsi, avant de devenir « le film français qu'interprétèrent jadis Maurice Chevalier et Marie Déa » copié par Hollywood après-guerre dont parle *Le Figaro* à la sortie de son remake *Lured*, *Pièges* de Siodmak est un film profondément hybride, dont le cosmopolitisme fut conspué par la critique française de droite et d'extrême droite en 1939 et dont le réalisateur est un Allemand, émigré en France, et sur le point de partir pour Hollywood. Les remakes sont donc aussi à mettre en perspective, aujourd'hui comme hier, dans un flux complexe d'échanges internationaux.

À l'époque contemporaine, les remakes transnationaux amènent à penser les relations entre un cinéma national et un ciné-monde, où les échanges et les transferts (de personnes, d'idées, d'images ou de capitaux) expriment à la fois la domination hollywoodienne sur un cinéma mondialisé et la persistance de récits filmiques nationaux. D'un côté, la diffusion internationale des versions américaines, bien supérieure à celle de leurs originaux, traduit l'omniprésence de l'industrie hollywoodienne sur les écrans nationaux. Le succès bien réel que certains de ces remakes rencontrent, aux États-Unis comme sur le marché mondial, témoigne également de ce que les publics nationaux ont acquis, que ce soit par goût du cinéma américain ou par une obligation liée à l'offre de films qui leur est proposée, une compétence culturelle qui leur rend l'accès aux « traductions de films français en langage hollywoodien » plus facile qu'aux films français sources. Mais dans le même temps, les remakes transnationaux réalisés par Hollywood attestent la persistance de cultures cinématographiques nationales, puisque les transformations effectuées montrent que chacune des deux versions a une cohérence bien réelle, directement en prise l'une avec des modes de représentation et des constructions sociales et culturelles spécifiques, l'autre avec un imaginaire cinématographique et des cadres du discours communs et mondialisés. Enfin, dans les cas où les remakes succèdent rapidement à leur version originale, on sait que seul le succès rencontré localement par le premier film justifie la mise en chantier de tels remakes. On peut alors considérer que les publics nationaux sont eux-mêmes, en quelque sorte, à l'origine de tout le processus.

BIBLIOGRAPHIE

Remakes

ANTONINI Anna (dir.), *Il Film e i suoi multipli/Film and Its Multiples*, Udine, Forum, 2003.

BAZIN André, « Remade in USA », *Cahiers du cinéma*, n° 11, avril 1952.

BELLOÏ Livio, « Des histoires du cinéma en images et en sons », *Iris*, n° 19, « Cinéma, souvenir, film/Memory in Cinema and Films », automne 1995, p. 75-98.

BEYLOT Pierre, « Le spectateur du film post-moderne : de *La Jetée* (Marker, 1962) à *L'Armée des douze singes* (Gilliam, 1995), l'exemple d'un transfert culturel », *in* BARNIER Martin et MOINE Raphaëlle (dir.), *France/Hollywood. Échanges cinématographiques et identités nationales*, Paris, L'Harmattan, Champs Visuels, 2002, p. 83-98.

BROWN Tom, « Les remakes de films français : l'âge classique », *in* VIVIANI Christian (dir.), *Les Connexions françaises*, Paris, Nouveau Monde Éditions, à paraître en 2007.

CARCAUD-MACAIRE Monique, « *Les Croix de bois* comme trace et invention discursive. La problématique de l'appropriation de la mémoire par la représentation littéraire et filmique », *Les Cahiers de la cinémathèque*, n° 69, « Verdun et les batailles de 14-18 », Perpignan, Institut Jean Vigo, novembre 1998, p. 23-31.

CARROLL Raymonde, « Film et analyse culturelle : le remake », *Contemporary French Civilization*, vol XIII, n° 1, Winter/Spring 1989, p. 346-359.

DURHAM Carolyn, *Double Takes : Culture and Gender in French Films and Their American Remakes*, Hanovre/Londres, University Press of New England, 1998.

ECO Umberto, « Innovation et répétition entre esthétique moderne et post-moderne », *Réseaux*, n°68, « Les Théories de la réception », Paris, CENT, novembre-décembre 1994, p. 11-25.

FORREST Jennifer et KOOS Leonard R., *Dead Ringers : The Remake in Theory and Practice*, Albany, State University of NewYork Press, 2002.

GROSSVOGEL David I., *Didn't You Used to Be Depardieu ? Film as Cultural Marker in France and Hollywood*, New York, Peter Lang, 2002.

HORTON Andrew et MCDOUGAL Stuart Y. (dir.), *Play it again, Sam: Retakes on Remakes*, Berkeley, University Press of California, 1998.

HUMBERT Brigitte, « Re-making History and Cultural Identity : From *The Return of Martin Guerre* to *Sommersby* », *Film Criticism*, vol. 26, n° 1, p. 2-24.

LIMBACHER James L., *Haven't I Seen You Somewhere Before? Remakes, Sequels, and Series in Motion Pictures, Videos, and Television, 1896-1990*, Ann Harbor, Pierian Press, 1991.

MANCINI Marc, « French Remakes », *Contemporary French Civilization*, Winter/Spring 1989, vol XIII, n° 1, p. 32-46.

MARKER Chris, « A free replay (Notes sur *Vertigo*) », *Positif*, n° 400, juin 94.

MAZDON Lucy, « Introduction », *Journal of Romance Studies*, « Special Issue : Film Remakes », vol. 4, n° 1, printemps 2004, p. 3-11.

MAZDON Lucy, « Une disparition révélatrice. Remakes hollywoodiens du cinéma des années 1950 », *in* BERTIN-MAGHIT Jean-Pierre, *Les Cinémas européens des années cinquante*, Paris, AFRHC, 2000, p.189-198.

MAZDON Lucy, *Encore Hollywood: Remaking French Cinema*, Londres, BFI, 2000.

MCRORY Pauline, « Excusing the Violence of Hollywood Women », *Screen*, vol 40, n° 1, printemps 1999, p. 51-65.

MODLESKI Tania, *Feminism Without Women: Culture and Criticism in a "Postfeminist"Age*, New York/Londres, Routledge, 1991[1988].

MOINE Raphaëlle, « Remake et citation : l'exemple de *Breathless* (Mc Bride, 1983), remake américain post-moderne d'*À bout de souffle* (Godard, 1959) », *in* BEYLOT Pierre (dir.), *Emprunts et citations dans le champ artistique*, Paris, L'Harmattan, Champs Visuels, 2004, p. 101-124.

MOUREN Yannick, « Remake made in France », *Positif*, n° 460, juin 1999.

NACACHE Jacqueline, « Comment penser les remakes américains ? », *Positif*, n° 460, juin 1999.

NOWLAN Robert A. et WRIGHT NOLAN Gwendolyn, *Cinema Sequels and Remakes, 1903-1987*, Chicago/Londres, Saint James Press, 1989.

PICARD Anne-Marie, « Travestissement et paternité : la masculinité remade in the USA », *CINéMAS*, vol 1, n°s 1-2, Montréal, 1990, p. 133-147.

PROTOPOPOFF Daniel et SERCEAU Michel (dir.), *CinémAction*, n° 53. « Le remake et l'adaptation », Paris, Corlet, 1989.

QUARESIMA Leonardo, « Loving Texts Two at a Time. The Film Remake », *CINéMAS*, vol.12, n° 3, Montréal, 2002, p . 74-84.

SAINATI Augusto, « *Jour de fête*, la couleur progressive. Pour une théorie du remake », *Cinéma & Cie*, n° 7, Milan, Il Castoro, automne 2005, p. 122-129.

SERFATY Vidal, *Le Droit de remake*, mémoire de DEA « Propriété littéraire, artistique et intellectuelle », université Panthéon-Assas, 1995.

VEREVIS Constantine, *Film Remakes*, Édimbourg, Edinburgh University Press, 2005.

VINCENDEAU Ginette, « Hijacked », *Sight and Sound*, Juillet 1997.

Relations France/Hollywood et France/Amérique

BARNIER Martin et MOINE Raphaëlle, *France/Hollywood. Échanges cinématographiques et identités nationales*, Paris, L'Harmattan, Champs Visuels, 2002.

BARNIER Martin, *Des films français made in Hollywood. Les versions multiples (1929-1935)*, Paris, L'Harmattan, Champs Visuels, 2004.

BESSIÈRE Irène et ODIN Roger (dir.), *Les Européens dans le cinéma américain, émigration et exil*, Paris, Presses de la Sorbonne Nouvelle, 2004.

BONDEJBERG Ib, « Singing and Dancing in Copenhagen. Hollywood et la construction du film musical danois », *in* Jean-Pierre BERTIN-MAGHIT (dir.), *Les Cinémas européens des années cinquante*, Paris, AFHRC, 2000, p. 199-214.

CinémAction, « Quelle diversité face à Hollywood? », Hors-série, Paris, Corlet-Télérama, 2002, p. 71-79.

DUHAMEL Georges, *Scènes de la vie future*, Paris, Mercure de France, 1930.

Iris, n° 21, « European Precursors of Film Noir/Précurseurs européens du film noir », 1996.

KESSEL Joseph, *Hollywood ville mirage*, Paris, Stock, 1989 [Gallimard, 1937].

NOWELL-SMITH Geoffrey et RICCI Steven (dir.), *Hollywood and Europe. Economics, Culture, National Identity, 1945-1955*, Londres, BFI, 1998.

PHILLIPS Alastair, « Réinvention et mascarade. Histoire des acteurs européens dans le cinéma hollywoodien », *Positif*, n° 535, septembre 2005.

POLAN Dana, « Methodological Reflections on the Study of the Émigré Actor », *Screen*, vol. 43, n° 1, 2002, p. 178-186.

PORTES Jacques, « Les origines de la légende noire des accords Blum-Byrnes », *in* GILI Jean A. (dir.), *Revue d'histoire moderne et contemporaine*, numéro spécial « Cinéma et société », avril-juin 1986, p. 314-329.

ROGER Philippe, *L'Ennemi américain. Généalogie de l'antiaméricanisme français*, Paris, Seuil, collection Points, 2002.

Cinéma français

BOCQUET José-Louis et Marc GODIN Marc, *Clouzot, cinéaste*, Paris, Horizon illimité, 2002 [1993].

BOSSÉNO Christian-Marc et DÉHÉE Yannick (dir.), *Dictionnaire du cinéma populaire français des origines à nos jours*, Paris, Nouveau monde Éditions, 2004.

BURCH Noël et SELLIER Geneviève, *La Drôle de guerre des sexes du cinéma français, 1930-1956*, Paris, Nathan Université, 1996.

FOREST Claude, *Économies contemporaines du cinéma en Europe. L'improbable industrie*, Paris, CNRS Éditions, 2001.

GAUTEUR Claude et VINCENDEAU Ginette, *Jean Gabin. Anatomie d'un mythe*, Paris, Nathan-Université, 1993.

GURENATHNE Anthony, « Cinehistory and the Puzzling Case of Martin Guerre », *Film and History*, vol XXI, n° 1, février 1991, p. 2-19.

HAYWARD Susan, Les *Diaboliques*, Londres/New York, IB Tauris, French Film Guide, 2005.

HAYWARD Susan, *Luc Besson*, Manchester/ New York, Manchester University Press, 1998.

KLINE Jefferson T., *Screening the Text : Intertextuality in New Wave French Cinema*, Baltimore, J. Hopkins University Press, 1992.

L'HERBIER Marcel, *La Tête qui tourne*, Paris, Belfond, 1979.

LEUTRAT Jean-Louis, *La Chienne*, Crisnée, Yellow Now, 1994.

MARIE Laurent, *Le Cinéma est à nous. Le PCF et le cinéma français de la Libération à nos jours*, Paris, L'Harmattan, Champs Visuels, 2005.

NACACHE Jacqueline, « Nouvelle Vague et jeune cinéma. Des « opérateurs génériques » à la genrification du cinéma français », *in* Raphaëlle MOINE (dir.), *Le Cinéma français face aux genres*, Paris, AFRHC, 2005, p. 57-66.

PHILLIPS Alastair, *City of Darkness, City of Lights : Émigré Filmmakers in Paris, 1929-1939*, Amsterdam, Amsterdam University Press, 2004.

POWRIE Phil, *French Cinema in the 1980s : Nostalgia and the Crisis of Masculinity*, New York, Oxford University Press, 1998.

ROLLET Brigitte, *Coline Serreau*, Manchester, Manchester University Press, 1998.

SELLIER Geneviève, *La Nouvelle Vague. Un cinéma à la première personne du masculin singulier*, Paris, CNRS Éditions, collection Cinéma et Audiovisuel, 2005.

TURK Edward B., *Marcel Carné et l'âge d'or du cinéma français*, Paris, L'Harmattan, Champs Visuels Étrangers, 2002 [1989].

VINCENDEAU Ginette, *Pépé le Moko*, Londres, BFI, 1998.

VINCENDEAU Ginette, « Family Plots : The Fathers and Daughters of French Cinema », *Sight and Sound*, mars 1992.

VINCENDEAU Ginette, *Stars and Stardom in French Cinema*, Londres/New York, Continuum, 2000.

ZEMON DAVIS Natalie, CARRIÈRE Jean-Claude et VIGNE Daniel, *Le Retour de Martin Guerre*, Paris, Robert Laffont, 1982.

Cinéma hollywoodien

ALLEN Michael, *Contemporary US Cinema*, Essex, Longman/Pierson Education, 2003.

BALIO Tino, *Grand Design : Hollywood as a Modern Business Enterprise, 1930-1939*, History of the American Cinema, tome 5, Berkeley/Los Angeles/Londres, University of California Press, 1995.

BERNSTEIN Matthew, « A Tale of Three Cities : The Banning of *Scarlet Street* », *Cinema Journal*, vol. 35, n° 1, Fall 1995, p. 27-52.

BOGDANOVITCH Peter, *Fritz Lang en Amérique*, Paris, Éditions de l'Étoile/Cahiers du cinéma, 1990 [1969].
BORDE Raymond et CHAUMETON Étienne, *Panorama du film noir américain*, Paris, Éditions d'aujourd'hui, 1976 [1955].
BORDWELL David, STAIGER Janet et THOMPSON Kristin, *The Classical Hollywood Cinema. Film Style and Mode of Production to 1960*, New York, Columbia University Press, 1985.
BOURGET Jean-Loup, *Hollywood, la norme et la marge*, Paris, Nathan Université, 1998.
CAÏRA Olivier, *Hollywood face à la censure. Discipline industrielle et innovation cinématographique (1915-2004)*, Paris, CNRS Éditions, collection Cinéma et Audiovisuel, 2005.
CAMERON Ian, *The Movie Book of Film Noir*, New York, Continuum Books, 1992.
COLLINS Jim, RADNER Hilary et PREACHER COLLINS Ava, *Film Theory Goes to the Movies*, Londres/New York, Routlegde, 1993.
DUMONT Hervé, *Siodmak, le maître du film noir*, Lausanne, l'Âge d'Homme, 1981.
ELSAESSER Thomas, « Tales of Sound and Fury : Observations on the Family Melodrama », *in* Barry GRANT K. (dir.), *Film Genre Reader II*, Austin, University of Texas Press, 1995, p. 350-380.
GEVINSON Alan et HANSON Patricia K., *The American Film Institute Catalog of Motion Pictures Produced in the United States : Feature Films, 1931-1940*, Berkeley/Los Angeles, University of California Press, 1993.
GUNNING Tom, *The Films of Fritz Lang : Allegories of Vision and Modernity*, Londres, BFI Publishing, 2001 [2000].
HALLIDAY John, *Conversations avec Douglas Sirk*, Paris, Cahiers du cinéma, 1971.
HEDIGER Vinzenz, « Le cinéma hollywoodien et la construction d'un public mondialisé », *in* Jean-Pierre ESQUENAZI (dir.), *Cinéma contemporain, état des lieux*, Paris, L'Harmattan, Champs Visuels, 2004, p. 43-57.
KRUTNIK Frank, *In a Lonely Street : Film Noir, Genre, Masculinity*, Londres et New York, Routledge, 1991.
NACACHE Jacqueline, *Le Film classique hollywoodien*, Paris, Nathan, 128, 1995.
NEALE Steve, « The *Big* Romance or *Something Wild* ? », *Screen*, vol. 33, n° 3, automne 1992, p. 284-299.
RAY Robert B., *A Certain Tendency of the Hollywood Cinema, 1930-1980*, Princeton, Princeton University Press, 1985.
TASKER Yvonne, *Working Girls. Gender and Sexuality in Popular Cinema*, Londres/ New York, Routledge, 1998.

Cinéma (divers)

ALTMAN Rick, *Film/Genre*, Londres, BFI, 1999.
BARNIER Martin, *En route vers le parlant. Histoire d'une évolution technologique, économique et esthétique du cinéma (1926-1934)*, Liège, Éditions du Céfal, 2002.

BURCH Noël, *La Lucarne de l'infini*, Paris, Nathan Université, 1990.
CLERC Jeanne-Marie et CARCAUD-MACAIRE Monique, *L'Adaptation cinématographique et littéraire*, Paris, Klincksieck, 2004.
CRETON Laurent, *Économie du cinéma. Perspectives stratégiques*, Paris, Nathan, 2001 (3e édition).
ESQUENAZI Jean-Pierre, *Hitchcock et l'aventure de* Vertigo. *L'Invention à Hollywood*, Paris, CNRS Éditions, 2001.
FRODON Jean-Michel, *La Projection nationale. Cinéma et nation*, Paris, Odile Jacob, 1998.
HASSLER Théo et NÉDÉLEC Yves-Henri, *Guide pratique des contrats de l'audiovisuel*, Paris, Litec, 1992.
JULLIER Laurent, *Qu'est-ce qu'un bon film ?*, Paris, La Dispute, 2002.
MARTEL Catherine, *La Production audiovisuelle – Les Contrats*, Paris, Dixit, 2003.
MOINE Raphaëlle, *Les Genres du cinéma*, Paris, Armand Colin, 2005 [2002].
VANOYE Francis, *Scénarios modèles, modèles de scénario*, Paris, Nathan Université, 1991.

Sciences humaines

AMOSSY Ruth et HERSCHBERG-PIERROT Anne, *Stéréotypes et Clichés. Langue, discours, société*, Paris, Nathan Université, 128, 1997.
ANDERSON Benedict, *L'Imaginaire national. Réflexions sur l'origine et l'essor du nationalisme*, Paris, La Découverte, 1996 [1983].
BADINTER Élisabeth, *L'Amour en plus : histoire de l'amour maternel*, Paris, Flammarion, 1980.
BRUNET Brigitte, *Le Théâtre de boulevard*, Paris, Nathan Université, 2004.
CASTELAIN-MEUNIER Christine, *La Place des hommes et les métamorphoses de la famille*, Paris, PUF, sociologie d'aujourd'hui, 2002.
DUBOIS Jean et *alii*, *Dictionnaire de linguistique et des sciences du langage*, Paris, Larousse, 1994.
DUPONT Florence, *L'Invention de la littérature. De l'ivresse grecque au livre latin*, Paris, La Découverte, 1994.
GENETTE Gérard, *Palimpsestes*, Paris, Seuil, collection Points, 1982.
KNIBIEHLER Yvonne, *Les pères aussi ont une histoire*, Paris, Hachette, La Force des Idées, 1987.
KRISTEVA Julia, *Séméiotikè. Recherches pour une sémanalyse*, Paris, Seuil, collection Points, 1978 [1969].
PAVEAU Marie-Anne, « Les voix du sens commun dans les discours sur l'école », *Pratiques*, n° 117-118, Metz, CRESEF, 2003, p. 29-50.
PIÉGAY-GROS Nathalie, *Introduction à l'intertextualité*, Paris, Dunod, 1996.
SAHLINS Marshall, *Au cœur des sociétés. Raison utilitaire et raison culturelle*, Paris, Gallimard, NRF, Bibliothèque des Sciences Humaines, 1980 [1976].
VENUTTI Lawrence, *The Translator's Invisibility. A History of Translation*, Londres/New York, Routledge, 1995.

Concordance des remakes hollywoodiens de films français (1933-2004)

REMAKE AMÉRICAIN	FILM FRANÇAIS
**Topaze*[1] Harry d'Abbadie d'Arrast, 1933	*Topaze* Louis Gasnier, 1932
The Road to Glory (*Les Chemins de la gloire*) Howard Hawks, 1936	*Les Croix de bois* Raymond Bernard, 1931
The Woman I Love (*La Femme que j'aime*) Anatole Litvak, 1937	*L'Équipage* Anatole Litvak, 1935
Tovaritch Anatole Litvak, 1937	*Tovaritch* Jacques Deval, 1935
**The Soldier and the Lady* Georges Nicholls, 1937	**Michel Strogoff* Jacques de Baroncelli, 1935
Algiers (*Casbah*) John Cromwell, 1938	*Pépé le Moko* Julien Duvivier, 1937
Port of Seven Seas *(Fanny)* James Whale, 1938	*Marius/Fanny/César* Alexandre Korda,/Marc Allégret/ Marcel Pagnol, 1931/1932/1936
**Prison Without Bars* Brian Desmond Hurst, 1938	**Prison sans barreaux* Léonide Moguy, 1938

1. Les films précédés d'un astérisque sont ceux que je n'ai pu visionner.

REMAKE AMÉRICAIN	FILM FRANÇAIS
**The Lady in Question* Charles Vidor, 1940	*Gribouille* Marc Allégret, 1937
Lucky Partners (*Double Chance*) Lewis Milestone, 1940	*Bonne chance* Sacha Guitry, 1935
**Forty Little Mothers* Busby Berkeley, 1940	**La Mioche* Léonide Moguy, 1936
I Was an Adventuress (*J'étais une aventurière*) Gregory Ratoff, 1940	*J'étais une aventurière* Raymond Bernard, 1938
Lydia Julien Duvivier, 1941	*Un carnet de bal* Julien Duvivier, 1937
Crossroads (*Le Mystérieux Ambassadeur*) Jack Conway, 1942	*Carrefour* Kurt Bernhardt, 1938
Scarlet Street (*La Rue rouge*) Fritz Lang, 1945	*La Chienne* Jean Renoir, 1931
The Postman Always Rings Twice (*Le facteur sonne toujours deux fois*) Tay Garnett, 1946	*Le Dernier Tournant* Pierre Chenal, 1939
Heartbeat Sam Wood, 1946	*Battement de cœur* Henri Decoin, 1940
Lured (*Des filles disparaissent*) Douglas Sirk, 1947	*Pièges* Robert Siodmak, 1939
The Long Night (*La Longue Nuit*) Anatole Litvak, 1947	*Le jour se lève* Marcel Carné, 1939
The Man on the Eiffel Tower (*L'Homme de la tour Eiffel*) Burgess Meredith, 1949	*La Tête d'un homme* Julien Duvivier, 1932
The Thirteenth Letter (*La Treizième Lettre*) Otto Preminger, 1951	*Le Corbeau* Henri-Georges Clouzot, 1943

REMAKE AMÉRICAIN	FILM FRANÇAIS
Singin' in the Rain (*Chantons sous la pluie*) Stanley Donen et Gene Kelly, 1952	*Étoile sans lumière* Marcel Blistène, 1945
The Blue Veil (*Le Voile bleu*) Curtis Bernhardt, 1951	*Le Voile bleu* Jean Stelli, 1942
**Taxi* Gregory Ratoff, 1953	*Sans laisser d'adresse* Jean-Paul Le Chanois, 1951
Human Desire (*Désirs humains*) Fritz Lang, 1954	*La Bête humaine* Jean Renoir, 1938
Paris When It Sizzles (*Deux têtes folles*) Richard Quine, 1964	*La Fête à Henriette* Julien Duvivier, 1952
The Sorcerer (*Le Convoi de la peur*) William Friedkin, 1977	*Le Salaire de la peur* Henri-Georges Clouzot, 1953
Willie and Phil Paul Mazursky, 1980	*Jules et Jim* François Truffaut, 1962
Buddy, Buddy Billy Wilder, 1981	*L'Emmerdeur* Édouard Molinaro, 1973
The Toy Richard Donner, 1982	*Le Jouet* Francis Veber, 1976
Breathless (*À bout de souffle made in USA*) Jeff Mac Bride, 1983	*À bout de souffle* Jean-Luc Godard, 1959
The Man Who Loved Women (*L'Homme à femmes*) Blake Edwards, 1983	*L'Homme qui aimait les femmes* François Truffaut, 1977
Blame it on Rio (*C'est la faute à Rio*) Stanley Donen, 1983	*Un moment d'égarement* Claude Berri, 1977
The Woman in Red (*La Fille en rouge*) Gene Wilder, 1984	*Un éléphant, ça trompe énormément* Yves Robert, 1976

REMAKE AMÉRICAIN	FILM FRANÇAIS
The Man With One Red Shoe (*L'Homme à la chaussure rouge*) Stan Dragoti, 1985	*Le Grand Blond avec une chaussure noire* Yves Robert, 1972
Down and Out in Beverly Hills (*Le Clochard de Beverly Hills*) Paul Mazursky, 1986	*Boudu sauvé des eaux* Jean Renoir, 1932
**Happy New Year* John G Avildsen, 1987	*La Bonne Année*, Claude Lelouch, 1973
And God Created Woman (*Et Dieu... créa la femme*) Roger Vadim, 1987	*Et Dieu... créa la femme* Roger Vadim, 1956
Three Men and a Baby (*Trois hommes et un bébé*) Leonard Nimoy, 1987	*Trois hommes et un couffin* Coline Serreau, 1985
Three Fugitives (*Les Trois Fugitifs*) Francis Veber, 1989	*Les Fugitifs* Francis Veber, 1986
Cousins Joel Schumacher, 1989	*Cousin, cousine* Jean-Charles Tachella, 1975
**Men Don't Leave* Paul Brickman, 1990	**La Vie continue* Moshe Mizrahi, 1981
Quick Change Bill Murray et Howard Franklin, 1990	*Hold-up* Alexandre Arcady, 1985
Paradise Mary Agnes Donoghue, 1991	*Le Grand Chemin* Jean-Loup Hubert, 1987
Oscar (*L'embrouille est dans le sac*) John Landis, 1991	*Oscar* Édouard Molinaro, 1967
Pure Luck Nadia Tass, 1991	*La Chèvre* Francis Veber, 1981
The Vanishing (*La Disparue*) George Sluizer, 1993	**L'Homme qui voulait savoir* George Sluizer, 1988
Sommersby Jon Amiel, 1993	*Le Retour de Martin Guerre* Daniel Vigne, 1982

REMAKE AMÉRICAIN	FILM FRANÇAIS
Point of no Return *(Nom de code : Nina)* John Badham, 1993	*Nikita* Luc Besson, 1990
Intersection Mark Rydell, 1994	*Les Choses de la vie* Claude Sautet, 1969
My Father the Hero *(My father, ce héros)* Steve Miner, 1994	*Mon père, ce héros* Gérard Lauzier, 1991
True Lies James Cameron, 1994	*La Totale* Claude Zidi, 1991
Mixed Nuts *(Joyeux Noël)* *Nora Ephron, 1994*	*Le Père Noël est une ordure* Jean-Marie Poiré, 1982
Twelve Monkeys *(L'Armée des douze singes)* Terry Gilliam, 1995	*La Jetée* Chris Marker, 1962
Nine Months *(Neuf mois aussi)* Chris Colombus, 1995	*Neuf mois* Patrick Braoudé, 1994
The Birdcage *(The Birdcage)* Mike Nichols, 1996	*La Cage aux folles* Édouard Molinaro, 1978
Diabolique *(Diabolique)* Jeremiah Chechik, 1996	*Les Diaboliques* Henri-Georges Clouzot, 1955
The Associate *(L'Associé)* Donald Petrie, 1996	*L'Associé* René Gainville, 1979
The Mirror Has Two Faces *(Leçons de séduction)* Barbra Steisand, 1996	*Le miroir a deux faces* André Cayatte, 1959
Jungle 2 Jungle *(Un Indien à New York)* John Pasquin, 1997	*Un Indien dans la ville* Hervé Palud, 1994

REMAKE AMÉRICAIN	FILM FRANÇAIS
Fathers' Day (*Drôles de pères*) Ivan Reitman, 1997	*Les Compères* Francis Veber, 1983
Return to Paradise (*Loin du paradis*) Joseph Ruben, 1998	*Force majeure* Pierre Jolivet, 1989
Just Visiting (*Les Visiteurs en Amérique*) Jean-Marie Gaubert (=Jean-Marie Poiré), 1999	*Les Visiteurs* Jean-Marie Poiré, 1992
Operation Splitsville (*Génial ! Mes parents s'aiment !*) Lynn Hamrick, 1999	*Génial ! Mes parents divorcent* Patrick Braoudé, 1991
Eye of the Beholder (*Voyeur*) Stephen Elliott, 1999	*Mortelle randonnée* Claude Miller, 1983
Under Suspicion (*Suspicion*) Stephen Hopkins, 2000	*Garde à vue* Claude Miller, 1982
Passion of Mind (*D'un rêve à l'autre*) Alain Berliner, 2000	*La Double Vie de Véronique* Krzysztof Kieslowski, 1991
Unfaithful (*Infidèle*) Adrian Lyne, 2001	*La Femme infidèle* Claude Chabrol, 1968
Original Sin (*Péché originel*) Michael Christofer, 2001	*La Sirène du Mississipi* François Truffaut, 1969
The Good Thief (*L'Homme de la Riviera*) Neil Jordan, 2003	*Bob le flambeur* Jean-Pierre Melville, 1955
Wicker Park (*Rencontre à Wicker Park*) Paul Mc Guigan, 2004	*L'Appartement* Gilles Mimouni, 1996
Taxi (*New York Taxi*) Tim Story, 2004	*Taxi* Gérard Pirès, 1998

INDEX DES FILMS CITÉS

1492, Christophe Colomb, Ridley Scott, 1992
18 ans après, Coline Serreau, 2001
24 Hours Psycho, Douglas Gordon, 1993
À bout de souffle, Jean-Luc Godard, 1959
A Scandal in Paris/Scandale à Paris, Douglas Sirk, 1946
Abre los ojos/Ouvre les yeux, Alejandro Amenabar, 1997
Algiers/Casbah, John Cromwell, 1938
Amants (Les), Louis Malle, 1958
American Gigolo, Paul Schrader, 1980
An Affair to Remember/Elle et lui, Leo Mc Carey, 1957
Ascenseur pour l'échafaud (L'), Louis Malle, 1957
Associate (The)/L'Associé, Donald Petrie, 1996
Associé (L'), René Gainville, 1979
Atlantis/Atlantic/Atlantik, Jean Kemm/Ewald Andre Dupond, 1929
Basic Instinct, Paul Verhoven, 1992
Battement de cœur, Henri Decoin,1940)
Beau-Père, Bertrand Blier, 1981
Before Night Falls/Avant la nuit, Julian Schnabel, 2000
Bête humaine (La), Jean Renoir, 1938
Birdcage (The), Mike Nichols, 1996
Birth of a Nation (The)/Naissance d'une Nation, David W. Griffith, 1915
Blame it on Rio/C'est la faute à Rio, Stanley Donen, 1983
Blue Veil (The)/Le Voile bleu, Curtis Bernhardt, 1951
Bob le Flambeur, Jean-Pierre Melville, 1955
Bonjour Tristesse, Otto Preminger, 1958
Bonne Chance, Sacha Guitry, 1935
Bonnie and Clyde, Arthur Penn, 1967
Boucher (Le), Claude Chabrol, 1969
Boudu sauvé des eaux, Jean Renoir, 1932
Boudu, Gérard Jugnot, 2005
Breathless/À bout de souffle made in USA, Jim Mc Bride, 1983
Brice de Nice, James Huth, 2005
Buffy The Vampire Slayer/Bichette, la terreur !, Fran Rubel Kuzui, 1992
Buffy The Vampire Slayer/Buffy contre les Vampires, Joss Whedon,1997-2003 (série télévisée)
Bullfighter, Rune Bendixen, 2000
Cage aux folles (La), Édouard Molinaro,1978
Cage aux Rossignols (La), Jean Dréville, 1945
Camille Claudel, Bruno Nuytten, 1989
Casablanca, Michael Curtiz, 1942
Casbah, John Berry, 1948
César et Rosalie, Claude Sautet, 1972
Cet obscur objet du désir, Luis Buñuel,1977
Charlotte for ever, Serge Gainsbourg, 1986
Cheat (The)/Forfaiture, Cecil B. De Mille, 1915
Chèvre (La), Francis Veber, 1991
Chienne (La), Jean Renoir, 1931
Choristes (Les), Christophe Barratier, 2004
Choses de la vie (Les), Claude Sautet, 1969
Cœur de Lilas, Anatole Litvak, 1931
Cœur des hommes (Le), Marc Esposito, 2003
Compères (Les), Francis Veber, 1983
Corbeau (Le), Henri-Georges Clouzot, 1943
Cousin, cousine, Jean-Charles Tachella, 1975
Cousins, Joel Schumacher, 1989

Croix de bois (Les), Raymond Bernard, 1933
Cyrano de Bergerac, Jean-Paul Rappeneau, 1990
David Holzman's Diary, Jim Mc Bride, 1967
De battre mon cœur s'est arrêté, Jacques Audiard, 2005
Démoniaques (Les), Pierre Koralnik (téléfilm)
Diabolique, Jeremiah Chechik, 1996
Diaboliques (Les), Henri-Georges Clouzot, 1955
Didier, Alain Chabat, 1996
Distant Drums/Les Aventures du capitaine Wyatt, Raoul Walsh, 1951
Double Indemnity/Assurance sur la mort, Billy Wilder, 1944
Down and Out in Beverly Hills/Le Clochard de Beverly Hills, Paul Mazursky, 1986
Emmerdeur (L'), Édouard Molinaro, 1973
Équipage (L'), Anatole Litvak,1935
Été meurtrier (L'), Jean Becker, 1983
Étoile sans lumière, Marcel Blistène, 1945
Étrange M. Victor (L'), Jean Grémillon, 1937
Fanfare d'amour, Richard Pottier, 1935
Fanfaren der Liebe, Kurt Hoffmann, 1951
Fantomas, André Hunebelle, 1964
Fatal Attraction/Liaison Fatale, Adrian Lyne, 1987
Father of the Bride/Le Père de la Mariée,Vincente Minnelli,1950
Father of the Bride/Le Père de la Mariée, Charles Shyer, 1991
Fathers' Day/Les Compères, Ivan Reitman, 1997
Femme infidèle (La), Claude Chabrol, 1968
Femme Nikita (La), 1997 (série télévisée)
Fête à Henriette (La), Julien Duvivier, 1952
Fingers, James Toback, 1978
Forfaiture, Marcel L'Herbier, 1937
Forrest Gump, Robert Zemeckis, 1994
Fracture du myocarde (La), Jacques Fansten, 1990
Fugitifs (Les), Francis Veber, 1986
Gaslight/Hantise, George Cukor, 1944
Gaslight/Hantise, Thorold Dickinson,1940
Gigi, Jacqueline Audry, 1951
Gigi, Vincente Minnelli, 1958
Godzilla, Roland Emmerich, 1998
Goldfinger, Guy Hamilton, 1964
Gone With the Wind/Autant en emporte le vent, Victor Fleming, 1939
Good Thief (The)/L'Homme de la Riviera, Neil Jordan, 2003
Grand Bleu (Le), Luc Besson,1988
Grand Blond avec une chaussure noire (Le),Yves Robert, 1972
Green Card, Peter Weir, 1991
Gun Crazy/Le Démon des armes,Lewis, 1950
Heartbeat, Sam Wood, 1946
Histoire d'Adèle H. (L'), François Truffaut, 1975
Homme de Rio (L'), Philippe de Broca, 1963
Homme qui aimait les femmes (L'), François Truffaut, 1977
Human Desire/Désirs Humains, Fritz Lang, 1954
Hussard sur le toit (Le), Jean-Paul Rappeneau, 1994
Innocents of Paris/La Chanson de Paris, Richard Wallace, 1929
Insomnia, Erik Skjoldbjaerg, 1997
Insomnia, Christopher Nolan, 2002
Intersection, Mark Ridell, 1994
Ishtar, Elaine May, 1977
Itinéraire d'un enfant gâté, Claude Lelouch, 1988
J'ai tué, Roger Lion, 1924
Jaws/Les Dents de la mer, Steven Spielberg, 1975
Jean de Florette, Claude Berri, 1986
Jetée (La), Chris Marker, 1962
Jouet (Le), Francis Veber, 1976
Journal d'une femme de chambre (Le), Luis Buñuel,1963
Jules et Jim, François Truffaut, 1962
Jungle 2 Jungle/Un Indien à New York, John Pasquin, 1997
Just Visiting/Les Visiteurs en Amérique, Jean-Marie Gaubert, 1999

Kindergarten Cop/Un flic à la maternelle, Ivan Reitman, 1990
Kramer versus Kramer/Kramer contre Kramer,Robert Benton, 1979
La Belle de Moscou (La)/Silk Stockings, Rouben Mamoulian, 1957
La Ciudad de los prodigios/ La Ville des Prodiges, Mario Camus, 1999
Last Action Hero, John Mc Tiernan, 1993
Le congrès s'amuse/Der Congress tanzt, Jean Boyer/Erik Charell, 1931
Le jour se lève, Marcel Carné, 1939
Le miroir a deux faces, André Cayatte, 1959
Le Père Noël est une ordure, Jean-Marie Poiré, 1982
Léon, Luc Besson, 1994
Lion King (The)/Le Roi Lion, Roger Allers & Rob Minkoff, 1994
Long Night (The)/La Longue Nuit, Anatole Litvak,1947
Love Affair/Elle et lui, Leo Mc Carey, 1939
Lucky Partners/Double Chance, Lewis Milestone, 1940
Lured/Des filles disparaissent, Douglas Sirk, 1947
Lydia, Julien Duvivier, 1941
M le Maudit/M, Joseph Losey, 1951
Man Hunt/Chasse à l'homme, Fritz Lang, 1941
Man Who Loved Women (The)/L'Homme à femmes, Blake Edwards, 1983
Man With One Red Shoe (The)/L'Homme à la chaussure rouge, Stan Dragoti, 1985
Manon des sources, Marcel Pagnol, 1952
Manon des sources, Claude Berri, 1986
Melinda and Melinda/Melinda et Melinda, Woody Allen, 2004
Mission Impossible, Robert De Palma, 1998
Mixed Nuts/Joyeux Noël, Nora Ephron, 1994
Moi, Pierre Rivière ayant égorgé ma mère, ma sœur, mon frère, René Allio, 1975
Mon père, ce héros, Gérard Lauzier,1991
Monkey business/Monnaie de singe, Norman Mc Leod, 1931
Murder, My Sweet/Adieu, ma belle, Edward Dmytryk, 1944
My Darling Clementine/La Poursuite infernale, John Ford, 1946
My Father The Hero/My father, ce héros, Steve Miner, 1994
My Girl-Friend Wedding, Jim Mc Bride,1968
Neuf mois, Patrick Braoudé, 1994
Nikita, Luc Besson, 1990
Nine Months/Neuf mois aussi, Christ Colombus, 1995
Ninotchka, Ernst Lubitsch, 1939
Nosotras, Judith Colell, 2000,
Objective Burma/Aventures en Birmanie, Raoul Walsh, 1945
Original Sin (The)/Péché originel, Michael Christofer, 2001
Oscar, Édouard Molinaro, 1967
Oscar/L'embrouille est dans le sac, John Landis, 1991
Paris Béguin, Augusto Genina, 1931
Paris When It Sizzles/Deux Têtes Folles, Richard Quine, 1963
Pépé le Moko, Julien Duvivier,1937
Pièges, Robert Siodmak,1939
Play it again, Sam/Tombe les filles et tais-toi, Herbert Ross, 1972
Plein Soleil, René Clément,1959
Point of no Return/Nom de code Nina, John Badham, 1993
Poison (La), Sacha Guitry, 1951
Pourquoi pas ?, Coline Serreau, 1977
Préparez vos mouchoirs, Bertrand Blier, 1977
Pretty Woman, Garry Marshall, 1990
Profumo di donne/Parfum de femme, Dino Risi, 1975
Psycho/Psychose, Alfred Hitchcock, 1960
Psycho, Gus Van Sant,1998
Pure Luck, Nadia Tass, 1991
Puritaine (La), Jacques Doillon, 1986
Quai des Brumes (Le), Marcel Carné, France, 1938
Quai des orfèvres, Henri-Georges Clouzot, 1946

Quartet, James Ivory, 1980
Rear Window/Fenêtre sur cour, Alfred Hitchcock, 1954
Reflections of Murder, John Badham, 1973 (téléfilm)
Remake, Pierre-André Huygue, 1995
Retour de Martin Guerre (Le), Daniel Vigne, 1982
Ring, Gore Verbinski, 2002
Ringu/Ring, Hideo Nakata, 1998
Ripoux (Les), Claude Zidi, 1984
Road to Glory (The)/La Route de la gloire, Howard Hawks, 1935
Salaire de la peur (Le), Henri-Georges Clouzot, 1953
Sauvage (Le), Jean-Paul Rappeneau, 1975
Scarlet Street/La Rue rouge, Fritz Lang, 1945
Semana santa/Semana Santa : tu ne tueras point, Pepe Danquart, 2002
Seven Year Itch (The)/Sept ans de réflexion, Billy Wilder, 1955
Shop Around the Corner (The)/Rendez-vous, Ernst Lubitsch,1940
Singin' in the rain/Chantons sous la pluie, Stanley Donen & Gene Kelly, 1952
Single White Female/JF cherche appartement, Barbet Schroeder, 1992
Sirène du Mississipi (La), François Truffaut, 1969
Solaris, Andréï Tarkovski, 1971
Solaris, Steven Soderbergh, 2002
Some Like It Hot/Certains l'aiment chaud, Billy Wilder, 1959
Sommersby, Jon Amiel, 1993
Sorcerer (The)/Le Convoi de la peur, William Friedkin, 1977
Summer Storm/L'Aveu, Douglas Sirk, 1944
Sur mes lèvres, Jacques Audiard, 2001
Swamp Water/L'Étang tragique,Renoir, 1941
Talented Mr. Ripley (The)/Le Talentueux Mr. Ripley, Anthony Minghella, 1999)
Taxi, Gérard Pirès, 1998
Taxi/New York Taxi, Tim Story, 2004
Terminator 2 : Judgement Day/ Terminator 2 : le jour du jugement, James Cameron, 1991
Testament du docteur Mabuse/Das Testament des Dr. Mabuse, Fritz Lang, 1933
The Lost Weekend/Le Poison, Billy Wilder, 1945
The Mirror Has Two Faces/Leçons de séduction, Barbra Streisand, 1996
Thelma and Louise (Thelma et Louise), Ridley Scott, 1991
Thirteenth Letter (The)/La Treizième Lettre, Otto Preminger, 1951
This Land is Mine/Vivre libre, Renoir, 1943
Three Fugitives (The)/Les Trois Fugitifs, Francis Veber, 1989
Three Men and a Baby/Trois Hommes et un bébé, Leonard Nimoy, 1987
Three Men and a Little Lady/Tels pères, telle fille, Emile Ardolino, 1990
Topaze, Louis Gasnier, 1933
Totale (La), Claude Zidi, 1991
Touch of Evil/La Soif du mal, Orson Welles, 1958
Tovaritch, Anatole Litvak,1937
Tovaritch, Jacques Deval,1935
Tradition de minuit (La), Roger Richebé, 1939
Trois Hommes et un couffin, Coline Serreau, 1985
True Lies, James Cameron,1994
Tunnel (Le)/Der Tunnel, Kurt Bernhardt, 1933
Twelve Monkeys (L'Armée des douze singes), Terry Gilliam, 1995
Twin Peaks, David Lynch & Mark Frost, diffusée en 1990-1991 (série télévisée)
Twin Peaks, David Lynch, 1992
Twins/Jumeaux, Ivan Reitman, 1988
Un carnet de bal, Julien Duvivier,1937
Un crime au Paradis, Jean Becker, 2000
Un éléphant, ça trompe énormément, Yves Robert, 1976
Un Indien dans la ville, Hervé Palud, 1994
Un moment d'égarement, Claude Berri,1977
Unfaithful/Infidèle, Adrian Lyne, 2002
Usual Suspects (The), Bryan Singer, 1995
Vanilla Sky, Cameron Crowe, 2001

Vertigo/Sueurs froides, Alfred Hitchcock, 1958
Vie rêvée des anges (La), Éric Zonca, 1998
Vincent, François, Paul et les autres, Claude Sautet, 1974
Visiteurs (Les), Jean-Marie Poiré, 1993
Voile bleu (Le), Jean Stelli, 1942
Welcome to Buzzsaw, Francis Veber, 1990
When Harry Met Sally/Quand Harry rencontre Sally, Bob Reiner, 1989
Woman I Love (The)/La Femme que j'aime, Anatole Litvak, 1937
Woman in Red (The)/La Fille en rouge, Gene Wilder, 1984
Woman in the Window (The)/La Femme au portrait, Fritz Lang, 1944
You've Got a Mail/Vous avez un message, Nora Ephron, 1998

Table des matières

*
* *

Cette collection répond au besoin de développer la publication d'ouvrages qui mobilisent les sciences humaines et sociales pour penser le cinéma et l'audiovisuel. Elle accueille des travaux de chercheurs ayant des ancrages disciplinaires aussi divers que l'histoire, l'économie, la sociologie, la gestion, la communication ou les sciences politiques, l'esthétique et la philosophie étant également représentées dans des écrits qui portent à la fois sur les dimensions artistiques et industrielles, sociales et culturelles.

Le caractère pluridisciplinaire de la collection conduit à privilégier les objets et les démarches autorisant les croisements de perspectives dans le cadre de travaux qui enrichissent l'étude de la sphère cinématographique et audiovisuelle dans ses spécificités, et contribuent en outre à éclairer les évolutions du monde contemporain.

Titres déjà parus

Laurent CRETON, *Histoire économique du cinéma français. Production et financement 1940-1959*, 2004.

Giusy PISANO, *Une archéologie du cinéma sonore*, 2004.

Olivier CAÏRA, *Hollywood face à la censure. Discipline industrielle et innovation cinématographique 1915-2004*, 2005.

Geneviève SELLIER, *La nouvelle vague. Un cinéma au masculin singulier*, 2005.

Hélène LAURICHESSE, *Quel marketing pour le cinéma ?*, 2006.

François GARÇON, *La distribution cinématographique en France. 1907-1957*, 2006.

Composition : Compo 2000 – Saint-Lô

Achevé d'imprimer en mars 2007
sur les presses de la Nouvelle Imprimerie Laballery
58500 Clamecy
Dépôt légal : mars 2007
Numéro d'impression : 702221

Imprimé en France